Για πάνω από είκοσι χρόνια, ο **Αλέξης Ζεν** εργάζεται σε εταιρείες που κατατάσσονται στην κορυφή της λίστας Fortune 500 στον κόσμο, τόσο στον βιομηχανικό όσο και στον τραπεζικό τομέα, εστιάζοντας στην αλλαγή, τον μετασχηματισμό και τις βελτιώσεις διαδικασιών. Το πάθος του για την προσωπική ανάπτυξη και ο προορισμός ζωής του να βοηθά τους ανθρώπους να πετύχουν αυτό που θέλουν τον ώθησαν να δημιουργήσει μια ισχυρή διαδικασία, βήμα προς βήμα, η οποία θα μεταμορφώσει τη ζωή σας για πάντα.

Όταν ο Αλέξης ανακάλυψε πώς να δημιουργήσει μια εταιρεία ευεξίας, την «Mindbodism», να αναπτύξει μια εφαρμογή για αυτήν, να γράψει ένα βιβλίο προσωπικής ανάπτυξης, να γίνει ευπώλητος συγγραφέας στην εφημερίδα USA TODAY, να χάσει 7 κιλά και να ξεκινήσει μια πλατφόρμα μπάσκετ, την «Basketble», σε μόλις τρεις μήνες, καθώς εργαζόταν με πλήρη απασχόληση σε μια τράπεζα και ταυτόχρονα έπρεπε να φροντίζει το νεογέννητο μωρό του, συνειδητοποίησε ότι είχε ανακαλύψει ένα ισχυρό ΜΥΣΤΙΚΟ.

Τώρα μοιράζεται τις γνώσεις και την εμπειρία του μέσω του life coaching, των βιβλίων του και του διαδικτυακού μαθήματος «Η Δύναμη Ενός δευτερολέπτου: Πώς να κατορθώσεις οτιδήποτε επιθυμείς», ώστε άλλοι άνθρωποι να μπορούν επίσης να εκδηλώσουν ό,τι θέλουν στη ζωή τους.

Ο Αλέξης είναι κάτοχος πτυχίου μηχανικού, μεταπτυχιακού τίτλου στην Επιχειρησιακή Διεύθυνση και Executive Master's στην Διοίκηση Επιχειρήσεων (EMBA). Είναι επίσης ένας ενθαρρυντικός ομιλητής, συγγραφέας, δάσκαλος και επιχειρηματίας, έχοντας δημιουργήσει δύο εταιρείες: την Basketble Ltd., η οποία βοηθά τους ανθρώπους να βρουν ένα μέρος για να παίξουν μπάσκετ και την Mindbodism Ltd., η οποία βοηθά τους ανθρώπους να γίνουν υγιέστεροι, πιο ευτυχισμένοι και πιο επιτυχημένοι.

Είναι επίσης δάσκαλος διαλογισμού, Τσι Γκόνγκ, Γιόγκα, Αφύπνισης Κουνταλίνι, Σύμβουλος Διαβίωσης, μυημένος στο Τρίτο επίπεδο Reiki και Διαλογιζόμενος με την τεχνική του Υπερβατικού Διαλογισμού (ΥΔ).

Του αρέσει να βοηθά τους ανθρώπους να αλλάξουν τις ζωές τους και να βλέπουν τα όνειρά τους να πραγματοποιούνται.

Μπορείτε να συνδεθείτε με τον Αλέξη στη διεύθυνση:
https://linktr.ee/alexiszen

Άλλα βιβλία του Αλέξη Ζεν

Luminary Leadership - Καταξιωμένη Ηγεσία

My Spiritual Reality - Η Πνευματική μου Πραγματικότητα

Η ΔΥΝΑΜΗ ΕΝΟΣ ΔΕΥΤΕΡΟΛΕΠΤΟΥ

Πώς να κατορθώσετε οτιδήποτε επιθυμείτε

Αλέξης Ζεν

Mindbodism Ltd.

Έδρα: 13 Westbourne Terrace, Λονδίνο, W23UL, Αγγλία

Για περισσότερες πληροφορίες σχετικά με το Mindbodism, επισκεφθείτε το mindbodism.com

Πρώτη Δημοσίευση: Mindbodism, 2024
www.mindbodism.com

Το βιβλίο έχει καταχωρηθεί ως εξής:

ISBN: 978-1-7391329-5-8 (ψηφιακό)
ISBN: 978-1-7391329-4-1 (χαρτόδετο)

Τυπώθηκε στο Ηνωμένο Βασίλειο

Πνευματικά δικαιώματα© 2022 Alexis Zen

Με επιφύλαξη κάθε νόμιμου δικαιώματος. Κανένα μέρος αυτού του βιβλίου δεν επιτρέπεται να αναπαραχθεί, να σαρωθεί ή να διανεμηθεί με οποιοδήποτε τρόπο ή μέσο – ηλεκτρονικό, μηχανικό, μέσω φωτοτύπισης, ηχογράφησης ή με άλλο μέσο – χωρίς την συγκατάθεση του συγγραφέα. Παρακαλούμε να μην συμμετέχετε και μην ενθαρρύνετε την πειρατεία υλικού που προστατεύεται από πνευματικά δικαιώματα παραβιάζοντας τα δικαιώματα του δημιουργού. Αγοράστε μόνο εξουσιοδοτημένες εκδόσεις.

Έχει καταβληθεί κάθε δυνατή προσπάθεια για να αποκτηθούν οι απαραίτητες άδειες σχετικά με το υλικό που προστατεύεται από πνευματικά δικαιώματα, τόσο σε παράφραση όσο και σε άμεση παράθεση. Ζητούμε συγγνώμη για τυχόν παραλείψεις σε αυτό το θέμα και θα χαρούμε να αναγνωρίσουμε το σωστό πρόσωπο στις ευχαριστίες σε οποιεσδήποτε μελλοντικές εκδόσεις.

Αυτή η έκδοση περιέχει τις ιδέες του συγγραφέα και έχει σχεδιαστεί για να παρέχει συμβουλές σχετικά με το θέμα που καλύπτει. Ο συγγραφέας αποποιείται την οποιαδήποτε ευθύνη, απώλεια ή κίνδυνο, προσωπικό ή άλλο, που προκύπτει ως συνέπεια, άμεσα ή έμμεσα, της χρήσης και εφαρμογής οποιουδήποτε από τα περιεχόμενα αυτού του βιβλίου.

Τα βιβλία Mindbodism είναι διαθέσιμα σε ειδικές εκπτώσεις για χρήση ως πριμ και προωθητικές ενέργειες πωλήσεων ή για χρήση σε εταιρικά προγράμματα κατάρτισης.

Για περισσότερες πληροφορίες, γράψτε στο hello@mindbodism.com.

Σε όλους εκείνους των οποίων οι ζωές άλλαξαν σε ένα δευτερόλεπτο, και σε όλους εκείνους των οποίων οι ζωές θα αρχίσουν να αλλάζουν αυτό το δευτερόλεπτο.

Ευχαριστίες

Η Δύναμη Ενός Δευτερολέπτου δημιουργήθηκε μετά από επισκόπηση εκατοντάδων βιβλίων και ερευνητικού υλικού και τη σύνθεσή τους με τρόπο που θα βοηθήσει τους ανθρώπους να κατορθώσουν αυτό που επιθυμούν. Ως εκ τούτου, θα ήθελα να εκφράσω την ευγνωμοσύνη μου σε όλους τους ανθρώπους που έχουν συμβάλει σε αυτό το βιβλίο παρέχοντάς μου έμπνευση, γνώση και καθοδήγηση, όπως:

    Άλμπερτ Άινσταϊν   Τόνι Ρόμπινς
    Ναπολέων Χιλ   Στίβεν Ρ. Κόουβι
    Έκχαρτ Τόλε   Τιμ Φέρις
    Όπρα Γουίνφρεϊ   Σάιμον Σίνεκ
    Ρόμπιν Σάρμα   Τσαελς Ντιούιγκ
    Άντζελα Ντάκγουορθ   Αριστοτέλης
    Ντέιλ Κάρνεγκι

Αυτοί οι άνθρωποι αντιπροσωπεύουν μόνο ένα απειροελάχιστο τμήμα των εκατοντάδων ανθρώπων που με έχουν εμπνεύσει και μου έχουν προσφέρει το ερευνητικό υλικό για να μπορέσω να γράψω αυτό το βιβλίο.

Επίσης, είμαι ευγνώμων για τη γυναίκα και τον γιο μου, που μου δίνουν αγάπη καθημερινά, και για τους γονείς μου, που ήταν πάντα δίπλα μου και εξακολουθούν να με βοηθούν και να με υποστηρίζουν σε ό,τι κάνω.

Ως μία τελευταία λέξη προετοιμασίας, σας παρέχω ένα ενδεικτικό στοιχείο για να προσδιορίσετε τη μυστική δύναμη ενός δευτερολέπτου: όλα τα επιτεύγματα ξεκίνησαν σε ένα δευτερόλεπτο και αυτό θα το αντιληφθείτε στο δευτερόλεπτο που θα φθάσει στον νου σας.

Alexis Zen, 2021

Table of Contents

Εισαγωγή 1

ΜΕΡΟΣ ΠΡΩΤΟ: Η ΔΥΝΑΜΗ ΕΝΟΣ ΔΕΥΤΕΡΟΛΕΠΤΟΥ ΚΑΙ ΤΟ ΠΡΟΤΥΠΟ ΤΟΥ ΕΠΙΤΕΥΓΜΑΤΟΣ 5

   1. Η Δύναμη Ενός Δευτερολέπτου 7

   2. Το Πρότυπο για το Επίτευγμα 13

ΜΕΡΟΣ ΔΕΥΤΕΡΟ: ΠΩΣ ΝΑ ΚΑΤΟΡΘΩΣΕΤΕ ΟΤΙΔΗΠΟΤΕ ΕΠΙΘΥΜΕΙΤΕ 19

   3. Γνωρίστε το Θεμέλιο 21

   4. Προετοιμάστε το μυαλό σας 41

   5. Δημιουργήστε ενέργεια για να ξεκινήσετε 73

   6. Διατηρήστε τη δυναμική και μην σταματήσετε ποτέ 93

ΜΕΡΟΣ ΤΡΙΤΟ: ΠΩΣ ΜΠΟΡΕΙΤΕ ΝΑ ΚΑΤΟΡΘΩΝΕΤΕ ΧΩΡΙΣ ΝΑ ΚΑΝΕΤΕ ΘΥΣΙΕΣ 111

   7. Αλλάξτε κοσμοθεώρηση 113

   8. Δημιουργήστε ένα σχέδιο 115

   9. Δημιουργία χρόνου 119

   10. Μεγιστοποίηση πόρων 127

   11. Εκπαιδεύστε τον εγκέφαλό σας 131

   12. Χρησιμοποιήστε τις δύο υπερδυνάμεις 143

   13. Προβλέψτε το μέλλον σας 149

ΜΕΡΟΣ ΤΕΤΑΡΤΟ: ΠΩΣ ΝΑ ΒΡΕΙΤΕ ΤΟ ΜΟΝΟΠΑΤΙ ΠΟΥ ΠΡΕΠΕΙ ΝΑ ΑΚΟΛΟΥΘΗΣΕΤΕ 153

   14. Ακολουθήστε τον Σκοπό της Ζωής σας 155

   15. Ακολουθήστε τη λογική σας, ακολουθήστε τη διαίσθησή σας 157

16. Αναλογιστείτε το μονοπάτι σας 165

17. Συνδέστε το μονοπάτι σας με την ευτυχία 169

ΜΕΡΟΣ ΠΕΜΠΤΟ: ΠΩΣ ΝΑ ΑΚΟΛΟΥΘΗΣΕΤΕ ΤΟΝ ΔΡΟΜΟ ΣΑΣ ΜΕ ΤΟΝ ΣΩΣΤΟ ΤΡΟΠΟ 177

18. Ακολουθήστε τον στόχο σας 179

19. Να έχετε ισορροπία 181

20. Εστιαστείτε στην Αγάπη 183

21. Επιτεύξτε Ηθική Αριστεία 185

Συμπέρασμα 187

Εισαγωγή

Είτε το πιστεύετε είτε όχι, θα υπάρξει ένα χρονικό σημείο στο οποίο η ζωή σας θα αλλάξει αξιοσημείωτα – σε ένα μόλις δευτερόλεπτο. Στην πραγματικότητα, με κάθε δευτερόλεπτο που περνάει, η ζωή σας αλλάζει έστω και ελάχιστα· ακόμα κι αν δεν κάνετε τίποτα, μια μικρή αλλαγή συμβαίνει στη ζωή σας. Μπορεί να πρόκειται για τις σχέσεις σας, τα επίπεδα φυσικής σας κατάστασης, τα οικονομικά σας, την υγεία σας, το βάρος σας ή τις εμπειρίες σας, αλλά αυτή η αλλαγή δεν σας βοηθά να κατορθώσετε αυτό που επιθυμείτε, δεν σας βοηθά να λύσετε τα προσωπικά ή επαγγελματικά σας προβλήματα και σίγουρα δεν σας φέρνει πιο κοντά στην πραγματοποίηση των ονείρων σας.

Τώρα, φανταστείτε ότι αντί να μην κάνετε τίποτα ή να κάνετε κάτι με βάση τις διαθέσεις σας, χρησιμοποιείτε τη δύναμη ενός δευτερολέπτου για να κατευθύνετε την ενέργεια και τις πράξεις σας σε κάτι που θέλετε να πετύχετε. Τώρα, κάθε δευτερόλεπτο έχει έναν σκοπό, κάθε δευτερόλεπτο έχει δύναμη, και με αυτή τη δύναμη μπορείτε να αναλάβετε τον έλεγχο και να μεταμορφώσετε τη ζωή σας. Μπορείτε να γίνετε το άτομο που πάντα θέλατε να είστε και μπορείτε να πετύχετε οτιδήποτε θέλετε, πολύ πιο γρήγορα.

Έχοντας χρησιμοποιήσει τη δύναμη του ενός δευτερολέπτου και το πρότυπο του επιτεύγματος που περιγράφεται σε αυτό το βιβλίο, μπόρεσα να αλλάξω σημαντικά τη ζωή μου σε μόλις τρεις μήνες:

- Κατάφερα να ολοκληρώσω ακόμα και τη συγγραφή αυτού του βιβλίου, το οποίο είχα ξεκινήσει πριν από τέσσερα χρόνια και για το οποίο είχα γράψει μόνο μια σελίδα.
- Κατάφερα να χάσω επτά κιλά και να αυξήσω τα επίπεδα φυσικής μου κατάστασης.
- Μπόρεσα να επαυξήσω τα οικονομικά μου, αποκτώντας ένα νέο ακίνητο.
- Κατάφερα να βελτιώσω τις σχέσεις μου με τους φίλους και την οικογένειά μου.

- Κατάφερα να εγκαινιάσω τη νέα μου ιστοσελίδα (www.basketble.com), μια επιχείρηση που βοηθά τους ανθρώπους να βρουν ένα μέρος για να παίξουν μπάσκετ σε όλο τον κόσμο, και την οποία είχα καταβάλει προσπάθεια να εγκαινιάσω για τέσσερα χρόνια.

- Κατάφερα να δημιουργήσω μια νέα εταιρεία (www.Mindbodism.com), η οποία βοηθά τους ανθρώπους να γίνουν πιο υγιείς, πιο ευτυχισμένοι και πιο επιτυχημένοι.

- Κατάφερα να ενισχύσω τη δημιουργικότητα και τη φαντασία μου και να πάρω τον πλήρη έλεγχο της ζωής μου.

Φυσικά, αυτό είναι μια μεγάλο σύνολο αλλαγών που έλαβε χώρα σε τρεις μόνο μήνες, και το έναυσμα ήταν η συνειδητοποίηση της δύναμης ενός δευτερολέπτου και πώς θα μπορούσα να τη χρησιμοποιήσω για να έχω θετικό και διαρκή αντίκτυπο στη ζωή μου.

Η δύναμη ενός δευτερολέπτου αποτελεί ένα από τα πιο ισχυρά εργαλεία που μπορείτε να χρησιμοποιήσετε για να αλλάξετε τη ζωή σας, αλλά αποτελεί επίσης και ένα από τα πιο επικίνδυνα. Ανάλογα με τον τρόπο που τη χρησιμοποιείτε, μπορεί να έχει θετικό ή αρνητικό αντίκτυπο στα πράγματα. Είναι σαν τη φωτιά· μπορείτε να χρησιμοποιήσετε τη φωτιά για να βάλετε πυρκαγιά ή για να σας κρατήσει ζεστούς.

Ο στόχος αυτού του βιβλίου είναι να μοιραστεί μαζί σας τη δύναμη ενός δευτερολέπτου και το πρότυπο του επιτεύγματος που θα σας βοηθήσει να μεταμορφώσετε τη ζωή σας και να κατορθώνετε οτιδήποτε επιθυμείτε. Αποκτώντας πλήρη επίγνωση των εννοιών αυτού του βιβλίου και τοποθετώντας τις σε ένα σχέδιο δράσης, θα καταφέρετε να μεγιστοποιήσετε την απόδοσή σας σε όλες τις πτυχές της ζωής σας.

Η Δύναμη Ενός Δευτερολέπτου έχει πέντε μέρη:

Το Πρώτο Μέρος εξηγεί τη δύναμη ενός δευτερολέπτου και το πρότυπο του επιτεύγματος που μπορείτε να αξιοποιήσετε για να μεταμορφώσετε τη ζωή σας.

Το Δεύτερο Μέρος διευκρινίζει πώς να κατορθώνετε οτιδήποτε επιθυμείτε διδάσκοντάς σας τη διαδικασία επίτευξης και πώς μπορείτε να προετοιμάσετε το μυαλό σας, να δημιουργήσετε ενέργεια και να διατηρήσετε την δυναμική για να αρχίσετε να μεταμορφώνετε τη ζωή σας – μην σταματήσετε μέχρι να κατορθώσετε αυτό που επιθυμείτε.

Το Τρίτο Μέρος σάς δείχνει πώς να κατορθώσετε αυτό που επιθυμείτε χωρίς να κάνετε θυσίες. Εξηγεί πώς μπορείτε να αλλάξετε την κοσμοθεώρησή σας, να δημιουργήσετε ένα σχέδιο, να δημιουργήσετε χρόνο, να μεγιστοποιήσετε τους πόρους σας, να εκπαιδεύσετε τον εγκέφαλό σας, να αξιοποιήσετε τις δύο υπερδυνάμεις που ήδη έχετε και να προβλέψετε το μέλλον, ώστε να μην χρειάζεται να θυσιάσετε τη ζωή σας για να επιτύχετε τους στόχους σας.

Το Τέταρτο Μέρος εξηγεί πώς να βρείτε την πορεία που πρέπει να ακολουθήσετε ανακαλύπτοντας τον σκοπό της ζωής σας, ακολουθώντας τη λογική και τη διαίσθησή σας, αναλογιζόμενοι την πορεία σας και συνδέοντας την πορεία σας με την ευτυχία, ώστε να μπορείτε να δείτε ότι υπάρχουν πολλοί τρόποι για να κατορθώσετε αυτό που επιθυμείτε.

Τέλος, το Πέμπτο Μέρος διευκρινίζει πώς να ακολουθήσετε την πορεία σας με *τον σωστό* τρόπο, εξηγώντας γιατί πρέπει να ακολουθήσετε τον δικό σας στόχο, να έχετε ισορροπία στη ζωή σας, να εστιάσετε στην αγάπη και να φθάσετε στην επίτευξη ηθικής αριστείας.

Το βιβλίο βασίζεται στη θεωρία του συστήματος, στην οποία το σύστημα είστε εσείς. Αλλάζοντας ορισμένα μέρη του συστήματος και κάνοντάς τα να λειτουργούν σε συνάρτηση, θα μπορείτε να επιτύχετε περισσότερα από ό,τι με τα επιμέρους τμήματά του. Μόλις εξηγήσουμε πώς λειτουργεί το σύστημα και ποιοι παράγοντες το επηρεάζουν, θα μπορείτε να αξιοποιήσετε τις πράξεις και τα εργαλεία σε αυτό το βιβλίο για να μεταμορφώσετε τη ζωή σας σήμερα.

Για να κατανοήσετε πώς λειτουργεί το σύστημα, σκεφτείτε τον κύκλο της φύσης. Για παράδειγμα, τα λουλούδια μεγαλώνουν, πεθαίνουν και μεγαλώνουν ξανά. Έχετε βρεθεί ποτέ να κάνετε κύκλους; Ξεκινάς κάτι, σταματάς και μετά πάλι, δεν κατορθώνεις ποτέ αυτό που επιθυμείς γιατί δεν μπορείς να τελειώσεις ποτέ;

Αρχίζεις να πηγαίνεις στο γυμναστήριο, αλλά μετά χάνεις το κίνητρο, οπότε σταματάς να πηγαίνεις. Ξεκινάς να δομείς μια επιχείρηση, αλλά μετά δεν έχεις πια την ενέργεια να συνεχίσεις, οπότε σταματάς. Και ό,τι και να κάνεις, είσαι πάντα κολλημένος σε αυτόν τον κύκλο.

Τα καλά νέα είναι ότι λόγω του τρόπου κατασκευής του συστήματος, είναι απλά ζήτημα χρόνου για να αλλάξουν ξανά οι συνθήκες της ζωής σας και να αρχίσετε να κάνετε τα πράγματα που επιθυμείτε να κατορθώσετε. Ωστόσο, αυτή η διαδικασία μπορεί να διαρκέσει πολύ. Παρ' όλα αυτά, εάν χρησιμοποιήσετε τη δύναμη ενός δευτερολέπτου και το πρότυπο του επιτεύγματος, όχι μόνο θα μπορέσετε να αρχίσετε να αλλάζετε τη ζωή σας *σήμερα*, αλλά και θα συνεχίσετε μέχρι να επιτύχετε τους στόχους σας.

Τα περισσότερα βιβλία αυτοβοήθειας προσφέρουν συμβουλές για το πώς να κάνετε πράγματα, και σύμφωνα με πολλά από αυτά τα βιβλία, πρέπει να έχετε τη σωστή ψυχική κατάσταση για να επωφεληθείτε από αυτά. Επίσης συνήθως απαιτούν να κάνετε θυσίες για να κατορθώσετε αυτό που επιθυμείτε. Αυτό δεν ισχύει σε αυτό το βιβλίο – η δύναμη ενός δευτερολέπτου και το πρότυπο του επιτεύγματος είναι τόσο ισχυρά που μπορούν να λειτουργήσουν ανεξάρτητα από τις συνθήκες της ζωής σας, άρα δεν χρειάζεται να θυσιάσετε τίποτα για να κατορθώσετε αυτό που επιθυμείτε. Γι' αυτό και είναι τόσο ισχυρά.

Για να αρχίσετε να βιώνετε τη δύναμη ενός δευτερολέπτου, απλά ισιώστε την πλάτη σας, σκεφτείτε κάτι αστείο που σας έκανε να γελάτε στο παρελθόν και μετά χαρίστε ένα μεγάλο χαμόγελο στον εαυτό σας. Εάν παρατηρήσετε προσεκτικά τη διάθεσή σας, θα συνειδητοποιήσετε ότι έχει αλλάξει και έχετε αρχίσει να αισθάνεστε λίγο πιο θετικοί – το γέλιο πυροδοτεί υγιείς σωματικές και συναισθηματικές αλλαγές στο σώμα σας. Ένα μόνο δευτερόλεπτο χρειάζεται για να αλλάξει η διάθεσή σας και ένα μόνο δευτερόλεπτο χρειάζεται για να αλλάξει η ζωή σας.

Ας αξιοποιήσουμε αυτό το δευτερόλεπτο για να αλλάξουμε τη ζωή σας.

ΜΕΡΟΣ ΠΡΩΤΟ:

Η ΔΥΝΑΜΗ ΕΝΟΣ ΔΕΥΤΕΡΟΛΕΠΤΟΥ ΚΑΙ ΤΟ ΠΡΟΤΥΠΟ ΤΟΥ ΕΠΙΤΕΥΓΜΑΤΟΣ

1.
Η Δύναμη Ενός Δευτερολέπτου

Η Δύναμη Ενός Δευτερολέπτου είναι κανόνας και όχι νόμος. Ένας νόμος είναι άκαμπτος και αφού θεσπιστεί, όλοι υποχρεούνται να τον ακολουθήσουν, ενώ ένας κανόνας είναι μια κατευθυντήρια γραμμή, που παρέχεται προκειμένου να βοηθήσει τα άτομα που επιλέγουν να την ακολουθήσουν. Είναι δική σου επιλογή αν θέλεις να τον ακολουθήσεις, το πότε θέλεις να τον ακολουθήσεις και μάλιστα, αν πιστεύεις σε αυτό. Είναι ένα δυναμικό ξεκίνημα, ένας τρόπος να κάνεις τα πράγματα πιο γρήγορα, πιο εύκολα και να κάνεις δυνατά τα πράγματα που φαίνονται αδύνατα για σένα.

Η βάση της Δύναμης Ενός Δευτερολέπτου είναι ότι **η όλη αλλαγή που συμβαίνει γύρω σας ή μέσα σας συμβαίνει σε ένα δευτερόλεπτο.**

Απλώς σταματήστε για ένα δευτερόλεπτο και σκεφτείτε ένα γεγονός, μια απόφαση ή ακόμα και μια σκέψη που μέσα σε ένα δευτερόλεπτο η ζωή σας άλλαξε τα συναισθήματα ή τις πράξεις σας. Είναι πιθανόν να σας έκανε χαρούμενους ή θλιμμένους. Θα μπορούσε να είναι μια πρόταση γάμου, η γνωριμία ενός νέου ατόμου και ο έρωτας με την πρώτη ματιά ή κάποιος που είπε «σ' αγαπώ». Θα μπορούσε να είχε συμβεί ακόμη και ο θάνατος κάποιου κοντινού προσώπου. Σε όλες αυτές τις περιπτώσεις, το «ένα δευτερόλεπτο» είχε σοβαρό αντίκτυπο στη ζωή σας.

Το ίδιο συμβαίνει και με τις αποφάσεις σας. Στοχαστείτε την ακαριαία απόφαση ενός δευτερολέπτου που μπορεί να έχετε πάρει για να αγοράσετε, να πουλήσετε ή να ξεκινήσετε μια εταιρεία, η οποία σας οδήγησε να αυξήσετε ή να μειώσετε τον πλούτο σας. Η απόφαση ενός δευτερολέπτου που πήρατε να πάτε στο πανεπιστήμιο είχε αντίκτυπο στις σχέσεις σας, όπως το να βρείτε έναν καλύτερο φίλο, έναν μελλοντικό επιχειρηματικό συνεργάτη ή ακόμα και μία / έναν σύζυγο. Ή την απόφαση ενός δευτερολέπτου που πήρατε για να κάνετε αίτηση για μια νέα δουλειά που είχε αντίκτυπο στην υγεία, στην ευημερία, στα οικονομικά και στις σχέσεις σας.

Το ίδιο συμβαίνει και με τις σκέψεις σας. Σε ένα δευτερόλεπτο, μπορεί να κάνατε μια σκέψη που σας έκανε να δοκιμάσετε κάτι νέο, όπως να επισκεφτείτε μια διαφορετική χώρα ή να μάθετε να χορεύετε. Διαβάζοντας ένα βιβλίο ή ακούγοντας κάποιον με προσοχή, θα μπορούσαν να δημιουργηθούν σκέψεις σε ένα δευτερόλεπτο για να αλλάξετε τη διάθεσή σας, να αλλάξετε τον τρόπο που συμπεριφέρεστε και ενεργείτε ή ακόμα και να αλλάξετε τη ζωή σας.

Είμαι βέβαιος ότι μέχρι τώρα έχετε βρει ορισμένα παραδείγματα όπου η ζωή σας άλλαξε σε ένα δευτερόλεπτο. Δεν είστε οι μόνοι άνθρωποι.

Ο Αρχιμήδης ήταν ένας Έλληνας μαθηματικός, φυσικός και μηχανικός, ο οποίος σε ένα δευτερόλεπτο ανακάλυψε την «αρχή του Αρχιμήδη», απλά μπαίνοντας στο μπάνιο του και βλέποντας το νερό να εκτοπίζεται. Προσδιόρισε ότι μετρώντας τον εκτοπισμό του νερού, θα μπορούσε να μετρηθεί ο όγκος των καταβυθισμένων αντικειμένων. Έτρεξε γυμνός στους δρόμους, ουρλιάζοντας «Εύρηκα!», ξεχνώντας εντελώς, μέσα στον ενθουσιασμό του, να φορέσει οποιοδήποτε ρούχο.

Ένα άλλο παράδειγμα είναι ο Σερ Ισαάκ Νεύτων ο οποίος ανακάλυψε τον νόμο της βαρύτητας, σε ένα δευτερόλεπτο, όταν ένα μήλο έπεσε στο κεφάλι του. Συνειδητοποίησε ότι το μήλο έπεφτε πάντα κατακόρυφα, κάτι που τον οδήγησε να αποκαλύψει τον νόμο της βαρύτητας.

Ομοίως, ο Αλέξανδρος Φλέμινγκ ανακάλυψε την πενικιλίνη, ένα από τα πιο κρίσιμα αντιβιοτικά, σε ένα δευτερόλεπτο, αφού επέστρεψε στο σπίτι και παρατήρησε ότι η μούχλα είχε παρεμποδίσει τη φυσική ανάπτυξη του σταφυλόκοκκου, ενός βακτηρίου που μελετούσε.

Τώρα, αναλύοντας αυτά τα παραδείγματα, μπορούμε όλοι να δούμε ότι χρειάστηκε σε αυτούς τους ανθρώπους ένα δευτερόλεπτο για να αλλάξουν τη ζωή τους και τη ζωή των άλλων. Ωστόσο, υπάρχει μια ακόμη σημαντική ομοιότητα σε όλα αυτά τα παραδείγματα: όλα αυτά τα άτομα **έδωσαν προσοχή και συνειδητοποίησαν, μόνο για ένα δευτερόλεπτο**. Δεν ήταν η πρώτη φορά που ο Αρχιμήδης έκανε μπάνιο, ο Σερ Ισαάκ Νεύτων είδε φρούτα να πέφτουν από τα δέντρα ή ο

Αλέξανδρος Φλέμινγκ κοίταξε τη μούχλα. Ωστόσο, όλοι απέκτησαν επίγνωση για ένα δευτερόλεπτο.

Η Δύναμη Ενός Δευτερολέπτου είναι ότι χρειάζεστε μία μόνο στιγμή – ένα δευτερόλεπτο – για να αλλάξετε τη ζωή σας.

Η δύναμη ενός δευτερολέπτου δηλώνει επίσης ότι έχετε ό,τι χρειάζεστε αυτή τη συγκεκριμένη στιγμή – απλά πρέπει να εστιάσετε την προσοχή σας και να αποκτήσετε επίγνωση για ένα δευτερόλεπτο.

Υπάρχουν πολλά περισσότερα παραδείγματα που μπορούμε να αντιληφθούμε στην καθημερινότητά μας αν παρατηρήσουμε προσεκτικά ότι ένα μόνο δευτερόλεπτο κάνει τη διαφορά. Στον αθλητισμό, μια διαφορά ενός δευτερολέπτου μπορεί να κάνει κάποιον να κερδίσει ή να χάσει. Σπουδαίο παράδειγμα είναι ο Μάικλ Τζόρνταν, ένας από τους μεγαλύτερους καλαθοσφαιριστές στην ιστορία. Σε ένα δευτερόλεπτο, οι Cleveland Cavaliers αποκλείστηκαν από την σεζόν του 1989, όταν σκόραρε στο τελευταίο δευτερόλεπτο, δίνοντας στους Bulls τη νίκη με 101-100 εναντίον των Cleveland Cavaliers. Η ιστορία του NBA έχει περισσότερα από 700 παραδείγματα αγώνων που κερδήθηκαν το τελευταίο δευτερόλεπτο.

Ισχύει επίσης για τις επιθυμίες σας. Χρειάζεται ένα δευτερόλεπτο για να συνειδητοποιήσετε ότι διψάτε και θέλετε να πιείτε νερό. Χρειάζεται ένα δευτερόλεπτο για να καταλάβετε ότι πεινάτε και θέλετε να φάτε. Χρειάζεται ένα δευτερόλεπτο για να νοιώσετε ότι είστε ερωτευμένοι με έναν άνθρωπο και δεν μπορείς να ζήσετε χωρίς αυτόν.

Προφανώς, υπάρχει μια συσσώρευση γεγονότων, πράξεων και αλληλεπιδράσεων πριν το ένα δευτερόλεπτο αλλάξει τα πάντα γύρω σας και μέσα σας, αλλά υπάρχει τρόπος – χρησιμοποιώντας τη Δύναμη του Ενός Δευτερολέπτου – να κάνετε την αλλαγή τώρα, να κάνετε την αλλαγή να διαρκέσει, και να κατορθώσετε όλα όσα επιθυμείτε σε ένα δευτερόλεπτο. Απλά πρέπει να συνειδητοποιήσετε τη Δύναμη του Ενός Δευτερολέπτου και να ακολουθήσετε το Πρότυπο του Επιτεύγματος.

Ωστόσο, πολλοί άνθρωποι έχουν χρησιμοποιήσει τη Δύναμη του Ενός Δευτερολέπτου για να ξεκινήσουν το ταξίδι τους χωρίς να το καταλάβουν, αλλά εξακολουθούν να αντιμετωπίζουν προβλήματα – υπάρχουν τόσο πολλοί περισπασμοί, τόσο πολλές επιλογές, επιδράσεις, ακόμη και ατυχίες. Ακόμη και όταν ξεκινάτε κάτι, δεν είστε πάντα ικανοί να το τελειώσετε. Το αναβάλλετε, το καθυστερείτε και μετά, στο τέλος, τα παρατάτε. Το έχετε βιώσει κι εσείς;

Μην αγχώνεστε, σας παρακαλώ, δεν είστε μόνοι. Όλοι έχουμε βρεθεί εκεί. Όλοι έχουμε βιώσει ένα ισχυρό κίνητρο που έδωσε το έναυσμα της δράσης αλλά μετά σταμάτησε. Άρχισα να γράφω αυτό το βιβλίο πριν από τέσσερα χρόνια και είχα γράψει μόνο μια σελίδα σε διάρκεια τρεισήμισι ετών. Ξεκίνησα το Basketble.com και για τέσσερα χρόνια, δεν μπορούσα να δημιουργήσω μια διαδικτυακή πλατφόρμα – μέχρι που αξιοποίησα το πρότυπο αυτού του βιβλίου. Ο λόγος που συνέβη αυτό είναι ότι, μετά από κάποιο χρονικό διάστημα, το κίνητρο μπορεί να εξαφανισθεί και κατόπιν σταματά η δράση. Όμως, αυτό είναι φυσιολογικό. Μην είστε λοιπόν σκληροί με τον εαυτό σας. Είναι πιο εύκολο να ζείτε τη διαταραχή παρά την τάξη, είναι πιο εύκολο να μην προσπαθήσετε παρά να κερδίσετε και είναι πιο εύκολο να φάτε ένα κομμάτι σοκολάτας παρά να αντισταθείτε στον πειρασμό.

Το πρώτο πράγμα που πρέπει να συνειδητοποιήσετε είναι ότι πρόκειται για φυσιολογική συμπεριφορά, επειδή ο εγκέφαλος τείνει να προτιμά να κάνει πράγματα που είναι εύκολα παρά δύσκολα.

Ωστόσο, σκεπτόμενοι με τη Δύναμη του Ενός δευτερολέπτου, θα συνειδητοποιήσετε ότι μπορείτε να συνεχίσετε, ακόμα κι αν είναι μόνο για ένα επιπλέον δευτερόλεπτο. Αλλά αυτό το δευτερόλεπτο μπορεί να κάνει τη διαφορά – μπορεί να είναι μια επιπλέον κάμψη κατά την άσκηση που θα μπορούσε να κάνει τους μυς σας να μεγαλώσουν ή ένα επιπλέον δευτερόλεπτο μελέτης ενός θέματος που μπορεί να σας δώσει την έμπνευση να ξεκινήσετε ή να κάνετε κάτι καινούργιο. Μπορεί να είναι ένα επιπλέον δευτερόλεπτο ενέργειας που παρέχει σε έναν δρομέα την ώθηση που χρειάζεται για να τερματίσει τον αγώνα. Μπορεί να είναι αυτή η επιπλέον ίντσα, όπως περιγράφεται από τον Αλ Πατσίνο στη διάσημη ομιλία του στην ταινία Any Given Sunday: «Αυτό θα επιφέρει τη διαφορά ανάμεσα στην ήττα και τη νίκη, ανάμεσα στο να ζεις και να πεθαίνεις».

Όταν πρόκειται να σταματήσετε, πιστέψτε ότι μπορείτε να συνεχίσετε για ένα δευτερόλεπτο.

Μόλις το κάνετε αυτό, η δυναμική σας θα συνεχισθεί. Είναι όπως όταν σπρώχνεις μια μπάλα στο πάτωμα: στην αρχή, υπάρχει αντίσταση και τριβή, επειδή δεν υπάρχει ενέργεια. Μετά υπάρχει δυναμική και η μπάλα κυλάει. Στη συνέχεια, υπάρχει περισσότερη τριβή και αντίσταση, που προσπαθεί να σταματήσει την μπάλα. Αυτή η τριβή είναι η εσωτερική σας φωνή, που θα προσπαθήσει να σας σταματήσει, να σας πείσει να πάρετε τον εύκολο δρόμο. Πρέπει να πιστεύετε ότι μπορείτε να συνεχίσετε για ένα ακόμη δευτερόλεπτο και να συσσωρεύσετε περισσότερη δυναμική: μην αφήσετε το κίνητρο να εξαφανισθεί.

Ο Σωκράτης, ο διάσημος Έλληνας φιλόσοφος, δημιούργησε την αναλογία ότι η Αθήνα ήταν σαν ένα νωθρό άλογο που χρειαζόταν μια μύγα για να το δαγκώσει, έτσι ώστε το άλογο να μπορεί να ξυπνήσει για να συνεχίσει την πορεία του. Αυτή η «μύγα» ήταν ο Σωκράτης και η δική σας «μύγα» είναι το ένα δευτερόλεπτο που πρέπει να αξιοποιείτε κάθε φορά που νοιώθετε ότι απομακρύνεστε από τον στόχο σας ή συνειδητοποιείτε ότι έχετε σταματήσει να προσπαθείτε. Χρειάζεται μόνο ένα δευτερόλεπτο για να σας επαναφέρει στην πορεία σας.

Όταν έχετε απομακρυνθεί από την πορεία σας, σκεφθείτε ότι μπορείτε να επιστρέψετε σε ένα δευτερόλεπτο.

Ωστόσο, ο χρόνος είναι καθορισμένος και οι δουλειές συσσωρεύονται. Έχετε τόσα πολλά πράγματα να κάνετε και δεν έχετε καθόλου χρόνο. «Τι να κάνω;». Ξανασκεφθείτε το. Επενδύετε όλο τον χρόνο σας σε σημαντικά πράγματα που θα βελτιώσουν τη ζωή σας; Χρησιμοποιείτε κάθε δευτερόλεπτο για να ολοκληρώσετε μια ενέργεια που θα σας βοηθήσει να κατορθώσετε αυτό που επιθυμείτε; Ξανασκεφθείτε το.

Μια μέρα έχει 86.400 δευτερόλεπτα και κάθε δευτερόλεπτο μετράει – χρησιμοποιήστε τα με σύνεση.

Μόλις συνειδητοποιήσετε ότι έχετε χιλιάδες δευτερόλεπτα στη διάθεσή σας κάθε μέρα και συνειδητοποιήσετε ότι πρέπει να αξιοποιείτε το κάθε δευτερόλεπτο, τότε θα σκεφτείτε διαφορετικά και θα σταματήσετε να δίνετε δικαιολογίες – όπως «δεν έχω χρόνο» – επειδή έχετε χιλιάδες δευτερόλεπτα για ξόδεμα. Τότε, αφού εκτιμήσετε κάθε δευτερόλεπτο που περνά χωρίς να αφήνετε κανένα δευτερόλεπτο να πάει χαμένο, θα συνειδητοποιήσετε επίσης ότι δίνοντας προσοχή σε μόνο ένα δευτερόλεπτο κατά φορά, η ζωή σας δεν θα πάει χαμένη, και χρησιμοποιώντας τη Δύναμη του Ενός Δευτερολέπτου σοφά, θα μπορέσετε να κατορθώσετε ό,τι επιθυμείτε.

2.
Το Πρότυπο για το Επίτευγμα

Ως τώρα, θα έχετε αρχίσει να αντιλαμβάνεστε τη σπουδαιότητα του ενός δευτερολέπτου και τον αντίκτυπο που μπορεί να έχει στη ζωή ενός ανθρώπου. Γνωρίζουμε ότι ένα δευτερόλεπτο είναι πολύ σημαντικό, και κοιτάζοντας το παρελθόν, είμαι βέβαιος ότι έχετε ήδη βρει παραδείγματα δευτερολέπτων στη ζωή σας που άλλαξαν τα πράγματα. Προσωπικά, πολλά από τα σημαντικά πράγματα στη ζωή μου – σε επαγγελματικό, προσωπικό, ακόμη και πνευματικό επίπεδο – συνέβησαν σε ένα δευτερόλεπτο.

Έφτιαξα την πρώτη μου επιχείρηση, το Basketble.com, σε ένα δευτερόλεπτο. Ήταν ένα κρύο, βροχερό βράδυ και ήμουν στη μικρή νοικιασμένη γκαρσονιέρα μου στο Λονδίνο, στα περίχωρα της Regent Street. Έμενα εκεί για έξι μήνες, και παρόλο που μου άρεσε να παίζω μπάσκετ, δεν έβρισκα πού να παίξω. Δεν μπορούσα να παίξω σε ανοιχτό χώρο γιατί τις περισσότερες φορές είτε έκανε πολύ κρύο είτε έβρεχε, και δεν μπορούσα να παίξω σε κλειστό χώρο γιατί δεν είχα φίλους και τα γήπεδα ήταν πολύ ακριβά για να κάνω κράτηση σε αυτά. Δεν μπορούσα να παίξω καν σε περιόδους μπάσκετ άλλων ατόμων γιατί ήταν όλες πλήρως κρατημένες. Έτσι, καθόμουν μπροστά στον υπολογιστή μου, παρακολουθώντας τις σταγόνες της βροχής να κυλάνε η μία πιο γρήγορα από την άλλη στο τζάμι του παραθύρου μου και θυμήθηκα την εποχή που ζούσα στην Ελλάδα και έπαιζα μπάσκετ σε εξωτερικούς χώρους κάθε μέρα.

Οι καιροί τότε ήταν διαφορετικοί. κάθε μέρα μετά το σχολείο, πήγαινα σπίτι, μελετούσα στα γρήγορα, έτρεχα στο ανοιχτό γήπεδο κοντά στο σπίτι μου και έπαιζα μπάσκετ. Ήταν διασκεδαστικό γιατί συναντούσα άλλους παίκτες και μετά παίζαμε όλοι μαζί για ώρες μέχρι να νυχτώσει και να φθάσει η στιγμή που δεν μπορούσαμε πια να δούμε την μπάλα – τα γήπεδα τότε δεν είχαν φώτα.

Όμως, δεν υπήρχε μέρος για να παίξω μπάσκετ στο Λονδίνο – τουλάχιστον μέχρι εκείνο το δευτερόλεπτο που τηλεφώνησα σε ένα γήπεδο μπάσκετ κοντά στο Kings Cross και ζήτησα να κλείσω το δικό μου γήπεδο. Τότε όλα άλλαξαν. οι άνθρωποι που με έβλεπαν να παίζω μπάσκετ μόνος μου, ρώτησαν αν μπορούσαν να με ακολουθήσουν. Στη συνέχεια, περισσότεροι άνθρωποι έμαθαν για τη συνεδρία και θα ερχόντουσαν. Όταν η συνεδρία ήταν γεμάτη με παίκτες, νοίκιαζα άλλο γήπεδο, καθώς δεν ήθελα να βιώσει κανείς την απογοήτευση να μην βρίσκει μέρος για να παίξει μπάσκετ. Όταν ο κόσμος ήθελε να παίξει πιο ανταγωνιστικά, ξεκίνησα ένα πρωτάθλημα μπάσκετ.

Και τότε, πολύ σύντομα, σε μόλις ένα δευτερόλεπτο, συνειδητοποίησα ότι αποφάσισα να ξεκινήσω την ιστοσελίδα της εταιρείας μου, η οποία βοηθά στην προώθηση των συνεδριών μπάσκετ όλων σε όλο τον κόσμο, έτσι ώστε μια μέρα να μπορείτε να παίζετε μπάσκετ οπουδήποτε, οποτεδήποτε.

Στις δύσκολες στιγμές, να θυμάσαι ότι η ζωή πάντα θα σου δίνει αυτό που χρειάζεσαι, όχι απαραίτητα αυτό που θέλεις.

Αν δεν είχα βιώσει τη δυσκολία και την απογοήτευση της προσπάθειας να βρω ένα μέρος για να παίξω μπάσκετ, τότε ίσως να μην είχα δημιουργήσει την επιχείρηση Basketble.com και να μην είχα βοηθήσει χιλιάδες ανθρώπους.

Σε προσωπικό επίπεδο, η ζωή μου άλλαξε επίσης σε ένα δευτερόλεπτο, ιδιαίτερα το δευτερόλεπτο που γνώρισα τη γυναίκα μου. Ήταν το καλοκαίρι του 2013 και ήμουν σε διακοπές με δύο φίλους μου, τον Σέργιο και τον Γρηγόρη. Βρισκόμαστε στο ελληνικό νησί της Μυκόνου, ένα μέρος που είμαι σίγουρος ότι γνωρίζετε οι περισσότεροι, καθώς είναι ένα από τα πιο κοσμοπολίτικα νησιά στον κόσμο. Είναι υπέροχο μέρος γιατί συνδυάζει εκπληκτικό φαγητό, όμορφες παραλίες, απολαυστική διασκέδαση και παραδοσιακά λευκά σπίτια.

Τότε, το νησί ήταν εντελώς διαφορετικό και πιο αυθεντικό, αλλά παρ' όλα αυτά, ένα μέρος για να γνωρίσεις νέους ανθρώπους. Λοιπόν, ως ελεύθερος άντρας, τι καλύτερο μέρος για διακοπές από τη Μύκονο; Αφού μείναμε εκεί για μία εβδομάδα, ο Σέργιος μου ζήτησε να πάω μαζί του στα Κουφονήσια.

Τα Κουφονήσια είναι ένα μικρό νησί περίπου μιάμιση ώρα από τη Μύκονο, και εντελώς διαφορετικό – δεν υπάρχουν αυτοκίνητα και μόνο ένα μικρό κεντρικό μπαρ. Πολύ λίγοι τουρίστες επισκέφτηκαν το νησί και όταν προσπάθησα να σκεφτώ έναν λόγο για να το κάνω, δεν μπορούσα. Ωστόσο, μια ώρα πριν φύγει ο Σέργιος, αποφάσισα να πάω μαζί του – σε ένα δευτερόλεπτο, φυσικά.

Εκείνο το βράδυ είχε πανσέληνο και όταν φτάσαμε, ο Σέργιος, ο Γρηγόρης και εγώ πήγαμε στο μπαρ, το Σορόκο, που βρίσκεται κοντά στη θάλασσα. Ήταν ένα μαγικό μέρος: μεγάλα μαξιλάρια στο πάτωμα δίπλα στην θάλασσα, χαλαρή μουσική, υπέροχα κοκτέιλ και το φως του φεγγαριού που αντανακλούσε στο σκοτεινό νερό. Και μόλις πέντε μέτρα μακριά, μια πολύ όμορφη νεαρή γυναίκα, που πίνει τζιν με τη θεία της. Το ίδιο έκανα και εγώ με τους φίλους μου. Όταν είδα ότι ένας τύπος που καθόταν δίπλα στη Ναταλία, τη μέλλουσα γυναίκα μου, έφευγε, αποφάσισα – ξαφνικά, σε ένα δευτερόλεπτο και χωρίς να το σκεφτώ – να καθίσω δίπλα της.

Δεν είχα ιδέα γιατί το έκανα αυτό. Δεν είχα σχεδιάσει τι να της πω. Μερικοί τύποι μπορεί να φοβούνται απλώς να καθίσουν δίπλα σε μια γυναίκα και να αρχίσουν να της μιλάνε. Κάνοντας το αυτό ενώ μια γυναίκα πίνει ένα ποτό με τη θεία της μπορεί να ακούγεται περίεργο. Και τότε μπορεί να αναρωτηθείτε γιατί αυτή η γυναίκα μπήκε στον κόπο να μου μιλήσει μετά την αρχική μου ατάκα: «Πίνεις νερό;» Σε εκείνο το δευτερόλεπτο, όμως, ξεκίνησε μια μεγάλη ιστορία αγάπης και τώρα είμαστε παντρεμένοι και έχουμε έναν όμορφο γιο και μια κόρη μαζί. Αν δεν ήταν για ένα δευτερόλεπτο που καθόμουν δίπλα της, μπορεί να μην ήμασταν μαζί.

Να έχετε επίγνωση της Δύναμης του Ενός Δευτερολέπτου Και ότι η ζωή σας μπορεί να μεταμορφωθεί σε μια στιγμή.

Τέλος, η ζωή μου άλλαξε σε ένα δευτερόλεπτο σε πνευματικό επίπεδο. Ήταν Φεβρουάριος του 2020 στο Λονδίνο και ήμουν σε ένα μπαρ κοντά στον ποταμό Τάμεση, πίνοντας ένα ποτό με μερικούς φίλους. Λίγο πριν το τέλος της νύχτας, βγήκα έξω να πάρω λίγο καθαρό αέρα. Ξαφνικά, ένιωσα ένα ηλεκτρικό ρεύμα να κινείται από το κάτω μέρος του σώματός μου προς το κεφάλι μου, αναγκάζοντάς με να ισιώσω το σώμα μου, να ανοίξω το στήθος μου και να νοιώσω μια σύνδεση με το σύμπαν. Σε εκείνο το δευτερόλεπτο, η επίγνωσή μου, τα συναισθήματά μου και η συνειδητότητά μου άλλαξαν εντελώς. Ένιωσα σαν να αναβαπτίστηκα, αφήνοντας πίσω τον παλιό μου εαυτό.

Αυτή η εμπειρία ενός δευτερολέπτου με οδήγησε να ξεκινήσω μια νέα επιχείρηση, το www.mindbodism.com, για να βοηθήσω τους ανθρώπους να γίνουν πιο ευτυχισμένοι, πιο υγιείς και πιο επιτυχημένοι χρησιμοποιώντας τη νευροεπιστήμη, τις κινεζικές και ινδικές πρακτικές και την προσωπική ανάπτυξη. Το επόμενο βιβλίο μου, με τον τίτλο «My Spiritual Reality», εξηγεί περισσότερα για την πνευματικότητα, το ταξίδι μου και το Mindbodism.

Το Mindbodism είναι ένας νέος τρόπος ζωής, που σας επιτρέπει να γίνετε πιο υγιείς, πιο ευτυχισμένοι και πιο επιτυχημένοι.

Όλες αυτές οι αλλαγές ενός δευτερολέπτου στη ζωή μου με έκαναν να αναλογιστώ ότι, αντί να περιμένω κάποιο δευτερόλεπτο στο μέλλον για να αλλάξω τη ζωή μου, γιατί να περιμένω; Τώρα μπορώ να δημιουργώ κάθε δευτερόλεπτο κάθε μέρα, οπότε δεν χρειάζεται να περιμένω το μέλλον και μπορώ να αλλάξω τη ζωή μου τώρα. Αυτό με οδήγησε σε ένα ταξίδι, για να συνδυάσω την 20ετή εμπειρία μου στην αλλαγή, την παραγωγικότητα, τις βελτιώσεις διαδικασιών, και την επιχειρηματικότητα με την εμπειρία όλων των σπουδαίων συγγραφέων σε θέματα αυτοβελτίωσης, μελετώντας εκατοντάδες βιβλία αυτοβοήθειας και περιοδικά για τις νευροεπιστήμες και την πνευματικότητα, όλα για να καταλάβουμε πώς λειτουργούμε και πώς μπορούμε να κατορθώσουμε αυτό που επιθυμούμε.

Μετά από όλη την έρευνά μου, κατέληξα στο συμπέρασμα ότι πολλές έννοιες και μέθοδοι στα βιβλία αυτοβοήθειας ήταν παρόμοιες. Η γνώση είναι δημόσια, επομένως υπάρχει ένα μοτίβο σε αυτό που λένε όλοι οι συγγραφείς, αλλά συνειδητοποίησα ότι έμαθα κάτι νέο από κάθε βιβλίο.

Κάθε βιβλίο με βοήθησε να αλλάξω σε ένα δευτερόλεπτο τον τρόπο που σκέπτομαι και ενεργώ και με βοήθησε να γίνω καλύτερος σε όλους τους τομείς της ζωής μου. Άρα λοιπόν, μην σταματάτε ποτέ να διαβάζετε.

Το Πρότυπο του Επιτεύγματος επηρεάζεται επίσης από το ιστορικό μου και βασίζεται σε μια συστηματική προσέγγιση – αν την ακολουθήσετε, θα λειτουργήσει. Είναι ακριβώς σαν ένα ποδήλατο, που σε περιμένει να κάνεις τη βόλτα. Πρόκειται για μία διεξοδική προσέγγιση, καθώς προσπαθώ να σας βοηθήσω όχι μόνο δείχνοντάς σας πώς μπορείτε να κατορθώσετε αυτό που επιθυμείτε αλλά και πώς να το πετύχετε με τον σωστό τρόπο και χωρίς να κάνετε θυσίες. Υπάρχουν επτά πυλώνες συνολικά:

Οι 7 Πυλώνες

1. Μάθετε το θεμέλιο. Το θεμέλιο περιγράφει τη διαδικασία των πέντε βημάτων για να κατορθώσετε αυτό που επιθυμείτε. Πρέπει να έχετε έναν στόχο, για να καταλάβετε τι θέλετε. Πρέπει να έχετε έναν σκοπό, ώστε να ξέρετε γιατί θέλετε αυτό που θέλετε· ένα καθημερινό τελετουργικό, ώστε να μπορείτε να ενεργείτε προς την επίτευξη του στόχου σας καθημερινά· και πρέπει να γνωρίζετε το 1+1=2 για να καταλάβετε ποιες ενέργειες επηρεάζουν τον στόχο σας. Τέλος, πρέπει να έχετε έναν σύστημα συνεχούς αξιολόγησης, ώστε να γνωρίζετε εάν αυτό που κάνετε σας φέρνει πιο κοντά στον στόχο σας ή όχι και εάν πρέπει να αλλάξετε τις ενέργειές σας ανάλογα.

2. Προδιαθέστε το μυαλό σας. Αφού έχετε τα θεμέλια και γνωρίζετε τη διαδικασία, πρέπει να κάνετε δουλειά με τον νου σας. Πρέπει να πιστεύετε σε αυτό που κάνετε για να το πετύχετε. Πρέπει να κυριεύσετε την εσωτερική σας φωνή, ώστε να μην αποσπαστείτε και να παραμείνετε προσηλωμένοι σε αυτό που επιθυμείτε να κατορθώσετε.

Πρέπει να είστε επίμονοι. Τέλος, πρέπει να έχετε συνείδηση αυτού που κάνετε, για να κατορθώσετε πιο γρήγορα.

3. Δημιουργήστε ενέργεια. Πρέπει να δημιουργήσετε ενέργεια για να αρχίσετε να ενεργείτε προς τον στόχο σας. Οι σκέψεις, η μουσική, τα έντονα συναισθήματα, η μάθηση, το μοίρασμα της δράσης με κάποιον, η άσκηση, το τσι γκονγκ και η σύνδεση με τη φύση μπορούν όλα να σας βοηθήσουν να δημιουργήσετε ενέργεια.

4. Διατηρήστε τη δυναμική. Η χρήση ενέργειας μπορεί να είναι εξαντλητική και μπορεί να θέλετε να σταματήσετε ή να τα παρατήσετε. Επομένως, υπάρχει ένας τρόπος να διατηρήσετε τη δυναμική αποκαθιστώντας ενέργεια, δρώντας χωρίς σκέψη, εστιάζοντας στο γιατί, μετρώντας την πρόοδό σας και μιλώντας με τους έμπιστούς σας.

5. Κατορθώστε χωρίς να κάνετε θυσίες. Υπάρχουν πολλοί τρόποι με τους οποίους μπορείτε να κατορθώσετε αυτό που επιθυμείτε χωρίς να κάνετε θυσίες. Μπορείτε να αλλάξετε την άποψή σας για τον κόσμο, να δημιουργήσετε ένα σχέδιο, να δημιουργήσετε χρόνο, να μεγιστοποιήσετε τους πόρους σας, να εκπαιδεύσετε τον εγκέφαλό σας, να αξιοποιήσετε τις δύο υπερδυνάμεις σας και να προβλέψετε το μέλλον.

6. Βρείτε την πορεία που πρέπει να ακολουθήσετε. Μπορείτε να ακολουθήσετε πολλές πορείες, αλλά πρέπει να κατανοήσετε τις διαφορές και να επιλέξετε τον δικό σας δρόμο. Μπορείτε να ακολουθήσετε μία πορεία που βασίζεται στη λογική ή τη διαίσθηση, αλλά πρέπει να αναλογιστείτε την πορεία που έχετε ακολουθήσει και να συνδέσετε τον δρόμο σας με την ευτυχία.

7. Ακολουθήστε την πορεία σας με τον σωστό τρόπο. Μπορείτε να πετύχετε τον στόχο σας με πολλούς τρόπους, αλλά είναι καλύτερο να τον πετύχετε με τον «σωστό» τρόπο. Πρέπει να είναι *ο δικός σας* στόχος αυτός που προσπαθείτε να επιτύχετε, και χρειάζεστε ισορροπία σε αυτό που κάνετε. Οφείλετε να εστιάσετε στην αγάπη και να φθάσετε στην ηθική αριστεία, η οποία βασίζεται στην ακεραιότητα, τον σεβασμό και το φιλότιμο, όρος που σημαίνει να γίνετε φίλοι με την τιμή σας.

ΜΕΡΟΣ ΔΕΥΤΕΡΟ:

ΠΩΣ ΝΑ ΚΑΤΟΡΘΩΣΕΤΕ ΟΤΙΔΗΠΟΤΕ ΕΠΙΘΥΜΕΙΤΕ

3.
Γνωρίστε το Θεμέλιο

Σε αυτό το κεφάλαιο, θα διερευνήσουμε τα πέντε βήματα για να κατορθώσετε αυτό που επιθυμείτε.

ΒΗΜΑ 1: Ο ΣΤΟΧΟΣ

«Ζητήστε και θα λάβετε».
Το Κατά Λουκά Ευαγγέλιο 11:9

Αυτό το βιβλίο θα σας βοηθήσει να κατορθώσετε αυτό που επιθυμείτε, αλλά η πιο κρίσιμη ερώτηση που πρέπει να κάνετε στον εαυτό σας είναι: *Τι θέλω πραγματικά;*

Είναι απολύτως αναγκαίο να απαντήσετε αυτό το ερώτημα, γιατί θα δημιουργήσει έναν σκοπό στη ζωή σας. Δεν χρειάζεται να αποτελεί τον σκοπό της ζωής σας. μπορεί να είναι κάτι απλό, όπως το πρωινό ξύπνημα, η εκκίνηση της σωματικής άσκησης ή η αλλαγή της διάθεσής σας. Το να γνωρίζετε τι είναι αυτό το οποίο θέλετε είναι ένα σημαντικό πρώτο βήμα για την επίτευξη του στόχου σας.

Μόνο εσείς μπορείτε να απαντήσετε σε αυτό το ερώτημα, και όσο καλύτερα γνωρίζετε τον εαυτό σας, τόσο πιο σίγουροι θα είστε για αυτό που θέλετε – και τόσο πιο εύκολο θα είναι να το κατορθώσετε.

Λοιπόν, τι θέλετε να κατορθώσετε; Εάν η απάντηση δεν σας είναι ακόμα σαφής, μπορείτε να δοκιμάσετε να απαντήσετε στις ακόλουθες ερωτήσεις:

1. Θέλετε να κάνετε κάτι για το οποίο είστε παθιασμένοι; (Να γράψετε ένα βιβλίο, να παίξετε το αγαπημένο σας άθλημα).

2. Έχετε μια ανεξήγητη παρόρμηση ή ένα κάλεσμα που θέλετε να επιδιώξετε; (να βοηθήσετε τους ανθρώπους, να ξεκινήσετε τη δική σας επιχείρηση).

3. Υπάρχει κάτι που θέλατε να κάνετε στο παρελθόν ή θέλετε να κάνετε αλλά συνεχίζετε να το αναβάλλετε; (Να πηγαίνετε στο γυμναστήριο, να ξεκινήσετε να τρώτε υγιεινά τρόφιμα, να διαβάσετε ένα βιβλίο).

4. Αρχίσατε να κάνετε κάτι στο παρελθόν και σταματήσατε, αλλά τώρα θέλετε να αρχίσετε και πάλι; (Να ασκηθείτε, να εστιάσετε στην προσωπική ανάπτυξή σας).

5. Υπάρχει κάτι που επιθυμείτε να κάνετε πριν φύγετε από αυτόν τον κόσμο; (Να αγοράσετε το αυτοκίνητο ή το σπίτι των ονείρων σας, να γνωρίσετε την αγάπη της ζωής σας).

Γράφοντας αυτό που θέλετε, προετοιμάζετε το μυαλό σας να σκεφτεί αυτό που θέλετε να κάνετε και καθώς διαβάζετε αυτό το βιβλίο, προγραμματίζετε το μυαλό σας να δημιουργήσει συσχετισμούς μεταξύ των πραγμάτων που έχετε διαβάσει στο βιβλίο και του τι θέλετε. Όταν έχετε έναν στόχο, ο μετωπιαίος λοβός σας σαρώνει ολόκληρο τον εγκέφαλο για να βρει έναν τρόπο να επιτύχετε τον στόχο σας, διασυνδέοντας διαφορετικά νευρωνικά δίκτυα που σχετίζονται με τον στόχο σας, έχοντας ως βάση τις τρέχουσες γνώσεις και την εμπειρία σας. (Αυτός είναι ο λόγος για τον οποίο οι περισσότεροι επιτυχημένοι άνθρωποι διαβάζουν πολύ – το διάβασμα δημιουργεί νέες συνδέσεις στον εγκέφαλο, οπότε την επόμενη φορά που θα υπάρξει πρόβλημα, θα υπάρχει μια μεγαλύτερη βάση δεδομένων για να σας βοηθήσει.) Επίσης, έχοντας έναν στόχο, μπορείτε να είστε πιο παραγωγικοί και αποφασισμένοι, καθώς θα βρείτε έναν λόγο να ξυπνάτε το πρωί και να θέλετε να φτάσετε στον στόχο σας.

Όταν ορίζετε τον στόχο σας, πρέπει να είστε συγκεκριμένοι, ώστε να μπορείτε να τον μετρήσετε και να θέσετε ένα χρονικό πλαίσιο. Είναι αδύνατον να βελτιώσετε αυτό που δεν μπορείτε να μετρήσετε. Επιπλέον, το χρονικό πλαίσιο θα επηρεάσει το σχέδιο και την προσέγγισή σας. Θα χρειαζόσασταν διαφορετικά σχέδια για να κερδίσετε 10.000 λίρες μέσα σε ένα χρόνο απ' ότι 100.000 λίρες μέσα σε έναν χρόνο.

Είναι επίσης δόκιμο να θέτετε μη ρεαλιστικούς στόχους γιατί η διαδικασία θα ενισχύσει τη δημιουργικότητα και τη φαντασία σας. Ωστόσο, αυτό μπορεί να πιάσει τόπο μόνο εάν έχετε τη σωστή νοοτροπία: πρέπει να δείτε την αποτυχία ως επιτυχία και να ξέρετε ότι κάθε αποτυχία σας φέρνει ένα βήμα πιο κοντά στον στόχο σας. Εάν δεν έχετε αυτή τη νοοτροπία, ο ορισμός μη ρεαλιστικών στόχων μπορεί να λειτουργήσει εναντίον σας και να σας αποτρέψει από το να φτάσετε τον πραγματικό σας σκοπό – η εσωτερική φωνή σας θα σας πει να τα παρατήσετε από το φόβο της αποτυχίας.

Ας δούμε μερικά παραδείγματα ορισμού ενός συγκεκριμένου και μετρήσιμου στόχου:

Αντί να πείτε «θέλω να χάσω βάρος», πείτε «θέλω να χάσω δύο κιλά σε ένα μήνα» και μετά ορίστε την ακριβή ημερομηνία.

Αντί να λέτε: «Θέλω να αποκτήσω καλύτερη φυσική κατάσταση», πείτε, «θέλω να αρχίσω να προπονούμαι 30 λεπτά κάθε μέρα».

Αντί να πείτε «Θέλω να γίνω εκατομμυριούχος», πείτε «Σε δύο χρόνια, θέλω να έχω ένα εκατομμύριο λίρες στον τραπεζικό μου λογαριασμό» και ορίστε την ημερομηνία.

Σκεφτείτε: *«Τι μετρήσιμο αποτέλεσμα θέλω και μέχρι πότε;»* Συμπληρώστε τα παρακάτω.

Θέλω να... (το αργότερο έως...)

Μερικοί από εσάς μπορεί να νοιώθετε ότι δεν θέλετε να γράψετε τον στόχο σας επειδή πιστεύετε ότι δεν μπορείτε να τον επιτύχετε. Σταματήστε να το κάνετε αυτό – το μόνο πράγμα που πρέπει να κάνετε σε αυτό το σημείο είναι παρόν και σκεφτείτε τι είναι αυτό που θέλετε να επιτύχετε. Χρησιμοποιήστε τη δύναμη του ενός δευτερολέπτου και ξεκινήστε να γράφετε τον στόχο σας τώρα. Μπορεί να είναι μικρός ή μεγαλεπήβολος, αλλά πρέπει να τον γράψετε τώρα.

Ξέρω ότι πολλοί από εσάς είστε ενθουσιασμένοι και πιθανότατα θέλετε να γράψετε περισσότερους από έναν στόχους, αλλά θα πρέπει να αντισταθείτε στον πειρασμό, εκτός εάν γνωρίζετε ήδη πώς να εργάζεστε με πολλούς στόχους. Μόλις κατακτήσετε έναν στόχο, μπορείτε να επαναλάβετε το σύστημα και να προσθέσετε περισσότερους στόχους χρησιμοποιώντας τις ακόλουθες κατηγορίες.

1. Προσωπική ανάπτυξη (δεξιότητες που θέλετε να αναπτύξετε: να μάθετε πιάνο, να μελετήσετε βιβλία κλπ.)
2. Υγεία/Γυμναστική (δίαιτα, άσκηση, βάρος κλπ.)
3. Σχέσεις (οικογένεια, φίλοι, δικτύωση κλπ.)
4. Οικονομικά/Επιχειρηματικά (εισόδημα, επενδύσεις, επιχειρήσεις κλπ.)
5. Υλικά (πράγματα που θέλετε να αγοράσετε: αυτοκίνητο, ρούχα, σπίτι κλπ.)

Δείτε μερικά παραδείγματα παρακάτω:

Προσωπική Ανάπτυξη

Στόχος 1: Θέλω να αποκτήσω πιστοποίηση πιάνου Πρώτου Επιπέδου έως τις 23 Νοεμβρίου 2021.

Υγεία και άσκηση

Στόχος 1: Θέλω να χάσω δύο κιλά μέχρι την 1η Ιουλίου.

Σχέσεις

Στόχος 1: Θέλω να βελτιώνω τη σχέση μου με την οικογένειά μου καθημερινά.

Οικονομικά/Επιχειρηματικά

Στόχος 1: Θέλω να δομήσω τη δική μου επιχείρηση έως τις 10 Δεκεμβρίου 2021.

Υλικά Αγαθά

Στόχος 1: Θέλω να αγοράσω ένα αυτοκίνητο μέχρι την 1η Δεκεμβρίου 2021.

Τώρα που έχετε γράψει τον στόχο σας, θα χρειαστεί να δημιουργήσετε την παρακάτω κατάφαση και να τη διαβάσετε δυνατά όταν ξυπνήσετε και πριν κοιμηθείτε. Οι καταφάσεις μπορούν να τονώσουν την αυτοπεποίθηση, να μειώσουν τον φόβο και το άγχος και να σας βοηθήσουν να αρχίσετε να οραματίζεστε το άτομο που θέλετε να γίνετε, φέρνοντάς σας πιο κοντά σε αυτό που θέλετε να επιτύχετε.

Πριν ξεκινήσετε την κατάφασή σας, σταθείτε ή καθίστε σε μια άνετη στάση, κλείστε τα μάτια σας και σηκώστε τα χέρια σας στο πλάι μέχρι να φτάσουν πάνω από το κεφάλι σας. Εισπνεύστε αργά και συνδέστε τις παλάμες σας, κρατώντας την αναπνοή σας για ένα δευτερόλεπτο και μετά εκπνεύστε αργά, φέρνοντας τις συνδεδεμένες παλάμες σας προς το στήθος σας.

Θα συγκεντρωθείτε περισσότερο σε αυτό που λέτε και θα συνδεθείτε με τον εαυτό σας, έτσι η κατάφαση γίνεται πιο ισχυρή.

Μέχρι τις <ημερομηνία> θα <στόχος>. Ξέρω ότι μπορώ να πετύχω αυτόν τον στόχο γιατί θα <δράση> καθημερινά και δεν θα σταματήσω μέχρι να <στόχος>. Πιστεύω ότι μπορώ <στόχος> και ξέρω ότι μπορώ να υπερβώ την κάθε δυσκολία που βρίσκω στον δρόμο μου επειδή έχω πίστη. Μπορώ να <γράψτε τι θα δείτε, θα αισθανθείτε, θα ακούσετε, θα μυρίσετε ή θα γευτείτε όταν επιτύχετε τον στόχο σας, λεπτομερώς, προσπαθώντας να χρησιμοποιήσετε και τις πέντε αισθήσεις σας και να συνδέσετε τον στόχο σας με κάτι ανώτερο από εσάς>.

Δείτε το παρακάτω παράδειγμα:

«Μέχρι τις 30 Νοεμβρίου 2021, θα ολοκληρώσω τη συγγραφή του βιβλίου *Η Δύναμη Ενός Δευτερολέπτου*. Ξέρω ότι μπορώ να πετύχω αυτόν τον στόχο γιατί θα γράφω ποιοτικό υλικό καθημερινά και δεν θα σταματήσω μέχρι να ολοκληρώσω τη συγγραφή αυτού του βιβλίου.

Πιστεύω ότι μπορώ να γράψω αυτό το βιβλίο και ξέρω ότι μπορώ να υπερβώ την κάθε δυσκολία που βρίσκω στον δρόμο μου επειδή έχω πίστη. Μπορώ να δω το εξώφυλλο του βιβλίου μου να δημοσιεύεται στο Amazon και νοιώθω τον ενθουσιασμό της επίτευξης του στόχου μου. Μπορώ να ακούσω ανθρώπους να μιλούν για το βιβλίο μου και να παρακολουθούν σεμινάρια για να δω πώς μπορώ να τους βοηθήσω να αλλάξουν τη ζωή τους και να πετύχουν οτιδήποτε θέλουν. Μυρίζω ακόμη και το βιβλίο, που μόλις τυπώθηκε, που μου θυμίζει τα βιβλία που αγόραζα στο σχολείο.»

Είναι μια πολύ ισχυρή κατάφαση που δεν πρέπει να υποτιμήσετε. Περιέχει μερικές λέξεις που μπορούν να σας βοηθήσουν στο ταξίδι σας, συμπεριλαμβανομένης της λέξης **πιστεύω**. Όταν πιστεύεις ότι μπορείς να πετύχεις κάτι, θα το πετύχεις γιατί ενισχύει την αυτοπεποίθησή σου και, όπως εξηγήσαμε, ο εγκέφαλος θα αρχίσει να δημιουργεί νέες διασυνδέσεις για να σε βοηθήσει, να επιτύχεις τον στόχο σου. Μαζί με τις καθημερινές δραστηριότητες θα γίνετε ανίκητοι.

Η άλλη λέξη είναι η **πίστη**. Η πίστη είναι μια τόσο ισχυρή λέξη, η οποία χρησιμοποιείται επίσης πολλές φορές στη Βίβλο, όπως ο Ιησούς Χριστός που λέει, «Η πίστη σε έκανε καλά» ή «Η πίστη σε έσωσε». Όταν έχεις πίστη, δεν χρειάζεται να σκεφτείς ή να βρεις λόγο για την επιτυχία σου, και αυτό είναι πολύ δυνατό. Όταν είστε καταθλιπτικοί, χρεοκοπημένοι ή άρρωστοι – όποια ατυχία κι αν έχει συμβεί στη ζωή σας – αλλά έχετε πίστη, είναι μόνο θέμα χρόνου μέχρι να βρείτε έναν τρόπο να ξεπεράσετε τις δυσκολίες σας, να λύσετε τα προβλήματά σας και να επιτύχετε αυτό που θέλετε.

ΒΗΜΑ 2: Ο ΣΚΟΠΟΣ

«Αυτός που έχει ένα γιατί μπορεί να αντέξει ούτως ή άλλως».

Φρίντριχ Νίτσε

Έχετε πλέον ορίσει το **τι** θέλετε, αλλά θα πρέπει επίσης να διερωτηθείτε **γιατί** θέλετε αυτό που θέλετε.

Πρέπει να ξέρετε το γιατί επειδή είναι πιο πιθανό να δεχτούμε την αλλαγή όταν γνωρίζουμε την αιτία της αλλαγής. Υποσυνείδητα μπορείτε να αποδεχτείτε περισσότερο την αλλαγή και το γιατί σας θα λειτουργήσει επίσης ως παράγοντας κινητοποίησης.

Ας υποθέσουμε ότι θέλετε να σταματήσετε το κάπνισμα. Εάν δεν έχετε βρει έναν λόγο για να το κόψετε, πιθανότατα δεν θα το κόψετε. Αντίθετα, αν έχετε έναν ισχυρό λόγο – όπως την πιθανότητα να πεθάνετε – πιθανότατα θα κόψετε αμέσως το κάπνισμα. Όσο πιο κοντά είναι το «γιατί» σας στην καρδιά σας, τόσο ισχυρότερος είναι ο αντίκτυπος που θα νοιώσετε και τόσο ισχυρότερο θα είναι το κίνητρο για να πετύχετε τον στόχο σας.

Επίσης, γνωρίζοντας το γιατί σας βοηθάει να θέσετε προτεραιότητες εάν έχετε πολλούς στόχους. Για παράδειγμα, εάν θέλετε να αγοράσετε ένα αυτοκίνητο αλλά και να κάνετε ένα ακριβό ταξίδι σε όλο τον κόσμο, γνωρίζοντας το γιατί σας, μπορείτε να καθορίσετε ποιον στόχο θέλετε να πετύχετε πρώτο.

Δείτε μερικά παραδείγματα παρακάτω:

Προσωπική Ανάπτυξη

Στόχος 1: Θέλω να αποκτήσω πιστοποίηση πιάνου Πρώτου Επιπέδου έως τις 23 Νοεμβρίου 2021.

Γιατί: Γιατί εμπνέομαι όταν παίζω πιάνο.

Υγεία / Φυσική Κατάσταση

Στόχος 1: Θέλω να χάσω δύο κιλά μέχρι την 1η Ιουλίου.

Γιατί: Επειδή θέλω να δείχνω πιο αδύνατος / αδύνατη.

Σχέσεις

Στόχος 1: Θέλω να βελτιώνω τη σχέση μου με την οικογένειά μου καθημερινά.

Γιατί: Γιατί τους αγαπώ και δεν θέλω να τους απογοητεύσω.

Οικονομικά/Επιχειρηματικά

Στόχος 1: Θέλω να δημιουργήσω τη δική μου επιχείρηση έως τις 10 Δεκεμβρίου 2021.

Γιατί: Επειδή θέλω να δημιουργήσω μια δεύτερη εισοδηματική εισροή.

Υλικά Αγαθά

Στόχος 1: Θέλω να αγοράσω ένα αυτοκίνητο μέχρι την 1η Δεκεμβρίου 2021.

Γιατί: Επειδή θέλω να οδηγώ, αντί να χρησιμοποιώ τα μέσα μαζικής μεταφοράς

Σκεφτείτε, γιατί θέλω να πετύχω αυτόν τον στόχο; Στη συνέχεια συμπληρώστε τα δικά σας «γιατί».

ΒΗΜΑ 3: ΤΟ ΚΑΘΗΜΕΡΙΝΟ ΤΕΛΕΤΟΥΡΓΙΚΟ

Δεν υπάρχει αληθινή δέσμευση παρά μόνο εάν δεσμευτείτε να εργάζεστε καθημερινά για τον στόχο σας.

Όταν δεσμεύεστε να εργάζεστε καθημερινά για τον στόχο σας, λαμβάνει χώρα μια αξιοσημείωτη αλλαγή νοοτροπίας. Ένας από τους κύριους λόγους που αποτυγχάνετε να κατορθώσετε αυτό που επιθυμείτε μπορεί να είναι επειδή αποτυγχάνετε να εργάζεστε καθημερινά για τον στόχο σας. Το καθημερινό τελετουργικό είναι η καθημερινή δράση για την επίτευξη του στόχου σας.

Στόχος σας είναι η τροφή που δίνετε στο σώμα σας· αν δεν τρέφεστε καθημερινά, τότε το σώμα δεν μπορεί να λειτουργήσει στο μέγιστο των δυνατοτήτων του. Το να εργάζεστε πάνω στον στόχο σας και να ολοκληρώνετε δραστηριότητες καθημερινά και κατά τη διάρκεια της ημέρας έχει πολλά οφέλη. Ας εξερευνήσουμε μερικά χρησιμοποιώντας το ακόλουθο παράδειγμα:

Ας υποθέσουμε ότι στόχος σας είναι να διαβάσετε ένα βιβλίο σε μια εβδομάδα και έχετε προγραμματίσει να ξεκινήσετε και να ολοκληρώσετε την ανάγνωση του βιβλίου την Κυριακή.

Κατ' αρχάς, αν συμβεί κάτι την Κυριακή και δεν μπορείτε να αφιερώσετε καθόλου χρόνο για να διαβάσετε το βιβλίο ή δεν έχετε όσο χρόνο αναμενόταν για να ολοκληρώσετε την ανάγνωση του βιβλίου, αυτό σημαίνει ότι θα αποτύχετε να επιτύχετε τον στόχο σας.

Από την άλλη, αν αφιερώνετε 30 λεπτά κάθε ημέρα, ακόμα κι αν συμβεί κάτι την Κυριακή, τότε θα είναι πιο εύκολο να βρείτε 30 λεπτά για να ολοκληρώσετε τον στόχο σας.

Δεύτερον, επαναλαμβάνοντας αυτή τη δραστηριότητα καθημερινά, θα δημιουργήσετε μια συνήθεια, που δεν θα συμβεί αν την κάνετε μόνο μία φορά την εβδομάδα. Η δημιουργία μιας συνήθειας θα σας εξοικονομήσει ενέργεια – δεν θα είναι πλέον αναγκαίο να χάνετε ενέργεια σκεπτόμενοι την ανάγνωση του βιβλίου, καθώς αυτή η απόφαση θα είναι αυτοματοποιημένη. Επίσης, αν δεν διαβάσετε για μία ημέρα, θα νοιώσετε ότι κάτι λείπει, και θα έχετε την τάση να αρχίσετε να διαβάζετε ένα βιβλίο. Επιλέξτε μία ώρα της ημέρας χωρίς διαταραχές και προσπαθήστε να εργάζεστε για τον στόχο σας την ίδια ώρα κάθε ημέρα. Η χρονική ζώνη νωρίς το πρωί, πριν ξεκινήσετε τη δουλειά, είναι μία από τις καλύτερες της ημέρας . Επίσης, καθώς θα ολοκληρώνετε ένα μέρος του στόχου καθημερινά, θα νοιώθετε πιο ευτυχισμένοι, κι αυτό θα απελευθερώνει ντοπαμίνη.

Τέλος, κάνοντας καθημερινή εξάσκηση, θα αποκομίσετε πιο γρήγορα τα οφέλη της δραστηριότητας, καθώς δεν θα χρειαστεί να περιμένετε μέχρι το τέλος της εβδομάδας για να συνειδητοποιήσετε και να βιώσετε το όφελος αυτής της δραστηριότητας. Επίσης, θα είναι ευκολότερο να εστιάσετε στην δραστηριότητα και να την εκτελέσετε, καθώς θα αφιερώνετε λιγότερο χρόνο σε αυτήν κάθε μέρα. Για παράδειγμα:

Προσωπική Ανάπτυξη

Στόχος 1: Θέλω να αποκτήσω πιστοποίηση πιάνου επιπέδου 1 έως τις 23 Νοεμβρίου 2021.

Γιατί: Γιατί εμπνέομαι όταν παίζω πιάνο.

Καθημερινό τελετουργικό: Θα αφιερώνω μία ώρα κάθε μέρα στις 8:00 π.μ. για να εξασκηθώ στο πιάνο.

Υγεία και φυσική κατάσταση

Στόχος 1: Θέλω να χάσω δύο κιλά μέχρι την 1η Ιουλίου.

Γιατί: Επειδή θέλω να είμαι πιο λεπτός / λεπτή.

Καθημερινό τελετουργικό: Θα αφιερώνω 60 λεπτά κάθε μέρα στις 7:00 π.μ. για να αθλούμαι.

Σχέσεις

Στόχος 1: Θέλω να βελτιώνω τη σχέση μου με την οικογένειά μου καθημερινά.

Γιατί: Γιατί τους αγαπώ και δεν θέλω να τους απογοητεύσω.

Καθημερινό τελετουργικό: Θα αφιερώνω τρεις ώρες κάθε μέρα στις 7:00 μ.μ. να διαβάσω για τη βελτίωση των σχέσεών μου με την οικογένεια και το να περνάω χρόνο μαζί τους.

Οικονομικά/Επιχειρηματικά

Στόχος 1: Θέλω να δομήσω τη δική μου επιχείρηση έως τις (10 Δεκεμβρίου 2021)

Γιατί: Επειδή θέλω να δημιουργήσω μια δεύτερη εισοδηματική εισροή.

Καθημερινό τελετουργικό: Θα αφιερώνω δύο ώρες κάθε μέρα στις 5:00 μ.μ. για να δημιουργήσω ένα σχέδιο προκειμένου να ξεκινήσω την δική μου επιχείρηση.

Υλικά Αγαθά

Στόχος 1: Θέλω να αγοράσω ένα αυτοκίνητο μέχρι την 1η Δεκεμβρίου 2021.

Γιατί: Επειδή θέλω να οδηγώ, αντί να χρησιμοποιώ τα μέσα μαζικής μεταφοράς.

Καθημερινό τελετουργικό: Θα αφιερώνω 10 λεπτά κάθε μέρα στις 10:00 μ.μ. για να σχεδιάσω το πως θα καταφέρω να αγοράσω ένα αυτοκίνητο.

Σκεφτείτε, **πόσο χρόνο θα αφιερώνω καθημερινά για να πετύχω τον στόχο μου; Όσο περισσότερο χρόνο αφιερώνετε, τόσο πιο γρήγορα θα φτάσετε στον στόχο σας.**

Στόχος 1:

Γιατί: Επειδή...

Καθημερινό τελετουργικό: Θα αφιερώνω (ώρες) κάθε μέρα στις (πμ / μμ) για την (τη δράση που θα αναλάβετε).

Εάν έχετε πολλούς στόχους, υποδείξτε τις ώρες ανά ημέρα που θα επενδύετε για την ολοκλήρωση του στόχου σας και τις καθημερινές δράσεις που θα αναλάβετε για την επίτευξη του στόχου σας. Όσο λιγότερους στόχους έχετε, τόσο πιο συγκεντρωμένοι θα είστε και τόσο πιο γρήγορα θα φτάσετε σε αυτόν τον συγκεκριμένο στόχο. Για να απλουστεύσουμε τα πράγματα, εάν ένας στόχος απαιτεί τρεις ώρες προσπάθειας και ο διαθέσιμος χρόνος σας την ημέρα είναι τρεις ώρες, εάν απλά αφιερώσετε όλο τον διαθέσιμο χρόνο σας σε αυτόν τον στόχο, θα τον επιτύχετε σε μία ημέρα. Από την άλλη πλευρά, εάν αφιερώνετε μόνο μία ώρα την ημέρα σε αυτόν τον στόχο και κάνετε κάτι άλλο για τις υπόλοιπες δύο διαθέσιμες ώρες, θα επιτύχετε αυτόν τον στόχο σε τρεις ημέρες.

Να θυμάστε ότι ο χρόνος που αφιερώνετε κάθε μέρα σε αυτούς τους στόχους μπορεί να αλλάξει στο μέλλον, καθώς θα πρέπει να αξιολογήσετε εάν οι ώρες που αφιερώνετε στον στόχο σας θα σας επιτρέψουν να επιτύχετε την ημερομηνία-στόχο σας. Επίσης, με βάση τον τρόπο ζωής σας, μερικές μέρες, μπορεί να θέλετε να αφιερώσετε περισσότερο χρόνο σε έναν στόχο και λιγότερο χρόνο σε έναν άλλο. Όμως, το πιο σημαντικό είναι να εργάζεστε για όλους τους στόχους σας καθημερινά – αν και μπορείτε να είστε ελεύθεροι να προσαρμόσετε τη διάρκεια και την ένταση του στόχου, ανάλογα με τις ανάγκες και την πρόοδό σας.

Για παράδειγμα, εάν ο στόχος σας είναι να ασκηθείτε για 30 λεπτά καθημερινά, ίσως μία ημέρα μπορείτε να ασκηθείτε για δέκα λεπτά και μετά να κάνετε διατάσεις αντί να κάνετε μια έντονη προπόνηση.

Το μυστικό είναι να εργάζεστε καθημερινά για τους στόχους σας, να δημιουργείτε τη συνήθεια. Το καθημερινό τελετουργικό έχει μια μυστική δύναμη: το μόνο πράγμα που έχει σημασία είναι τι κάνετε τώρα, οπότε το πού ξοδεύετε το κάθε δευτερόλεπτο θα καθορίσει το πότε μπορείτε να επιτύχετε τον στόχο σας.

ΒΗΜΑ 4: 1+1=2:
ΟΙ ΔΡΑΣΕΙΣ ΠΟΥ ΕΠΗΡΕΑΖΟΥΝ ΤΟΝ ΣΤΟΧΟ ΣΑΣ

«Δεν έχω αποτύχει. Έχω βρει 10.000 τρόπους που δεν θα λειτουργήσουν».

Τόμας Έντισον

Κάθε δράση σας επηρεάζει τον στόχο σας σε κάποιο βαθμό, αλλά κανένας στόχος δεν μπορεί να επιτευχθεί εάν δεν υπάρχει δράση. Επίσης, ακόμη και οι δράσεις που δεν έχουν καμία επιρροή στον στόχο σας μπορεί να σας βοηθήσουν να πετύχετε έμμεσα τους στόχους σας, είτε βοηθώντας σας να δημιουργήσετε μια νέα ιδέα είτε προσανατολίζοντας την εστίασή σας σε άλλες δράσεις που μπορεί να επηρεάσουν τους στόχους σας.

Αυτός είναι ο λόγος που δημιούργησα την απλή έννοια του 1+1= 2.

$1+1 = 2$ (Δράση 1 + Δράση 2 = Επίτευξη του στόχου)

Το σημαντικό που πρέπει να καταλάβετε είναι ότι υπάρχει πάντα μια σχέση μεταξύ των δράσεών σας και της επίτευξης του στόχου σας. Θυμηθείτε ότι εάν ο αριθμός δύο είναι ο στόχος σας, τότε οι αριθμοί στην αριστερή πλευρά της εξίσωσης αντιπροσωπεύουν όχι μόνο τις δράσεις σας αλλά και τον αντίκτυπο που θα έχουν αυτές οι δράσεις στον στόχο σας. Ο δράσεις σας μπορούν να σας οδηγήσουν σε θετικά ή αρνητικά αποτελέσματα, ή ακόμα και σε κανένα αποτέλεσμα, εάν αυτή η δράση δεν έχει σχέση με τον στόχο σας. Ωστόσο, αυτό που αξίζει να θυμάστε είναι ότι εάν σταματήσετε να κάνετε οποιαδήποτε δράση, δεν θα μπορέσετε να επιτύχετε τον στόχο σας, και ακόμη και οι δράσεις που δεν επηρεάζουν άμεσα τον στόχο σας θα σας βοηθούν πάντα.

Για παράδειγμα, ο John θέλει να κερδίσει 100.000 $ σε ένα χρόνο. Μπορεί να βρει δύο δουλειές που του δίνουν 50.000 $ ετησίως μετά από φόρους (50.000 $ + 50.000 $ = 100.000 $) ή μπορεί να κερδίσει τα 100.000 $ βρίσκοντας τέσσερις θέσεις εργασίας που πληρώνουν 25.000 $ η καθεμία (25.000 $ + 25.000 $ + 25.000 $ + 25.000 $). Στο τελευταίο, θα χρειαστεί να ολοκληρώσει περισσότερες δράσεις για να κερδίσει 100.000 $ ετησίως, καθώς κάθε δουλειά του δίνει 25.000 $. Επίσης, όπως συζητήσαμε, δεν μπορούν όλες οι δράσεις σας να έχουν θετικό αντίκτυπο στον στόχο σας – αλλά η καλή είδηση είναι ότι, εφ' όσον δεν σταματήσετε, και εφ' όσον αναλάβετε άλλη δράση για να αντισταθμίσετε τον αρνητικό αντίκτυπο, μπορείτε ακόμα να επιτύχετε τον στόχο σας.

Και θυμηθείτε τι είπαμε πριν:

Η ζωή θα σας δώσει αυτό που χρειάζεστε, όχι αυτό που θέλετε, γι' αυτό να έχετε πίστη και συνεχίστε τις πράξεις σας.
Πιστέψτε και θα πετύχετε.

Χρησιμοποιώντας το προηγούμενο παράδειγμα, ας υποθέσουμε ότι ο John έχασε μια από τις δουλειές του και τώρα κερδίζει 75.000 $. Εφόσον δεν τα παρατάει, έχει πίστη και πιστεύει ότι μπορεί να βρει μια νέα δουλειά, θα βρει μια νέα δουλειά που του προσφέρει 25.000 $ ή περισσότερα, επιτρέποντάς του να πετύχει τον στόχο του. Αν βρει δουλειά με λιγότερα χρήματα, θα χρειαστεί είτε να αυξήσει τις απολαβές του από τις υπάρχουσες θέσεις εργασίας είτε να βρει μια επιπλέον δουλειά. Το σημαντικό πράγμα που πρέπει να θυμάται είναι ότι τίποτα δεν μπορεί να τον σταματήσει· αν έχει πίστη και συνεχίσει τις πράξεις του, θα είναι ζήτημα χρόνου να κατορθώσει οτιδήποτε επιθυμεί.

Όπως έχω πει, ακόμη και μια δράση που δεν επηρεάζει τον στόχο σας μπορεί έμμεσα να σας βοηθήσει να τον πετύχετε. Έτσι, αν ο John δημιούργησε τη δική του επιχείρηση η οποία δεν απέφερε έσοδα, κάτι που δεν του επέτρεπε να επιτύχει τα επιθυμητά κέρδη των 100.000 $, οι δράσεις του και πάλι δεν θα πάνε χαμένες. Κάποια μέρα, όσα έχει μάθει από την εμπειρία θα τον βοηθήσουν να δημιουργήσει πρόσθετα έσοδα. Ένα παράδειγμα αυτού είναι ο Dan Lok, ο οποίος απέτυχε σε 13 επιχειρηματικά εγχειρήματα σε διάρκεια τριών ετών πριν γίνει τελικά πολυεκατομμυριούχος.

Οι στόχοι και οι δράσεις σας θα πρέπει να είναι μετρήσιμες και χρονικά συγκεκριμένες. Διαφορετικά, δεν θα μπορείτε να παρακολουθείτε την πρόοδό σας και θα είναι πιο δύσκολο να δείτε τι πρέπει να κάνετε για να επιτύχετε τον στόχο σας. Ας δούμε τώρα ένα παράδειγμα:

Η Τζούλια είχε στόχο να χάσει δύο κιλά σε έναν μήνα και, χρησιμοποιώντας τον κανόνα 1+1=2, προσδιόρισε τη σχέση μεταξύ των στόχων της και των δράσεών της. Με την άσκηση και τη μείωση της ποσότητας του φαγητού που τρώει, θα μπορέσει να πετύχει τον στόχο της να χάσει δύο κιλά σε έναν μήνα.

Άρα λοιπόν: ξεκινάω την άσκηση + μειώνω την ποσότητα του φαγητού = χάνω δύο κιλά σε έναν μήνα.

Μετά από έναν μήνα, μέτρησε τον εαυτό της και είδε ότι είχε χάσει μόνο ένα κιλό. Εφ' όσον δεν μέτρησε τις πράξεις της, δεν είναι σε θέση να γνωρίζει τι να αλλάξει και σε τι βαθμό.

Ωστόσο, αν ήταν πιο συγκεκριμένη στον προσδιορισμό των δράσεών της και έγραφε τον τύπο της όπως αυτόν παρακάτω, θα μπορούσε να ξέρει τι να αλλάξει.

Τρώω 2.000 θερμίδες καθημερινά + ασκούμαι δέκα λεπτά κάθε μέρα = χάνω δύο κιλά σε ένα μήνα.

Τώρα, αν μετά από έναν μήνα έχει χάσει μόνο ένα κιλό, θα ξέρει ποιο είναι το ελάχιστο όριό της (δηλαδή 2.000 θερμίδες και 10 λεπτά κάθε μέρα) και θα ξέρει ότι δεν είναι αρκετό, οπότε θα πρέπει να προσαρμόσει τις θερμίδες της και/ή τον χρόνο που αφιερώνει στην άσκηση. Αυτός είναι ο λόγος για τον οποίο όχι μόνο οι στόχοι αλλά και οι δράσεις πρέπει να μετρούνται και να είναι χρονικά συγκεκριμένοι / συγκεκριμένες.

Αυτό λειτουργεί και για πιο αφηρημένους στόχους. Για παράδειγμα, αν ο στόχος σας είναι να μειώσετε το άγχος, προσπαθήστε να κάνετε τον στόχο σας μετρήσιμο, ώστε να μπορείτε να δείτε αν οι δράσεις σας έκαναν τη διαφορά. Αντί να θέσετε ως στόχο τη «μείωση του άγχους», θέστε τον στόχο σας ως «επίτευξη δέκα ημερών χωρίς άγχος».

Θυμηθείτε ότι οι δράσεις σας πρέπει να είναι μετρήσιμες και χρονικά συγκεκριμένες και πρέπει να έχουν άμεση επιρροή στον στόχο σας. Όσο περισσότερες γνώσεις έχετε για τον στόχο και τις επιδράσεις του, τόσο πιο εύκολο θα είναι να εντοπίσετε τις δράσεις που έχουν την πιο αξιοσημείωτη επιρροή. Εάν δεν γνωρίζετε τις δράσεις που επηρεάζουν τον στόχο σας, τότε ξεκινήστε με μία συγκεκριμένη δράση: Θα αφιερώνω x αριθμό ωρών την ημέρα ερευνώντας ποιες δράσεις θα επηρεάσουν τον στόχο μου ή θα αξιοποιήσω τη συντόμευση της διαδικασίας προσλαμβάνοντας κάποιον που έχει ήδη επιτύχει τον ίδιο στόχο.

Παρακάτω μπορείτε να βρείτε ορισμένες συγκεκριμένες δράσεις που σχετίζονται με τους στόχους:

Προσωπική Ανάπτυξη

Στόχος 1: Θέλω να αποκτήσω πιστοποίηση πιάνου επιπέδου 1 έως τις 3 Νοεμβρίου 2021.

Γιατί: Γιατί εμπνέομαι όταν παίζω πιάνο.

Καθημερινό τελετουργικό: Θα αφιερώνω μία ώρα κάθε μέρα στις 8:00 π.μ. να εξασκηθώ στο πιάνο.

- **Δράση 1**: Εξασκούμαι στο πιάνο καθημερινά (60 λεπτά).

Υγεία και άσκηση

Στόχος 1: Θέλω να χάσω δύο κιλά μέχρι την 1η Ιουλίου.

Γιατί: Επειδή θέλω να δείχνω πιο λεπτός / λεπτή.

Καθημερινό τελετουργικό: Θα αφιερώνω 60 λεπτά κάθε μέρα στις 7:00 π.μ. για να ασκούμαι.

- **Δράση 1**: Τρέχω καθημερινά (30 λεπτά).
- **Δράση 2**: Κάνω καρδιαγγειακές ασκήσεις καθημερινά (30 λεπτά).

Σχέσεις

Στόχος 1: Θέλω να βελτιώνω τη σχέση μου με την οικογένειά μου, καθημερινά.

Γιατί: Γιατί τους αγαπώ και δεν θέλω να τους απογοητεύσω.

Καθημερινό τελετουργικό: Θα αφιερώνω τρεις ώρες κάθε μέρα στις 7:00 μ.μ. για να διαβάζω για τη βελτίωση των σχέσεων μου με την οικογένεια και να περνάω χρόνο μαζί τους.

- **Δράση 1**: Μελετώ πώς να βελτιώνω τις σχέσεις καθημερινά (30 λεπτά).
- **Δράση 2**: Περνάω χρόνο με την οικογένειά μου καθημερινά (2,5 ώρες).

Οικονομικά/Επιχειρηματικά

Στόχος 1: Θέλω να δομήσω τη δική μου επιχείρηση έως τις 10 Δεκεμβρίου 2021.

Γιατί: Επειδή θέλω να δημιουργήσω μια δεύτερη εισοδηματική εισροή.

Καθημερινό τελετουργικό: Θα αφιερώνω δύο ώρες κάθε μέρα στις 5:00 μ.μ. για να δημιουργήσω ένα σχέδιο προκειμένου να ξεκινήσω τη δική μου επιχείρηση.

- **Δράση 1**: Ερευνώ πώς να δημιουργήσω μία επιχείρηση και δημιουργώ ένα σχέδιο (2 ώρες).

Υλικά Αγαθά

Στόχος 1: Θέλω να αγοράσω ένα αυτοκίνητο μέχρι την 1η Δεκεμβρίου 2021.

Γιατί: Επειδή θέλω να οδηγώ, αντί να χρησιμοποιώ τα μέσα μαζικής μεταφοράς.

Καθημερινό τελετουργικό: Θα αφιερώνω δέκα λεπτά κάθε μέρα στις 10:00 μ.μ. για να σχεδιάσω πώς θα καταφέρω να αγοράσω ένα αυτοκίνητο.

- **Δράση 1**: Προσδιορίζω το αυτοκίνητο που θέλω να αγοράσω και καθορίζω το πώς να το χρηματοδοτήσω (10 λεπτά).

Το καίριο στοιχείο που πρέπει να θυμάστε είναι να παραμείνετε συγκεντρωμένοι στον χρόνο που αφιερώνετε για την επίτευξη του στόχου σας και να αξιολογήσετε εάν οι δράσεις σας σας βοηθούν να το κάνετε. Συχνά θα διαπιστώσετε ότι ορισμένες από τις δράσεις έχουν ολοκληρωθεί, επομένως θα πρέπει να τις αφαιρέσετε. Άλλες ενέργειες μπορεί να χρειαστεί να αλλάξουν εντελώς ή μπορεί να χρειαστεί να αυξήσετε τον χρόνο που αφιερώνετε σε αυτές, έτσι ώστε να σας βοηθήσουν να επιτύχετε τον στόχο σας μέσα στο επιθυμητό χρονικό πλαίσιο.

Άρα, την επόμενη φορά που θα αρχίσετε να παραπονιέστε ότι δεν μπορείτε να κατορθώσετε αυτό που επιθυμείτε, προσπαθήστε να απαντήσετε στις ακόλουθες δύο ερωτήσεις:

1. Τι κάνετε για αυτό;
2. Ποιες δράσεις πρέπει να ολοκληρώσετε και τι πρέπει να αλλάξετε για να σας βοηθήσει να επιτύχετε τον στόχο σας;

Και πάλι, μην φοβάστε και μην ανησυχείτε αν δεν πιστεύετε ότι μπορείτε να το πετύχετε αυτή τη στιγμή. Απλά πρέπει να ακολουθήσετε τη διαδικασία. Στο επόμενο κεφάλαιο, θα σας δείξω πώς να ενισχύσετε τις πεποιθήσεις σας, να ξεπεράσετε τους φόβους σας και να δημιουργήσετε ενέργεια, ώστε να αρχίσετε να ενεργείτε σύμφωνα με τους στόχους σας. Και μην ξεχάσετε να χρησιμοποιήσετε τις δύο ισχυρές λέξεις σας: ΠΙΣΤΕΥΩ και έχω ΠΙΣΤΗ.

Θα έρθει κάποια στιγμή που δεν θα μπορείτε να εργαστείτε για τον στόχο σας εξαιτίας απρόβλεπτων καταστάσεων. Θυμηθείτε τη Δύναμη Ενός Δευτερολέπτου και ολοκληρώστε τις καταφάσεις σας αν συμβεί αυτό. Αυτό θα εξασφαλίσει ότι ο νους σας προγραμματίζεται καθημερινά για να πετύχει τον στόχο σας, ακόμα κι αν είναι μόνο για ένα σύντομο δευτερόλεπτο. Απλά πρέπει να φυτέψετε τον σπόρο και η ανάπτυξη θα έρθει.

Τώρα, χρησιμοποιώντας το ακόλουθο πρότυπο, συμπληρώστε την ενότητα για τον στόχο σας.

Τύπος στόχου (Προσωπική ανάπτυξη, Υγεία / Φυσική Κατάσταση, Σχέσεις, Οικονομικά/Επιχειρηματικά, Υλικά Αγαθά)

Στόχος 1: Θέλω να _____ με _____.

Επειδή...

Καθημερινό τελετουργικό: Θα αφιερώνω _____ ώρες κάθε μέρα στις (π.μ. / μ.μ.) για να πετύχω (καθορίζω τον στόχο μου).

- **Δράση 1**: _____ (χρόνος που διαθέτω)
- **Δράση 2**: _____ (χρόνος που διαθέτω)

ΒΗΜΑ 5: ΣΥΝΕΧΗΣ ΑΞΙΟΛΟΓΗΣΗ

«Παραφροσύνη: να επαναλαμβάνεις το ίδιο πράγμα ξανά και ξανά περιμένοντας διαφορετικά αποτελέσματα».
Άλμπερτ Άινσταϊν

Το τελευταίο βήμα της θεμελίωσης είναι η συνεχής αξιολόγηση. Αυτή είναι μια διαδικασία κατά την οποία αναλύετε τις δράσεις που επηρεάζουν τους στόχους σας και αλλάζετε ή κάνετε βελτιώσεις στις δράσεις σας για να μεγιστοποιήσετε την επιρροή τους στον στόχο σας. Αυτό το βήμα είναι κρίσιμο γιατί καθώς λαμβάνετε σχόλια για το τι λειτουργεί και τι όχι, μπορείτε να βελτιώσετε τα πράγματα και να φτάσετε τον στόχο σας πολύ πιο γρήγορα.

Εάν αποτύχετε να κάνετε αυτό το βήμα, θα αποτύχετε. Εάν παρακολουθούμε τους στόχους μας και δούμε ότι κάτι δεν είναι αποτελεσματικό ή δεν ασκεί επιρροή στον στόχο μας, τότε πρέπει να κάνουμε κάτι διαφορετικό μέχρι να δούμε επιρροή στον στόχο μας.

Για παράδειγμα, ας υποθέσουμε ότι ο Γιώργος θέλει να αγοράσει ένα σπίτι και πρέπει να εξοικονομεί 1.000 $ μηνιαίως για μια κατάθεση. Εάν συνειδητοποιήσει ότι δεν έχει εξοικονομήσει τόσα χρήματα στο τέλος του μήνα, θα πρέπει να αξιολογήσει τι τον έβαλε εκτός πορείας από τον μηνιαίο στόχο αποταμίευσης του και στη συνέχεια να τα μειώσει τον επόμενο μήνα. Θα πρέπει να το μειώσει κι άλλο, ώστε να αποζημιώσει τα χρήματα που δεν εξοικονόμησε τον πρώτο μήνα.

Έχει αναλάβει δράση – εξοικονομώντας χρήματα – και η συνεχής αξιολόγησή του ήταν ότι δεν εξοικονόμησε αρκετά χρήματα. Η αλλαγή στη δράση του έχει συνέπεια ότι θα χρειαστεί να εξοικονομήσει περισσότερα χρήματα τον επόμενο μήνα. Θα χρειαστεί να κάνει το ίδιο για να εξασφαλίσει ότι θα επιτύχει τους στόχους του.

Όμως, πρέπει πάντα να θεωρείτε ότι ορισμένες ενέργειες απαιτούν ορισμένο χρόνο για να υλοποιηθούν. Να είστε προσεκτικοί, λοιπόν, πειθαρχημένοι και υπομονετικοί και να αυξήσετε τις γνώσεις σας ώστε να γνωρίζετε ποιες δράσεις επηρεάζουν τον στόχο σας και πόσος χρόνος χρειάζεται για να ασκηθεί επιρροή στον στόχο σας. Αυτός είναι ο λόγος για τον οποίο η έννοια του 1+1 =2 είναι απαραίτητη, όπως συζητήθηκε στο Βήμα 4.

Για παράδειγμα, εάν ασκείστε καθημερινά επειδή θέλετε να χτίσετε μυς, δεν σημαίνει ότι οι μύες σας θα αυξηθούν τη δεύτερη μέρα που θα το κάνετε. Αυτό επίσης δεν σημαίνει ότι κάνετε κάτι λάθος γιατί ακόμα κι αν ασκείστε καθημερινά, χρειάζεται χρόνος για να χτίσετε μυς. Εάν έχετε την πληροφόρηση και γνωρίζετε ότι η οικοδόμηση ενός μυός απαιτεί δέκα ημέρες, τότε χρησιμοποιώντας τη συνεχή αξιολόγηση, κάντε μια αποτίμηση σε δέκα ημέρες για να δείτε εάν έχετε φτάσει στο επιθυμητό αποτέλεσμα. Αν δεν το έχετε κάνει, τότε ήρθε η ώρα να κάνετε αλλαγές. Μπορείτε να αυξήσετε την ένταση ή να αλλάξετε τον τύπο της άσκησης και, στη συνέχεια, μετά από δέκα ημέρες, θα πρέπει να παρακολουθείτε ξανά την πρόοδό σας και να συνεχίσετε με τη συνεχή αξιολόγηση. Εναλλακτικά, μπορείτε να εξοικονομήσετε δέκα ημέρες ζητώντας από έναν ειδικό να σας βοηθήσει, αντί να προσπαθήσετε μόνοι σας.

Επίσης, χρησιμοποιώντας τη συνεχή αξιολόγηση, μπορείτε να αναλογιστείτε την πρόοδό σας και να προσδιορίσετε τι εμποδίζει την πρόοδό σας και τι πρέπει να κάνετε για να επιστρέψετε σε καλό δρόμο. Για παράδειγμα, εάν ο στόχος σας είναι να εκδώσετε ένα βιβλίο και δεν μπορείτε να βρείτε τον χρόνο να το γράψετε, ελέγξτε πού ξοδεύετε τον χρόνο σας και δείτε εάν μπορείτε να αλλάξετε τις προτεραιότητές σας. Μπορείτε επίσης να κάνετε τα πράγματα πιο γρήγορα, ακόμη και να μειώσετε τον ύπνο σας ή να βγείτε λιγότερο, ώστε να συνεχίσετε να αναλαμβάνετε δράσεις που θα σας οδηγήσουν στον στόχο σας.

Συνοψίζοντας:

Τα πέντε βήματα στα οποία πρέπει να δουλέψετε για να ολοκληρώσετε το θεμέλιο είναι:

ΒΗΜΑ 1: Ο στόχος (Ποιο μετρήσιμο αποτέλεσμα θέλετε και πότε;)

ΒΗΜΑ 2: Ο σκοπός (Γιατί θέλετε να επιτύχετε αυτόν τον στόχο;)

ΒΗΜΑ 3: Το Καθημερινό Τελετουργικό (Ποια δράση και πόσο χρόνο πρόκειται να αφιερώσετε και να ολοκληρώσετε την δράση καθημερινά για να επιτύχετε τον στόχο σας και σε ποια ώρα;)

ΒΗΜΑ 4: 1+1=2, Οι δράσεις που επηρεάζουν τον στόχο σας (Τι κάνετε για αυτό; Ποιες δράσεις πρέπει να ολοκληρώσετε για να πετύχετε τον στόχο σας;

ΒΗΜΑ 5: Η συνεχής αξιολόγηση (Παρακολουθήστε τις ενέργειές σας και αλλάξτε τις εάν δείτε ότι δεν επηρεάζουν τον στόχο σας, προσδιορίστε οτιδήποτε εμποδίζει την πρόοδό σας και δείτε τι μπορείτε να κάνετε για να το ξεμπλοκάρετε.)

Εάν χρειάζεστε περισσότερη υποστήριξη για το θεμέλιο, μπορείτε να στείλετε ένα email στο hello@mindbodism.com

4.
Προετοιμάστε το μυαλό σας

Δεν μπορείς να αλλάξεις παρά μόνο αν αλλάξεις κάτι.

Τώρα ξέρετε τι θέλετε και γιατί το θέλετε και έχετε προσδιορίσει ενέργειες που θα σας βοηθήσουν να επιτύχετε τον στόχο σας. Έχετε μία συνεχή αξιολόγηση για να ξέρετε τι πρέπει να κάνετε προκειμένου να βελτιωθείτε. Ωστόσο, εξακολουθείτε να δυσκολεύεστε να ξεκινήσετε – τι λείπει;

ΒΗΜΑ 1: ΕΝΙΣΧΥΣΤΕ ΤΗΝ ΠΙΣΤΗ ΣΑΣ

Κανείς δεν θα έπρεπε να σας πει τι μπορείτε ή δεν μπορείτε να κάνετε, συμπεριλαμβανομένου του εαυτού σας. Η πίστη ότι μπορείτε να κάνετε κάτι δεν εντοπίζεται στην εσωτερική σας φωνή ή στις φωνές των άλλων αλλά στην καρδιά σας.

Μια μορφή πίστης είναι να εμπιστεύεσαι ότι κάτι είναι αλήθεια. Η μαγεία της δύναμης της πίστης είναι ότι ο καθένας μπορεί να την έχει, καθώς δεν εξαρτάται από την απόδειξη. Για παράδειγμα, οι άνθρωποι πιστεύουν στον Θεό, παρόλο που δεν υπάρχουν επιστημονικά στοιχεία, και πολλά παιδιά πιστεύουν στον Άγιο Βασίλη επειδή οι γονείς τους τους είπαν ότι υπάρχει. Δεν χρειάζονται καμία απόδειξη για να πιστέψουν τους γονείς τους. Γι' αυτό η πίστη είναι μια μαγική δύναμη, μια δύναμη που μπορείτε να χρησιμοποιήσετε για να σας βοηθήσει να πετύχετε τους στόχους σας.

Πιστέψτε ότι μπορείτε να το κάνετε· θα το κάνετε.

Υπάρχει ένα υπέροχο απόφθεγμα του Άινσταϊν, ο οποίος έλεγε:

> «Μόνο εκείνοι που πιστεύουν ότι όλα είναι δυνατά μπορούν να κατορθώσουν τα πράγματα που οι περισσότεροι θεωρούν ακατόρθωτα».
> Άλμπερτ Άινσταϊν

Όμως, είναι πιο εύκολο να το λέμε παρά να το κάνουμε, καθώς πολλοί από εμάς μπορεί να έχουμε μερικά πράγματα στο μυαλό μας που μας εμποδίζουν να πιστέψουμε ή μερικούς φόβους που δεν μας αφήνουν να ξεκινήσουμε. Πρώτον, θα πρέπει να γνωρίζετε τους κύριους φόβους σας και να ξέρετε ότι μόλις κατακτήσετε την πεποίθηση και την πίστη σας, όλοι οι φόβοι σας θα εξαφανιστούν. Αυτοί είναι μερικοί από τους κύριους φόβους:

1. Η έλλειψη δεξιοτήτων ή πόρων
2. Η άγνοια του τι θα συμβεί
3. Η απώλεια πλούτου
4. Η αποτυχία
5. Ο φόβος ότι θα συμβεί κάτι φρικτό
6. Ο φόβος ατυχήματος ή αρρώστιας
7. Ο φόβος ότι κάποιος θα μας πει κάτι τρομερό

Θα πρέπει να γνωρίζετε αυτούς τους φόβους και να δείτε τις μεθόδους σε αυτό το κεφάλαιο για να τους ξεπεράσετε ενισχύοντας την πίστη σας ότι μπορείτε να πετύχετε ό,τι θέλετε.

> «Ο φόβος σκοτώνει περισσότερα όνειρα απ' ότι η αποτυχία θα σκοτώσει ποτέ».
> Σούζυ Κασέμ

Επομένως, αν καταβάλλετε προσπάθεια, έχετε περισσότερες πιθανότητες επιτυχίας. Ο φόβος είναι ανθρώπινος και πραγματικός και ο καλύτερος τρόπος για να ξεπεράσετε όλους τους φόβους σας είναι να πιστέψετε ότι μπορείτε να το κάνετε αυξάνοντας την αυτοπεποίθησή σας. Η ακόλουθη πρακτική κατάφασης μπορεί να σας βοηθήσει σε αυτό.

Θα χρειαστεί να είστε σε όρθια θέση ή να καθίσετε με τα μάτια κλειστά. Σηκώστε τα χέρια σας στο πλάι μέχρι να φτάσετε στη γραμμή του ηλιακού σας πλέγματος, η οποία βρίσκεται στην άνω περιοχή της κοιλιάς, ακριβώς πάνω από τον αφαλό σας. Οι παλάμες σας πρέπει να κοιτούν προς τα πάνω και πρέπει να βεβαιωθείτε ότι το στήθος σας είναι ανυψωμένο, για να έχετε μια ευθεία στάση. Ενώ βρίσκεστε σε αυτή τη στάση δύναμης, καθώς λέτε την κατάφαση που ακολουθεί, θα πρέπει να οραματιστείτε τη θετική ενέργεια να περνάει από τις παλάμες σας και να φορτίζει το ηλιακό σας πλέγμα μέχρι να νοιώσετε σίγουροι και δυνατοί.

Επαναλάβετε την ακόλουθη κατάφαση κάθε φορά που έχετε αμφιβολίες ή φόβους που σας εμποδίζουν να πιστέψετε ότι μπορείτε να κατορθώσετε αυτό που επιθυμείτε:

Πιστεύω ότι μπορώ να επιτύχω ό,τι θέλω. Έχω πίστη, οπότε ξέρω ότι είναι μόνο θέμα χρόνου μέχρι να επιτύχω αυτό που θέλω. Πιστεύω ότι με τις συνεχείς ενέργειές μου θα αλλάξει τελείως η ζωή μου, και θα μεταμορφωθώ στο άτομο που θέλω να γίνω και θα καταφέρω να πετύχω ό,τι θέλω. Πιστεύω στις ικανότητές μου και έχω πίστη. Μπορώ να νοιώσω την αλλαγή να συμβαίνει μέσα μου. Είμαι σίγουρος και δυνατός και έτοιμος να πετύχω οτιδήποτε θέλω.

Εστιάζουμε στο ηλιακό πλέγμα καθώς κάνουμε αυτή την κατάφαση γιατί εδώ βρίσκεται το τρίτο τσάκρα. Το ηλιακό πλέγμα είναι μια πηγή προσωπικής δύναμης, ενέργειας πολεμιστή και μεταμόρφωσης. Στα σανσκριτικά η λέξη «τσάκρα» σημαίνει «τροχός» και κάθε τσάκρα αντιπροσωπεύει ένα ενεργειακό κέντρο του σώματος. Όσο περισσότερο πιστεύετε σε αυτή την κατάφαση, τόσο πιο ισχυροί θα γίνετε. Μερικοί από εσάς μπορεί να μην πιστεύετε ή να μην θέλετε να πιστέψετε στα τσάκρα, κάτι αποδεκτό – ωστόσο, υπάρχει έρευνα σχετικά με το πώς μια θετική σωματική στάση ισχύος μπορεί να επηρεάσει την ψυχολογία σας, οπότε πιστέψτε σε αυτό. Απλά παρακολουθήστε την ομιλία TED της Amy Cuddy, «Η γλώσσα του σώματός σας μπορεί να διαμορφώσει αυτό που είστε».

Επίσης, μπορεί να πιστεύετε ότι μπορείτε να το κάνετε, αλλά η πίστη σας δεν είναι πολύ ισχυρή επειδή πιστεύετε ότι ο τελικός σας στόχος είναι υπερβολικά μεγάλος και ανέφικτος, κάτι που σχετίζεται με τον φόβο σας για αποτυχία. Εάν έχετε αυτή την αμφιβολία, φροντίστε να αναλύσετε τον στόχο σας σε μικρότερους στόχους.

Για παράδειγμα, αντί να πείτε ότι θέλετε να χάσετε 12 κιλά φέτος, πείτε ότι θέλετε να χάσετε δύο κιλά αυτόν τον μήνα. Όταν επιτύχετε τον πρώτο στόχο, τότε αυτό μπορεί να τονώσει την αυτοπεποίθηση και την πεποίθησή σας. Ωστόσο, εάν δεν επιτύχετε τον στόχο σας, προσπαθήστε να εστιάσετε στον τύπο 1+1=2. Δεν σημαίνει ότι δεν είστε ικανοί να πετύχετε τον στόχο σας· πιθανότατα, οι δράσεις που αναλαμβάνετε δεν επηρεάζουν τον στόχο σας ή μπορεί να είναι οι σωστές δράσεις, αλλά απαιτούν περισσότερο χρόνο αφιερωμένο σε αυτές.

Επομένως, αναλύστε τους μεγαλύτερους στόχους σας σε μικρότερους στόχους και σκεφτείτε 1+1=2. Βρείτε τη σχέση μεταξύ των πράξεων και των στόχων σας και ξεκινήστε να κάνετε εκείνα που μπορούν να έχουν άμεση επιρροή. Οι εύκολες νίκες μπορούν επίσης να σας βοηθήσουν να ενισχύσετε την πίστη σας, επειδή μπορείτε να δείτε αποτελέσματα σε πρώιμο στάδιο. Σε επιχειρηματικούς όρους, αυτές ονομάζονται επίσης φρούτα που κρέμονται στα χαμηλά, επειδή ολοκληρώνονται εύκολα και γρήγορα. Ακολουθούν μερικά παραδείγματα φρούτων που κρέμονται στα χαμηλά:

Ας υποθέσουμε ότι θέλετε να αυξήσετε τα έσοδα της επιχείρησής σας. Σε αυτή την περίπτωση, θα είναι ευκολότερο να αρχίσετε να μιλάτε με τους υπάρχοντες πελάτες σας και να δείτε εάν ενδιαφέρονται για άλλα προϊόντα που έχετε, αντί να προσπαθήσετε να προσελκύσετε νέους πελάτες.

Εάν θέλετε να γράψετε ένα βιβλίο, η δημιουργία ενός σχεδίου υψηλού επιπέδου με τα κύρια θέματα που θέλετε να καλύψετε θα είναι ευκολότερη.

Εάν θέλετε να βελτιώσετε μια διαδικασία, θα είναι ευκολότερο να βρείτε τα υπάρχοντα ζητήματα και να αντιμετωπίσετε τα ζητήματα που επιλύονται πιο εύκολα και ασκούν την πιο σημαντική επιρροή.

Εάν θέλετε να ξεκινήσετε να ασκείστε, θα είναι ευκολότερο να αφιερώσετε λίγα λεπτά κάθε μέρα από το να δεσμευτείτε σε μια δίωρη προπόνηση.

Η μέθοδος που μου αρέσει να χρησιμοποιώ για να προσδιορίσω τους καρπούς που κρέμονται στα χαμηλά είναι ένας συνδυασμός καταιγισμού ιδεών και του διαγράμματος Ishikawa, ή αλλιώς το διάγραμμα ψαροκόκαλου. Ο καταιγισμός ιδεών επινοήθηκε το 1938 από τον Άλεξ Όσμπορν και είναι η διαδικασία κατά την οποία μια ομάδα συγκεντρώνεται και μοιράζεται ιδέες για το πώς μπορούν ενδεχομένως να λύσουν ένα πρόβλημα χωρίς να επικρίνουν η μία την άλλη. Το διάγραμμα Ishikawa ή ψαροκόκαλο δημιουργήθηκε από τον Kaoru Ishikawa τη δεκαετία του 1960 και δείχνει τις πιθανές αιτίες ενός συγκεκριμένου γεγονότος. Εδώ μπορείτε να δείτε πώς να χρησιμοποιήσετε τη συνδυασμένη μέθοδο για να βοηθήσετε στον εντοπισμό των φρούτων που κρέμονται στα χαμηλά:

1. Προσδιορίστε τι θέλετε να πετύχετε. Κάνοντάς το αυτό, μπορείτε να περιορίσετε το εύρος αυτού που προσπαθείτε να επιτύχετε και μπορείτε να είστε πιο συγκεντρωμένοι.

2. Συγκεντρώστε μια ομάδα φίλων, συναδέλφων ή ειδικών σε θέματα – ή μπορείτε ακόμη και να το κάνετε μόνοι σας. Κάνοντάς το αυτό, θα μπορείτε να δημιουργήσετε ιδέες που θα σας βοηθήσουν να επιτύχετε τον στόχο σας. Όσο περισσότεροι συμμετέχουν, τόσο μεγαλύτερη είναι η εγκεφαλική ισχύς, αλλά προσπαθήστε να μην έχετε περισσότερα από επτά άτομα, διαφορετικά, θα είναι δύσκολο να έχουν όλοι την ευκαιρία να συνεισφέρουν.

3. Προσδιορίστε ποιες ενέργειες θα σας βοηθήσουν να επιτύχετε τον στόχο σας. Κάνοντάς το αυτό, θα δείτε ότι υπάρχουν πολλές επιλογές και δράσεις που μπορείτε να κάνετε για να επιτύχετε τον στόχο σας.

4. Ομαδοποιήστε τις δράσεις ανά κατηγορίες. Ο εγκέφαλός σας θα δημιουργήσει περισσότερες δράσεις για κάθε κατηγορία, επειδή θα είναι ακόμα πιο συγκεντρωμένος. Θα είναι πιο εύκολο για τον εγκέφαλο να δημιουργήσει διασυνδέσεις.

5. Επιλέξτε τις δράσεις που είναι εύκολο να εφαρμοστούν και έχουν την μεγαλύτερη επιρροή. Κάνοντάς το αυτό, θα μπορέσετε να

αξιοποιήσετε τα φρούτα στα χαμηλά και θα ενισχύσετε την πίστη σας ότι μπορείτε να επιτύχετε επειδή θα δείτε πρόοδο.

6. Υλοποιήστε τις επιλεγμένες δράσεις. Με αυτόν τον τρόπο, μπορείτε να ολοκληρώσετε τις δράσεις και να πλησιάσετε πιο κοντά στην επίτευξη του στόχου σας.

Για παράδειγμα, αν θέλω να αυξήσω τα έσοδα της επιχείρησής μου στο basketble.com, μπορώ να κάνω τα εξής:

Βήμα 1: Προσδιορίζω τι θέλω να πετύχω: Στόχος μου είναι να αυξήσω τα έσοδα της επιχείρησής μου.

Βήμα 2: Πρέπει να καθορίσω ποιος θα συμμετάσχει για να με βοηθήσει να επιτύχω τον στόχο μου. Μπορώ να προσκαλέσω φίλους ή συναδέλφους μου ή να προσλάβω κάποιους ειδικούς για να κάνουν μια συνεδρία παραγωγής ιδεών.

Βήμα 3: Προσδιορίζω τις δράσεις που θα βοηθήσουν στην αύξηση των εσόδων μου, όπως αυτές:

- Διαφήμιση σε Facebook, Instagram
- Διαφήμιση στο Google Ads
- Διανομή διαφημιστικών στους πελάτες
- Δημιουργία μιας προσφοράς
- Πρόσληψη ενός πωλητή για να αυξηθούν οι πωλήσεις
- Δημιουργία μιας νέας συνεδρίας μπάσκετ για γυναίκες

Βήμα 4: Δημιουργώ τις κατηγορίες:

Μάρκετινγκ/Πωλήσεις

- Διαφήμιση σε Facebook, Instagram
- Διαφήμιση στο Google Ads
- Διαφήμιση στο YouTube
- Διανομή φυλλαδίων στους πελάτες
- Δημιουργία μιας προσφοράς
- Πρόσληψη ενός πωλητή που θα επικεντρωθεί στην αύξηση των πωλήσεων

Υποστήριξη πελατών

- Βελτιώνω την ταχύτητα επικοινωνίας με τους πελάτες μου
- Βελτιώνω την εμπειρία του πελάτη από την παρακολούθηση μιας συνεδρίας μπάσκετ
- Εκπαιδεύομαι στις παράλληλες πωλήσεις (προτείνοντας παρόμοια προϊόντα σε όσους πελάτες έχουν αγοράσει στο παρελθόν)

Προϊόν

- Δημιουργία μιας νέας συνεδρίας μπάσκετ για γυναίκες
- Δημιουργία μιας νέας συνεδρίας μπάσκετ για παιδιά
- Δημιουργία εταιρικού πρωταθλήματος μπάσκετ

Βήμα 5: Επιλέγω τις ενέργειες με χαμηλή προσπάθεια και υψηλή επιρροή:

- Εκπαιδεύομαι στις παράλληλες πωλήσεις (προτείνοντας παρόμοια προϊόντα με αυτά που οι πελάτες έχουν αγοράσει στο παρελθόν)
- Διαφήμιση σε Facebook, Instagram

Σημείωση: Οι ενέργειες χαμηλής προσπάθειας/Υψηλής επιρροής σχετίζονται με την τεχνογνωσία του ατόμου ή της ομάδας. Για παράδειγμα, αν κάποιος δεν έχει διαφημιστεί ποτέ στο Facebook ή στο Instagram, μπορεί να μην το θεωρήσει ενέργεια χαμηλής προσπάθειας. Επομένως, φροντίστε να επιλέξετε τις ενέργειες για αυτή την κατηγορία με βάση τις διαθέσιμες δεξιότητές σας.

Βήμα 6: Υλοποιώ τις δράσεις:

Με την υλοποίηση αυτών των δύο δράσεων είδαμε σημαντική αύξηση των εσόδων μας. Αν το αναλογιστείτε, αν οι άνθρωποι δεν ξέρουν την ύπαρξή σας, πώς μπορούν να αγοράσουν προϊόντα από εσάς; Μερικές φορές είμαστε υπερβολικά απασχολημένοι και δεν μπορούμε να δούμε τι προσπαθούμε να επιτύχουμε και πώς να πετύχουμε αυτό που θέλουμε, αλλά χρησιμοποιώντας αυτή τη μέθοδο, θα πρέπει να μπορείτε να το κάνετε αυτό.

Θα πρέπει επίσης να θυμάστε ότι η επιτυχία ή η αποτυχία του στόχου σας εξαρτάται από τις ενέργειες που έχετε επιλέξει και τον χρόνο που έχετε αφιερώσει για να ολοκληρώσετε αυτές τις ενέργειες. **Επομένως, η αποτυχία δεν σχετίζεται με τις ικανότητές σας αλλά με το γεγονός ότι δεν έχετε βρει ακόμα τις σωστές δράσεις ή ότι δεν αφιερώνετε αρκετό χρόνο σε αυτές τις δράσεις για να πετύχετε τους στόχους σας.**

Τέλος, η πίστη σας μπορεί να ενισχυθεί έντονα οπτικοποιώντας το επίτευγμα πριν το επιτύχετε και βλέποντας τι έχετε επιτύχει με μεγάλη λεπτομέρεια και με ισχυρά συναισθήματα. Οι περισσότεροι σπουδαίοι αθλητές το κάνουν αυτό ως μέρος της προπόνησής τους επειδή ο εγκέφαλος δεν κάνει διαφοροποίηση μεταξύ μιας δραστηριότητας που οραματίζεστε και μιας δραστηριότητας που εκτελείτε. Επομένως, οπτικοποιώντας, έχετε πετύχει τον στόχο σας, ο εγκεφαλός σας θα δημιουργήσει μια ισχυρή αναφορά που μπορείτε να χρησιμοποιήσετε για να ενισχύσετε τις πεποιθήσεις σας. Επίσης, όσο ισχυρότερο είναι το συναίσθημα ότι έχετε επιτύχει τον στόχο, τόσο ισχυρότερη είναι η πεποίθηση ότι μπορείτε να τον επιτύχετε.

Μια χρήσιμη μέθοδος για την οπτικοποίηση της επιτυχίας σας είναι μέσω του διαλογισμού οπτικοποίησης. Αυτό διαφέρει από τον «κανονικό» διαλογισμό – ο παραδοσιακός διαλογισμός είναι όταν προσπαθείς να έχεις επίγνωση της παρούσας στιγμής, αλλά όταν χρησιμοποιείς τη μέθοδο διαλογισμού οπτικοποίησης, δημιουργείς εικόνες στο μυαλό σου για το πώς θα είσαι και πώς θα νοιώθεις όταν πετυχαίνεις.

Παρακάτω μπορείτε να βρείτε τη μέθοδο διαλογισμού οπτικοποίησης mindbodism, χρησιμοποιώντας ένα παράδειγμα για κάποιον που θέλει να τονώσει την πίστη του ότι μια μέρα θα μπορέσει να επισκεφθεί το Παρίσι:

1. Καθίστε σε μια άνετη θέση, με τα μάτια κλειστά. Μπορείτε να καθίσετε σε μια καρέκλα, σε ένα χαλάκι με σταυρωμένα πόδια ή μπορείτε να ξαπλώσετε στο χαλάκι.

2. Για να βελτιώσετε την εμπειρία σας, χρησιμοποιήστε ακουστικά ακύρωσης θορύβου και επιλέξτε μουσική που θα σχετίζεται με την εμπειρία σας. Για αυτό το παράδειγμα, θα βρούμε μια επιλογή Γάλλων τραγουδιστών, όπως η Edith Piaf ή ο Charles Aznavour.

3. Καθώς εισπνέετε, σηκώστε τα χέρια σας από το πλάι προς την κορυφή του κεφαλιού σας μέχρι να συνδεθούν οι παλάμες σας, κρατήστε τα για ένα δευτερόλεπτο και μετά εκπνεύστε, φέρνοντας τις συνδεδεμένες παλάμες σας μπροστά από το στήθος σας και κρατώντας τα μάτια σας κλειστά.

4. Συνεχίστε να εισπνέετε και να εκπνέετε βαθιά για δύο ακόμη αναπνοές και στη συνέχεια συνεχίστε την κανονική αναπνοή.

5. Αρχίστε να οραματίζεστε ότι έχετε κατορθώσει αυτό που επιθυμείτε με μεγάλη λεπτομέρεια, χρησιμοποιώντας τις πέντε αισθήσεις σας. Εάν δεν έχετε αρκετές αναφορές, μπορείτε εύκολα να τις αναζητήσετε στο Διαδίκτυο πριν ξεκινήσετε τη μέθοδο οραματισμού. Στο παράδειγμά μας, εάν ο άνδρας δεν έχει πάει ποτέ στο Παρίσι, θα μπορούσε να δει ταξιδιωτικούς οδηγούς ή βίντεο με τα μέρη που θα μπορούσε να επισκεφθεί στο Παρίσι και κατά τη διάρκεια του διαλογισμού οραματισμού του, θα βρίσκεται σε αυτά τα μέρη.

6. Ξεκινήστε την οπτικοποίηση χρησιμοποιώντας και τις πέντε αισθήσεις. Για παράδειγμα:

Είναι ένα ηλιόλουστο πρωινό, και περπατάω στα δρομάκια της Sacre Coeur. Δεν μπορώ να πιστέψω ότι έφτασα τελικά στο Παρίσι, αλλά είμαι εδώ. Περπατάω στον δρόμο και μπορώ να δω τον μικρό φούρνο και τις καφετέριες. Μπορώ να δω τους καλλιτέχνες του δρόμου να θέλουν να φτιάξουν έναν πίνακα για μένα. Σταματώ μπροστά στον φούρνο και μυρίζω τα ζεστά κρουασάν που μπορεί κανείς να μυρίσει από μακριά.

Μπαίνω στον φούρνο και παραγγέλνω ένα κρουασάν σε μια ηλικιωμένη κυρία με χαμόγελο στα χείλη της. Καθώς δαγκώνω το κρουασάν, ακούω τον τραγανό ήχο και γεύομαι την έκρηξη βουτύρου στο στόμα μου. Είμαι τόσο χαρούμενος – πώς μπορεί μια μικρή μπουκιά κρουασάν να με κάνει τόσο χαρούμενο;

Αφού ολοκληρώσετε τον διαλογισμό οραματισμού, κάντε μια μικρή θετική κατάφαση: *Πιστεύω ότι μπορώ να είμαι στο Παρίσι. Έχω πίστη, επομένως είναι θέμα χρόνου μέχρι να βρεθώ στο Παρίσι.*

Ανοίξτε αργά τα μάτια σας και χαμογελάστε πλατιά, νοιώθοντας χαρούμενοι που πετύχατε αυτό που θέλατε.

Αυτή η μέθοδος μπορεί επίσης να χρησιμοποιηθεί για να τονώσει τις πεποιθήσεις σας και να προσαρμόσει τη διάθεσή σας και να σας κάνει να νοιώσετε χαρούμενοι. Έτσι, την επόμενη φορά που θα έχετε αρνητικά συναισθήματα, προσπαθήστε να χρησιμοποιήσετε τη μέθοδο διαλογισμού οραματισμού και σκεφτείτε ένα μέρος, μια στιγμή ή ένα άτομο που σας έκανε να νοιώσετε καλά.

Τέλος, η δημιουργία ενός πίνακα οραματισμού είναι μια άλλη μέθοδος για να τονώσετε τις πεποιθήσεις σας και να αποκτήσετε μεγαλύτερη αυτοπεποίθηση. Ένας πίνακας οραματισμού είναι ο χώρος όπου καταγράφετε όλους τους στόχους σας, αλλά αντικαθιστάτε τις λέξεις με εικόνες. Για παράδειγμα, αν θέλω να αγοράσω ένα αυτοκίνητο, θα βάλω στον πίνακα την εικόνα του αυτοκινήτου που θέλω να αγοράσω. Όπως λένε, μια εικόνα ισούται με χίλιες λέξεις και είναι πιο εύκολο να απεικονίσεις και να θυμηθείς τον στόχο σου με μια εικόνα.

Ακολουθεί η μέθοδος του πίνακα οραματισμού του Mindbodism:

1. Καταγράψτε τους στόχους που θέλετε να επιτύχετε. Μας αρέσει πάντα η ισορροπία, γι' αυτό συνιστούμε να δημιουργείτε στόχους σε αυτές τις κατηγορίες: προσωπική ανάπτυξη, υγεία/φυσική κατάσταση, σχέσεις, οικονομικά/επιχειρηματικά και υλικά αγαθά (δηλαδή πράγματα που θέλετε να αγοράσετε). Επίσης, βελτιώστε τον πίνακα οραματισμού σας έχοντας μια θετική κατάφαση που θα συνδεθεί με έναν υψηλότερο σκοπό, όπως τα παρακάτω παραδείγματα.

2. Για την **προσωπική ανάπτυξη**, αν θέλετε να μάθετε πώς να παίζετε το πιάνο, βάλτε μια φωτογραφία ενός μεγάλου πιανίστα όπως ο Σεργκέι Ραχμάνινοφ. Ή, αν θέλετε να γίνετε μπαλαρίνα, βάλτε μια φωτογραφία της Άννας Πάβλοβα. Στη συνέχεια, προσθέστε μια θετική κατάφαση, όπως *εξασκούμαι καθημερινά, και κάποια μέρα θα είμαι τόσο καλός όσο ο Σεργκέι Ραχμάνινοφ, ώστε να διασκεδάζω και να χαρίζω ευτυχία στους ανθρώπους όταν με ακούνε να παίζω πιάνο.*

3. Για την **υγεία/φυσική κατάσταση**, βάλτε μια εικόνα του ιδανικού σώματος που θέλετε να έχετε ή ενός σπουδαίου αθλητή όπως ο Μάικλ Τζόρνταν, και προσθέστε μια θετική κατάφαση όπως *τρώω υγιεινά τρόφιμα και ασκούμαι κάθε μέρα επειδή θέλω να ζήσω περισσότερο και να βοηθήσω την ανθρωπότητα για μεγαλύτερο χρονικό διάστημα.*

4. Για τις **σχέσεις**, οπτικοποιήστε μια εικόνα για εσάς και το άτομο με το οποίο θέλετε να βελτιώσετε τη σχέση και προσθέστε μια θετική κατάφαση, όπως *είμαι υπέροχος σύζυγος και έχω την πιο τέλεια και τρυφερή και στοργική σχέση στον κόσμο.*

5. Για **οικονομικά/επιχειρηματικά**, βάλτε μια φωτογραφία κάποιου που πιστεύετε ότι είναι επιτυχημένος στις επιχειρήσεις, όπως ο Warren Buffet, και προσθέστε μια θετική κατάφαση όπως *είμαι πολύ επιτυχημένος επιχειρηματίας και οι εταιρείες που χτίζω θα βοηθήσουν τους ανθρώπους και θα κάνουν τον κόσμο καλύτερο μέρος.*

6. Για **υλικά αγαθά**, οπτικοποιήστε κάτι που θέλετε να αγοράσετε, όπως το σπίτι ή το αυτοκίνητο των ονείρων σας, και προσθέστε μια θετική κατάφαση όπως: *θα έχω ένα σπίτι σε ένα ελληνικό νησί και θα περνάω το καλοκαίρι εκεί με την οικογένειά μου, καθώς πάντα θέλω να τους παρέχω ό,τι είναι καλύτερο για αυτούς.*

7. Μόλις δημιουργήσετε τον πίνακα οραματισμού, θα πρέπει να περάσετε λίγα λεπτά μαζί του όταν ξυπνάτε και πριν πάτε για

ύπνο. Ο συνεχής οραματισμός και η διαρκής εκδήλωση θα αυξήσει την αυτοπεποίθηση και την πίστη σας ότι μπορείτε να κατορθώσετε αυτό που επιθυμείτε και θα μπορείτε να ξεκινήσετε και να ολοκληρώσετε τη μέρα σας χαρούμενοι. Όπως το έχουμε συζητήσει, όσον αφορά το καλό συναίσθημα που νοιώθετε, η χημική ουσία ανταμοιβής στον εγκέφαλό σας δεν αναγνωρίζει εάν σκέφτεστε κάτι ή κάνετε τη δραστηριότητα.

Σημείωση: Ο πίνακας οραματισμού και οι καταφάσεις αυτού του βιβλίου είναι απλώς συστάσεις του Mindbodism. Θα πρέπει να εξατομικεύσετε αυτά τα στοιχεία για να έχουν πιο σημαντική επιρροή στη ζωή σας.

Συνοψίζοντας, εάν θέλετε να ενισχύσετε την πίστη σας, κάντε τα εξής:

1. Δημιουργήστε θετικές καταφάσεις και έχετε πίστη.

Πιστεύω ότι μπορώ να πετύχω ό,τι θέλω. Έχω πίστη, οπότε ξέρω ότι είναι μόνο θέμα χρόνου μέχρι να επιτύχω αυτό που θέλω. Πιστεύω ότι με τις συνεχείς δράσεις μου θα αλλάξει τελείως η ζωή μου, θα μεταμορφωθώ στον άνθρωπο που θέλω να γίνω και θα καταφέρω ό,τι θέλω. Πιστεύω στις ικανότητές μου και έχω πίστη. Μπορώ να νοιώσω την αλλαγή να λαμβάνει χώρα μέσα μου. Είμαι γεμάτος αυτοπεποίθηση και δύναμη και έτοιμος να πετύχω οτιδήποτε θέλω.

2. Αναλύστε τους μεγαλύτερους στόχους σας σε μικρότερους στόχους και σκεφτείτε βάση του τύπου 1+1=2.

Βρείτε τη σχέση μεταξύ των δράσεων σας και του στόχου σας. Αξιοποιήστε πρώτα τα φρούτα που κρέμονται στα χαμηλά. Αν δεν επιτύχετε τον στόχο σας, αλλάξτε τις δράσεις σας ή αφιερώστε περισσότερο χρόνο σε αυτές. Ολοκληρώστε πρώτα τις δράσεις με χαμηλή προσπάθεια αλλά με υψηλή επιρροή.

3. Χρησιμοποιήστε διαλογισμό οραματισμού.

Δημιουργήστε στο μυαλό σας εικόνες για το πώς θα είστε και τι θα αισθάνεστε όταν τα καταφέρετε χρησιμοποιώντας τις πέντε αισθήσεις σας.

4. Χρησιμοποιήστε έναν πίνακα οραματισμού.

Καταγράψτε τους στόχους σας αντικαθιστώντας λέξεις με εικόνες σε όλους τους τομείς ανάπτυξης και προσθέτοντας μία κατάφαση που εστιάζει σε έναν υψηλότερο σκοπό.

ΒΗΜΑ 2: ΚΥΡΙΕΥΣΤΕ ΤΗΝ ΕΣΩΤΕΡΙΚΗ ΣΑΣ ΦΩΝΗ

Η κυριαρχία της εσωτερικής φωνής σας θα σας επιτρέψει να εξαλείψετε τις δικαιολογίες και να βρείτε κίνητρα εντός σας.

Τώρα πιστεύουμε ακράδαντα ότι μπορούμε να πετύχουμε τον στόχο μας επειδή πιστεύουμε σε αυτόν και έχουμε πίστη, αλλά υπάρχει μια εσωτερική φωνή στο κεφάλι μας που δεν μας αφήνει να ξεκινήσουμε γιατί αυτή η φωνή βρίσκει πάντα εκατομμύρια δικαιολογίες για το γιατί δεν πρέπει να ξεκινήσουμε τώρα.

Έχετε ποτέ βρεθεί να προσπαθείτε να ξυπνήσετε το πρωί αλλά να ακούτε μια εσωτερική φωνή που σας λέει να ξανακοιμηθείτε; Ή έχετε προσπαθήσει να ολοκληρώσετε κάτι, να το αναβάλετε, αλλά να έχετε χρόνο να ολοκληρώσετε τις εύκολες και ασήμαντες εργασίες; Γιατί αυτό; Ποια είναι αυτή η φωνή που σας λέει να μείνετε εκεί που είστε, να μην ξοδεύετε την ενέργειά σας προσπαθώντας να αλλάξετε και να αποφύγετε τους κινδύνους;

Η εσωτερική σας φωνή είναι η μετάφραση των σκέψεών σας σε σιωπηλή ομιλία. Το να έχεις επίγνωση αυτής της φωνής είναι πολύ σημαντικό γιατί σου μιλάει και επηρεάζει τις πράξεις σου. Όμως, εάν έχετε συνηθίσει να μιλάτε με έναν συγκεκριμένο τρόπο, τότε χρειάζεται προσπάθεια για να αλλάξετε τον τρόπο που μιλάτε. Επομένως, πρέπει να μάθετε από την αρχή πώς να μιλάτε, χρησιμοποιώντας λέξεις που θα σας οδηγήσουν μπροστά και θα κάνετε τις σωστές ερωτήσεις για να σας φέρουν πιο κοντά στον στόχο σας.

Καταρχάς, δεν είναι κακό να έχετε εσωτερικές φωνές. Αυτά θα σας βοηθήσουν όταν παίρνετε αποφάσεις. Θα σας εμποδίσουν να κάνετε κάτι που μπορεί ενδεχομένως να σας βλάψει ή να σας θέσει σε κίνδυνο και θα σας βοηθήσουν να κάνετε κάτι που δεν έχετε ξανακάνει. Επομένως, είναι θέμα να μάθετε πώς να κυριαρχείτε αυτές τις φωνές και να τις κατευθύνετε προς ένα θετικό αποτέλεσμα, βοηθώντας σας να επιλέξετε τις ενέργειες που θα σας οδηγήσουν πιο κοντά στον στόχο σας. Μπορείτε να φανταστείτε αυτές τις φωνές σαν τους δύο προπονητές σας, να κάθονται ο ένας απέναντι στον άλλο και να σας δίνουν συμβουλές. Ο ένας life coach θα σας συμβουλεύσει να αναλάβετε δράση για να πετύχετε τους στόχους σας και ο άλλος θα σας συστήσει να επιλέξετε τη δράση που είναι εύκολη και άσχετη με τον στόχο σας

Για να κυριαρχήσουμε στις εσωτερικές φωνές, πρέπει πρώτα να αποκτήσουμε επίγνωση αυτών των φωνών.

Ο ευκολότερος τρόπος για να συνειδητοποιήσετε την εσωτερική φωνή είναι θέτοντας στον εαυτό σας την ερώτηση, «Τι σκέφτομαι;» και μετά δίνοντας μια απάντηση. Θα δείτε μια συνομιλία μέσα στο μυαλό σας να κάνει ερωτήσεις και να απαντά – αυτή είναι η εσωτερική σας φωνή.

Η εξάσκηση της ενσυνειδητότητας είναι ο καλύτερος τρόπος για να αποκτήσετε επίγνωση της εσωτερικής σας φωνής. Το Mindfulness (ενσυνειδητότητα) είναι το είδος του διαλογισμού στον οποίο προσπαθείτε να έχετε πλήρη επίγνωση της παρούσας στιγμής. Όταν εξασκείτε την ενσυνειδητότητα, πρέπει να αφήνετε την εσωτερική φωνή και τις σκέψεις σας να περνούν από μπροστά σας σαν σύννεφα, χωρίς να τις κρίνετε ή να τους δίνετε καμία σημασία. Με αυτόν τον τρόπο, την επόμενη φορά που μια σκέψη σάς λέει να μην ακολουθήσετε τον στόχο σας, πρέπει να τον αφήσετε να φύγει, σαν ένα σύννεφο που περνάει από μπροστά σας, και να κάνετε τη δράση που χρειάζεστε για να κατορθώσετε αυτό που επιθυμείτε. Όταν κυριαρχήσετε την ενσυνειδητότητα, θα κάνετε τη δράση χρησιμοποιώντας το υποσυνείδητο μυαλό σας χωρίς καν να χρειάζεται να σκεφτείτε ή να αμφιβάλετε. Θα είναι όπως όταν διψάτε και έχετε μπροστά σας ένα ποτήρι νερό. Δεν χρειάζεται να σκεφτείτε να πιάσετε το ποτήρι και να πιείτε, απλά το κάνετε.

Έτσι, αν ο στόχος σας είναι να ξυπνήσετε νωρίς, όταν ξυπνήσετε, θα αρχίσετε να το κάνετε χωρίς να έχετε καμία αμφιβολία. Είναι όπως όταν φέρνετε δύο μαγνήτες κοντά. Αν οι μαγνήτες είχαν μυαλό, δεν θα πίστευαν ότι πρέπει να συνδεθούν μεταξύ τους, αλλά αν τους φέρετε κοντά, θα συνδεθούν αυτόματα.

Για να εξασκήσετε την ενσυνειδητότητα, μπορείτε να δοκιμάσετε μία από τις παρακάτω μεθόδους Mindbodism:

Το φως

1. Φορέστε άνετα ρούχα και ξαπλώστε σε ένα χαλάκι με την πλάτη σας και τις παλάμες προς τα πάνω.

2. Για να βελτιώσετε την εμπειρία σας, χρησιμοποιήστε ακουστικά ακύρωσης θορύβου και βρείτε έναν ήχο διαλογισμού 432 Hz.

3. Κλείστε τα μάτια σας και πάρτε μια βαθιά εισπνοή από τη μύτη σας, κρατώντας τη για ένα δευτερόλεπτο και μετά εκπνεύστε από το στόμα σας. Κάντε αυτό τρεις φορές μέχρι να χαλαρώσετε πλήρως.

4. Φανταστείτε ότι υπάρχει ένα ζωηρό ζεστό φως που αγγίζει την κορυφή του κεφαλιού σας. Καθώς το φως σας αγγίζει, θα παράγει περισσότερη θερμότητα και θα κινηθεί αργά προς το μέτωπό σας. Τώρα εστιάζετε την προσοχή στους μυς του μετώπου σας – παρατηρήστε τους να χαλαρώνουν καθώς το φως φωτίζει τώρα αυτή την περιοχή.

5. Το φως θα συνεχίσει να πέφτει, φωτίζοντας και μαλακώνοντας τους μυς των ματιών, της μύτης, των χειλιών, της γλώσσας και του πηγουνιού σας. Τώρα το κεφάλι σας είναι εντελώς χαλαρό και φωτεινό.

6. Τότε το φως θα αρχίσει να κινείται προς τα κάτω, αγγίζοντας το λαιμό σας και απελευθερώνοντας κάθε ένταση ή άγχος που μπορεί να έχει συσσωρευτεί εκεί. Θα νοιώσετε τη ζεστασιά του

φωτός καθώς αγγίζει οποιαδήποτε περιοχή όπου νοιώθετε περισσότερη ένταση.

7. Το φως θα κινηθεί προς τους ώμους σας, αγγίζοντας τους δικέφαλους, τους τρικέφαλους, την πλάτη και το στήθος σας. Αυτά θα είναι επίσης χαλαρά και ζεστά.

8. Στη συνέχεια, η κοιλιά και το κάτω μέρος της πλάτης σας θα αρχίσουν να ζεσταίνονται, ειδικά σε περιοχές όπου μπορεί να αισθανθείτε πόνο ή ένταση.

9. Το φως θα συνεχίσει μέχρι τα γεννητικά όργανα και τη βάση σας, επιφέροντας μια γενική αίσθηση χαλάρωσης.

10. Καθώς το φως κινείται μέσα από τα πόδια, τις γάμπες και τα πόδια σας, το φως θα κάνει αυτές τις περιοχές φωτεινές και ζεστές.

11. Σε αυτό το σημείο, το σώμα σας θα πρέπει να είναι εντελώς χαλαρό, ζεστό και φωτεινό. Τώρα, μείνετε εκεί και απλά παρατηρήστε τις σκέψεις σας χωρίς κρίση. Καμία από τις σκέψεις σας δεν μπορεί να σας βλάψει ή να προκαλέσει φόβο ή άγχος. Αυτές οι σκέψεις είναι εκεί για να τις παρατηρήσουμε. Έρχονται και φεύγουν σαν κύματα στη θάλασσα.

12. Μόλις συνειδητοποιήσετε πλήρως τις σκέψεις σας και θέλετε να σταματήσετε την άσκηση, μπορείτε να ανοίξετε σιγά-σιγά τα μάτια σας, να τεντωθείτε σαν μόλις να ξυπνάτε και μετά να σταθείτε όρθιοι.

Αυτή είναι μια ωφέλιμη άσκηση για να αποκτήσετε ενσυνειδητότητα. Όσο περισσότερο εξασκηθείτε, τόσο καλύτερα θα αναγνωρίσετε πότε η εσωτερική σας φωνή προσπαθεί να σας εμποδίσει να πετύχετε τον στόχο σας.

Υπάρχει επίσης μια πιο γρήγορη μέθοδος ενσυνειδητότητας, χρησιμοποιώντας τη Δύναμη Ενός Δευτερολέπτου:

Ένα δευτερόλεπτο

Χρησιμοποιώντας τη Δύναμη Ενός Δευτερολέπτου ως έναυσμα, πείτε: *Έχω επίγνωση της εσωτερικής μου φωνής.*

Τώρα δώστε προσοχή στην εσωτερική σας φωνή αν το πιστεύετε. Αυτή η μέθοδος μπορεί να έχει πολλαπλές εφαρμογές και όσο περισσότερο τις εξασκείτε, τόσο περισσότερο θα είστε σε θέση να είστε ενσυνείδητοι. Για παράδειγμα, θα μπορούσατε να πείτε, «Τρώω ενσυνείδητα» και μετά να προσπαθήσετε να έχετε επίγνωση του τι βλέπετε κάθε φορά που τρώτε μία μπουκιά: τη μυρωδιά, τον ήχο, τη γεύση. Ή, καθώς λέτε, «Περπατάω ενσυνείδητα», δώστε προσοχή στις πέντε αισθήσεις σας. *Δώστε προσοχή στην αναπνοή σας και δείτε πώς σας κάνει να νοιώθετε, πώς αλλάζει τη διάθεσή σας και πώς κινείται το σώμα σας όταν εισπνέετε και εκπνέετε καθώς λέτε,* «Αναπνέω ενσυνείδητα».

Όπως μπορείτε να δείτε, οι εφαρμογές είναι ατελείωτες, οπότε βρείτε αυτή που σας αρέσει να εξασκείτε. Αυτή η μέθοδος μπορεί επίσης να σας βοηθήσει να συγκεντρωθείτε λέγοντας, *τώρα είμαι συγκεντρωμένος. Εξαλείφω τον κάθε περισπασμό.*

Μια χρήσιμη συμβουλή που θα σας βοηθήσει να είστε προσεκτικοί είναι να **επιβραδύνετε τον ελεύθερο χρόνο σας**. Για παράδειγμα, αντί να τρώτε γρήγορα, προσπαθήστε να τρώτε όσο πιο αργά μπορείτε. Αυτό θα σας βοηθήσει να εστιάσετε περισσότερο στη δραστηριότητα που κάνετε. Αντίστοιχα, προσπαθήστε να περπατάτε αργά και να παρατηρείτε τα πάντα γύρω σας – θα δείτε ότι είναι σαν να περπατάτε σε έναν νέο τόπο. Βρείτε τις δικές σας εφαρμογές και δείτε αν πάει καλά.

Αφού εξασκηθείτε στην ενσυνειδητότητα και γίνετε πιο ικανοί να ακούτε την εσωτερική σας φωνή και να αλληλεπιδράτε με αυτήν, θα δείτε ότι θα σας κάνει ερωτήσεις και θα σας προκαλεί να μην κάνετε πράγματα. Η εσωτερική φωνή θα σας πει ότι δεν είναι η κατάλληλη στιγμή να αναλάβετε δράση: *μην το κάνετε, δεν μπορείτε να το κάνετε.* Όταν σταματήσετε να δέχεστε αυτό που σας λέει η φωνή, θα είστε σε θέση να απαντήσετε και να δείξετε στην εσωτερική σας φωνή ότι κάνει λάθος. Τότε θα αρχίσετε να βλέπετε τη διαφορά.

Έτσι, την επόμενη φορά που η εσωτερική σας φωνή σας ζητήσει να μην κάνετε κάτι και θέλει να σας κρατήσει στη ζώνη άνεσής σας και να σας εμποδίσει να φθάσετε τους στόχους σας, προσπαθήστε να πείτε το εξής:

Δεν υπάρχουν δικαιολογίες, πρέπει να το κάνω.

Σκεφτείτε τι προσπαθείτε να πετύχετε και γιατί, και χρησιμοποιήστε τη Δύναμη Ενός Δευτερόλεπτου για να το κάνετε.

Αντικαταστήστε τυχόν αρνητικές λέξεις που σας υποδεικνύει η εσωτερική φωνή, όπως «δεν μπορώ», με θετικές λέξεις όπως «μπορώ να κάνω».

Για παράδειγμα, αν έχετε ορίσει χρόνο για να δουλέψετε πάνω στην επιχειρηματική σας ιδέα, η εσωτερική σας φωνή μπορεί να είναι τεμπέλης και να σας πει ότι δεν χρειάζεται να το κάνετε τώρα και ότι θα ήταν καλύτερα να παρακολουθήσετε τηλεόραση. Πρέπει να συνειδητοποιήσετε ότι οι συμβουλές της φωνής δεν θα σας βοηθήσουν να επιτύχετε τους στόχους σας. Σκεφτείτε με τη Δύναμη Ενός Δευτερολέπτου και απαντήστε ότι θα εργαστείτε για την επιχειρηματική σας ιδέα επειδή έχετε μια ισχυρή πεποίθηση και ένα ισχυρό γιατί – και μετά κάντε το.

Το γεγονός ότι δεν ενδίδετε στην αρχική εσωτερική φωνή ενισχύει επίσης τη δύναμη της θέλησής σας, που είναι η ικανότητά σας να αντιστέκεστε σε βραχυπρόθεσμους πειρασμούς, ώστε να πετύχετε τους μακροπρόθεσμους στόχους σας.

Όσο πιο συχνά αντιμετωπίζετε αυτή την πρόκληση και επιλέγετε τη δράση που θα σας φέρει πιο κοντά στους στόχους σας, αντί να επιλέγετε την εύκολη άσχετη δράση, τόσο ισχυρότερη θα γίνεται η θέλησή σας και τόσο πιο κοντά θα φτάσετε στον στόχο σας.

Μπορείτε επίσης να δημιουργήσετε οι ίδιοι αυτή την πρόκληση αντί να περιμένετε να έλθει σε εσάς. Για παράδειγμα, αν ο στόχος σας είναι να αποκτήσετε καλύτερη φυσική κατάσταση μέσω της άσκησης, η εσωτερική φωνή θα μπορούσε να σας πει να μην ασκηθείτε ή θα μπορούσε να σας πει να σταματήσετε· σκεφθείτε με τη Δύναμη Ενός Δευτερολέπτου και απλά ξεκινήστε την άσκηση, έστω και για ένα δευτερόλεπτο ή μία ακόμα επανάληψη. Όταν δείχνετε στην εσωτερική σας φωνή ότι έχετε τον έλεγχο, αυτό θα σας παρακινήσει να συνεχίσετε. Αυτή είναι η Δύναμη Ενός Δευτερολέπτου.

Όσο περισσότερες νίκες έχετε από αυτές τις προκλήσεις, τόσο περισσότερο θα ενισχύεται η θέλησή σας και τόσο πιο κοντά θα φθάνετε στον στόχο σας, καθώς τώρα κάνετε ενέργειες που σχετίζονται με τον στόχο σας.

Είναι σαν ένας μυς που πρέπει να εκπαιδεύσεις για να αναπτυχθείς και να γίνεις πιο δυνατός.

Μπορείτε επίσης να ακολουθήσετε μία δράση για να διευκολύνετε να κερδίσετε αυτές τις μάχες με την εσωτερική σας φωνή, δηλαδή να ρυθμίσετε το περιβάλλον σας με τον σωστό τρόπο και να εξαλείψετε τυχόν δικαιολογίες.

Για παράδειγμα, αν δυσκολεύεστε να ξεκινήσετε να διαβάζετε ένα βιβλίο, τοποθετήστε το δίπλα στο κρεβάτι σας, ώστε να μπορείτε απλά να το σηκώσετε και να ξεκινήσετε να το διαβάζετε όταν μπορείτε. Εάν η εσωτερική σας φωνή σας λέει ότι δεν έχετε χρόνο να το διαβάσετε, σχεδιάστε να το διαβάσετε νωρίς το πρωί. Με αυτόν τον τρόπο, η εσωτερική φωνή έχει λιγότερες δικαιολογίες για να σας εμποδίσει να κάνετε αυτό που πρέπει να κάνετε.

Ένας άλλος τρόπος για να ελαχιστοποιήσετε την επιρροή της εσωτερικής σας φωνής είναι να χρησιμοποιήσετε την ιαπωνική τεχνική *poka yoke*, που σημαίνει προστασία από τα λάθη. Με αυτή την τεχνική, θα προσπαθήσετε να σχεδιάσετε μια διαδικασία που θα σας αποτρέψει από το να κάνετε λάθη – ή, στην περίπτωσή μας, θα σας εμποδίσει να εκτελέσετε δράσεις που θα σας οδηγήσουν μακριά από τον στόχο σας. Για παράδειγμα, αν θέλετε να σταματήσετε να τρώτε σοκολάτα και η σοκολάτα βρίσκεται σε μέρος που είναι εύκολα προσβάσιμο, η εσωτερική σας φωνή πιθανότατα θα σας πει να φάτε τη σοκολάτα, καθώς θα αυξήσει την ντοπαμίνη σας και θα νοιώσετε καλά. Μια δράση *poka yoke* θα ήταν να μην αγοράζετε τη σοκολάτα εξαρχής. Εάν δεν υπάρχει σοκολάτα στο σπίτι, τότε δεν μπορείτε να τη φάτε.

Συνοψίζοντας:

1. **Να έχετε επίγνωση** και να αναγνωρίζετε ότι έχετε μια εσωτερική φωνή που μερικές φορές θα προσπαθήσει να σας πείσει να μην επιλέξετε μια ενέργεια που θα σας βοηθήσει να πετύχετε τον στόχο σας.

2. Όταν η εσωτερική σας φωνή σας προκαλεί να εκτελέσετε μια εύκολη δράση που δεν σχετίζεται με τον στόχο σας, **αναλογιστείτε το γιατί σας** και χρησιμοποιήστε τη Δύναμη Ενός Δευτερολέπτου για να επιλέξετε τη δράση που επηρεάζει τον στόχο σας και, στη συνέχεια, πραγματοποιήστε την.

3. **Αλλάξτε τις οποιεσδήποτε αρνητικές προτάσεις** που περιλαμβάνουν όρους όπως «δεν μπορώ να κάνω» σε θετικές προτάσεις, όπως «μπορώ να κάνω».

4. **Ενισχύστε τη δύναμη της θέλησής σας** προκαλώντας την εσωτερική φωνή που προσπαθεί να σας εμποδίσει να πετύχετε τους στόχους σας και να θυμάστε: κάθε μάχη που κερδίζετε είναι ένα βήμα πιο κοντά στον στόχο σας.

5. **Οργανώστε το περιβάλλον σας** με τρόπο που σας διευκολύνει να εκτελέσετε τις δράσεις που θέλετε.

6. **Χρησιμοποιήστε την τεχνική *poka yoke*** και σχεδιάστε μια διαδικασία που δεν σας επιτρέπει να δράσετε με τρόπο που σας απομακρύνει από τον στόχο σας.

7. **Εξασκηθείτε στην ενσυνειδητότητα**, η οποία θα σας βοηθήσει να μπλοκάρετε τις σκέψεις σας ή θα σας βοηθήσει να παρατηρήσετε τις σκέψεις σας χωρίς να τις κρίνετε ή να αλληλεπιδράτε με αυτές.

ΒΗΜΑ 3: ΚΥΡΙΕΥΣΤΕ ΤΗ ΦΩΝΗ ΤΩΝ ΑΛΛΩΝ

«Όταν δεν υπάρχει εχθρός μέσα, ο εχθρός έξω δεν μπορεί να σε βλάψει».

Αφρικανική παροιμία

Μόλις αντιληφθείτε πώς να ελέγχετε την εσωτερική φωνή, θα πρέπει επίσης να μάθετε πώς να διαχειρίζεστε τις φωνές των άλλων. Κάθε φορά που μιλάμε με κάποιον, επηρεαζόμαστε κατά κάποιο τρόπο από ό,τι λέει. Ανάλογα με το πόσο καλά γνωρίζετε τον εαυτό σας και πόσο εμπιστεύεστε το άτομο, θα επηρεάσει τον βαθμό επιρροής που έχει επάνω σας. Αυτό δημιουργεί πρόβλημα επειδή συχνά εμπιστευόμαστε τους ανθρώπους που αγαπάμε, αν και οι άνθρωποι που αγαπάμε μπορεί να μην είναι οι ειδικοί στο πώς να επιτύχουμε τους στόχους μας και πρέπει να είμαστε προσεκτικοί.

Επίσης, τα άτομα που σας αγαπούν θα προσπαθήσουν να σας προστατέψουν και να μην σας αποτρέψουν να πληγωθείτε, έτσι πιθανότατα δεν θα σας προκαλέσουν ή θα σας συμβουλεύσουν να μην ρισκάρετε και πιθανότατα θα έχουν μία νοοτροπία «δεν μπορώ» ή «δεν θα έπρεπε να κάνω». Τότε είναι που θα χρειαστεί να θέσετε το ερώτημα: **«Οι συμβουλές αυτού του ατόμου με βοηθούν να πετύχω τους στόχους μου;»**

Εάν η απάντηση είναι όχι, θα πρέπει να σεβαστείτε τις συμβουλές τους αλλά τελικά να τις αγνοήσετε. Πιστεύετε ήδη ότι μπορείτε να πετύχετε τον στόχο σας, άρα λοιπόν δεν πρέπει να ακούτε κανέναν που λέει ότι δεν είστε ικανοί.

Επίσης, θα δείτε ότι οι συμβουλές των ανθρώπων είναι συχνά μεροληπτικές. Βασίζεται στο τι σκέφτονται *εκείνοι*, τι έχουν κάνει *εκείνοι* και πώς συμπεριφέρονται *εκείνοι*. Έτσι, αν φοβούνται να αναλάβουν δράση ή να πάρουν ρίσκο στη ζωή τους, θα προσπαθήσουν να μεταδώσουν αυτόν τον φόβο σε εσάς. Ομοίως, αν δεν τους αρέσει να αλλάζουν, πιθανότατα σας συμβουλεύουν να μην κάνετε αυτό που σχεδιάζετε. Επομένως, αγνοήστε αυτά που λένε και παραμείνετε συγκεντρωμένοι στους στόχους σας. Αν δεν με πιστεύετε, τότε πιστέψτε τους παρακάτω ανθρώπους:

Ο Βίνσεντ Βαν Γκογκ, ένας από τους πιο διάσημους μεταϊμπρεσιονιστές ζωγράφους στον κόσμο, είπε: «Ονειρεύομαι ότι ζωγραφίζω και κατόπιν ζωγραφίζω το όνειρό μου». Πολλοί κριτικοί δεν εκτίμησαν τους πίνακές του επειδή ήταν υπερβολικά σκοτεινοί και όχι ιδιαίτερα ζωηροί, και κατάφερε να πουλήσει μόνο έναν πίνακα όσο ζούσε, αλλά τίποτα από αυτά δεν τον εμπόδισε. Δημιούργησε πάνω από 900 έργα τέχνης και σήμερα το καθένα από αυτά κοστίζει εκατομμύρια δολάρια.

Ο Γουόλτ Ντίσνεϊ είπε κάποτε: «Όλα τα όνειρά μας μπορούν να γίνουν πραγματικότητα αν έχουμε το θάρρος να τα κυνηγήσουμε». Απολύθηκε από μια από τις πρώτες του δουλειές στο Kansas City το 1919 επειδή «δεν είχε φαντασία και δεν είχε καλές ιδέες». Αν ο Γουόλτ Ντίσνεϊ άκουγε τους άλλους και είχε σταματήσει να πιστεύει στον εαυτό του, δεν θα είχε δημιουργήσει ποτέ την «Walt Disney Company».

Πριν γίνει διάσημη με το «Oprah Winfrey Show», ένας παραγωγός είπε κάποτε στην Όπρα ότι ήταν «ακατάλληλη για την τηλεόραση». Η Όπρα έγινε μία από τους πιο διάσημες τηλεοπτικές οικοδέσποινες της Αμερικής και επίσης ηθοποιός, παραγωγός και φιλάνθρωπος. Όπως λέει η Όπρα, «Εσύ ορίζεις τη ζωή σου. Μην αφήνεις άλλους να γράφουν το σενάριό σου».

Ο Έλβις Πρέσλεϊ, γνωστός αργότερα ως «Βασιλιάς του Ροκ εν Ρολ», απολύθηκε από τον μάνατζερ του Grand Ole Opry μόνο μετά από μία παράσταση. Ο διευθυντής είπε, «Δεν θα πας πουθενά, γιε μου. Πρέπει να ξαναγίνεις οδηγός φορτηγού». Αν ο Έλβις τον είχε ακούσει, δεν θα είχε προβεί ποτέ στην προσφορά ψυχαγωγίας σε εκατομμύρια ανθρώπους. Δήλωσε «Το να κρίνεις έναν άνθρωπο από τον πιο αδύναμο κρίκο του είναι σαν να κρίνεις τη δύναμη του ωκεανού από ένα κύμα».

Στις αρχές της καριέρας της, η Μέρυλ Στριπ, μελλοντική υποψήφια για Όσκαρ 21 φορές (και νικήτρια τρεις φορές), πέρασε από οντισιόν για έναν ρόλο στην ταινία «Κινγκ Κονγκ». Ο παραγωγός είπε στον γιο του, «Γιατί μου φέρνεις αυτό το άσχημο πράγμα;» Αν η φωνή αυτού του παραγωγού είχε κολλήσει στο μυαλό της, αυτό θα την εμπόδιζε να συνεχίσει την καριέρα της. Εκτός από τα Όσκαρ, έχει προταθεί για Χρυσή Σφαίρα 32 φορές (και έχει κερδίσει το βραβείο οκτώ φορές).

Άρα λοιπόν, την επόμενη φορά που θα ακούσετε κάποιον που θα προσπαθήσει να σας πείσει ότι δεν είστε αρκετά καλοί για να επιδιώξετε τους στόχους σας, θυμηθείτε τους παραπάνω ανθρώπους και αποδείξτε τους ότι κάνουν λάθος. Επίσης, **αν περιβάλλετε τον εαυτό σας με μια ομάδα φίλων που πάντα σας υποστηρίζει και σας παρακινεί**, αυτό μπορεί να σας βοηθήσει να εστιάσετε σε αυτό που θέλετε να πετύχετε.

Αντίστοιχα, δομήστε το δίκτυό σας και περιβάλλετε τον εαυτό σας με άτομα ή προπονητές που έχουν ήδη επιτύχει στόχους σαν τους δικούς σας και ρωτήστε τους πώς το έχουν πετύχει – αυτό μπορεί να αποτελέσει μία συντόμευση για τους στόχους σας. Όσο περισσότερο χρόνο αφιερώνετε σε αυτούς και όσο περισσότερο χρόνο αφιερώνετε συζητώντας τους στόχους σας, τόσο πιο γρήγορα θα φθάσετε εκεί που θέλετε. Όχι μόνο θα ενισχύσετε την πεποίθησή σας ότι μπορείτε να πετύχετε τον στόχο σας – επειδή βλέπετε παραδείγματα γύρω σας του τι είναι δυνατόν – αλλά βάσει των εμπειριών τους, οι μέντορές σας μπορούν επίσης να μοιραστούν δράσεις και συντομεύσεις που μπορείτε να ακολουθήσετε για να πετύχετε τους στόχους σας πιο γρήγορα.

Για παράδειγμα, πριν ξεκινήσω να γράφω αυτό το βιβλίο, πολλοί γέλασαν μαζί μου. Οι λόγοι για αυτό ήταν επειδή ποτέ πριν δεν είχα γράψει βιβλίο, επειδή τα αγγλικά δεν είναι η μητρική μου γλώσσα, επειδή πάντα είχα δυσκολία στην επικοινωνία και δεν είχα τον χρόνο για να γράψω ένα βιβλίο, καθώς είχα δουλειά πλήρους απασχόλησης, διευθύνοντας την επιχείρησή μου στον χώρο του μπάσκετ (basketble.com) και την επιχείρησή μου Mindbodism (mindbodism.com), και είχα μόλις αποκτήσει ένα βρέφος. Τους απέδειξα ότι έκαναν λάθος και ακολούθησα τη Δύναμη Ενός Δευτερολέπτου και τις οδηγίες από αυτό το βιβλίο. Δεν χρειάζεται να ξέρετε πώς να το κάνετε· αν ξέρετε το «θεμέλιο», θα βρείτε τον τρόπο. Είναι απλά ζήτημα χρόνου και να θυμάστε: **Μην επιτρέπετε σε κανέναν να σας πει τι μπορείτε και τι δεν μπορείτε να κάνετε.**

Συνοψίζοντας:

1. Μπορείτε να εισακούσετε άλλους ανθρώπους εάν οι συμβουλές τους σας βοηθούν να πετύχετε τον στόχο σας. Μπορείτε να το δοκιμάσετε ρωτώντας: **«Οι συμβουλές αυτού του ατόμου με βοηθούν να φτάσω τον στόχο μου;»** Εάν η απάντηση είναι όχι, τότε σεβαστείτε τις συμβουλές τους αλλά αγνοήστε τις.

2. Ακόμη και **μια μικρή απόκλιση** από τον στόχο σας μπορεί να επηρεάσει τη δύναμη της θέλησης και τις συνήθειες σας, οπότε μην το κάνετε.

3. **Περιβάλλετε τον εαυτό σας** με άτομα που έχουν ήδη πετύχει στόχους σαν τους δικούς σας και συζητάτε τους στόχους σας συχνά μαζί τους. Αυτό θα ενισχύσει τη δύναμη της θέλησής σας και ίσως βρείτε έναν πιο γρήγορο τρόπο για να πετύχετε τους στόχους σας.

4. Όπως λέει η Αφρικανική παροιμία, «Όταν δεν υπάρχει εχθρός μέσα, ο εχθρός έξω δεν μπορεί να σε βλάψει».

ΒΗΜΑ 4: ΕΠΙΜΟΝΗ

«Ένα ποτάμι σκάβει τον βράχο, όχι λόγω της δύναμής του, αλλά λόγω της επιμονής του».

James N. Watkins

Όπως μπορείτε να δείτε από το απόφθεγμα, δεν χρειάζεστε απαραίτητα δύναμη για να πετύχετε κάτι, αρκεί να έχετε επιμονή. Η επιμονή είναι ένα εξαιρετικό προσόν για την επιτυχία γιατί όταν είσαι επίμονος, δεν τα παρατάς, και αν δεν τα παρατάς, κερδίζεις πάντα. Όταν είσαι επίμονος, ξέρεις ότι ο στόχος σου δεν αποτελεί απλώς ένα σημείο στον χάρτη. Αποτελεί προορισμό και αποδέχεσαι την πρόκληση να ξεκινήσεις το ταξίδι, γιατί πιστεύεις ότι μπορείς να το κάνεις και δεν τα παρατάς ποτέ μέχρι να φτάσεις στον προορισμό σου.

Γνωρίζετε ότι για να πετύχετε τον στόχο σας, θα χρειαστεί να ξεκινήσετε ένα ταξίδι το οποίο τελικά θα έχει πολλά εμπόδια και πολλές αποτυχίες. Ωστόσο, δεν πρέπει να αντιμετωπίζετε τα εμπόδια και τις αποτυχίες όπως ο μέσος άνθρωπος. Η αποτυχία δεν είναι κακό ή αρνητικό στοιχείο – πώς μπορεί να είναι κάτι κακό, όταν η αποτυχία αυξάνει τις γνώσεις σας και σας διδάσκει τι πρέπει να αποφύγετε την επόμενη φορά που θα δοκιμάσετε κάτι παρόμοιο; Πώς μπορεί η αποτυχία να είναι κακή όταν τα διδάγματα από την αποτυχία παραμένουν κτήμα σου επειδή τα βιώνεις, αντί να τα διαβάζεις σε ένα βιβλίο; Πώς μπορεί η αποτυχία να είναι κακή όταν ενισχύει τη δημιουργικότητά σας; Θα αναγκαστείτε να διερευνήσετε εναλλακτικά σχέδια και δράσεις για να επιτύχετε, καθώς η παραίτηση δεν αποτελεί επιλογή.

Επομένως, η αποτυχία είναι ένα απαραίτητο συστατικό στο ταξίδι σας για την επίτευξη του στόχου σας. Όταν προσπαθείς να πετύχεις κάτι σπουδαίο, κάποια στιγμή θα αποτύχεις, αλλά με επιμονή, όσες φορές και αν πέσεις, πάντα θα σηκώνεσαι όρθιος και θα συνεχίζεις μέχρι να φτάσεις στο στόχο σου. Λοιπόν, να θυμάστε ότι η αποτυχία είναι αναπόφευκτη, αλλά η επιτυχία είναι δική σας με την προϋπόθεση ότι δεν θα σταματήσετε.

Όταν ξεκίνησα το basketble.com, ήμουν μόνος. Δεν είχα φίλους. Είχαν περάσει πολλές εβδομάδες και έπαιζα μπάσκετ μόνος μου, ώσπου μια μέρα πέρασε ένα άλλο άτομο, με είδε να παίζω και με ρώτησε αν μπορούσε να συμμετάσχει. Από τότε, χιλιάδες άνθρωποι έχουν συμμετάσχει στις συνεδρίες μπάσκετ μας.

Το γεγονός ότι «αποτύγχανα» κάθε εβδομάδα δεν με εμπόδισε να συνεχίσω. Μέσα μου, το ήξερα ότι μια μέρα τα πράγματα θα άλλαζαν, και άλλαξαν. Ήμουν επίμονος και δεν άφησα την αποτυχία να με σταματήσει από το να ενοικιάσω το γήπεδο. Ωστόσο, αν είχα ανακαλύψει την έννοια 1+1=2 που συζητήσαμε νωρίτερα, θα μπορούσα να είχα επιτύχει τον στόχο μου γρηγορότερα με τη διαφήμιση και την προώθηση της συνεδρίας μου. Όπως είπα προηγουμένως, σε μία χρονική στιγμή, η ζωή σας θα αλλάξει σε ένα δευτερόλεπτο. Αλλά αντί να περιμένετε εκείνο το δευτερόλεπτο, μπορείτε να πάρετε τον έλεγχο της ζωής σας και να πετύχετε αυτό που θέλετε τώρα. Να είστε επίμονοι και μην αφήνετε τίποτα να σας σταματήσει.

Υπήρχαν επίσης στιγμές που έγραφα αυτό το βιβλίο καθημερινά, επτά ημέρες την εβδομάδα, ξεκινώντας κάθε μέρα στις 3:00 π.μ.. Όμως τότε κάτι θα συνέβαινε και θα μου αποσπούσε την προσοχή, όπως ένας τραυματισμός, μία ασθένεια, υπερβολικός φόρτος εργασίας κλπ., και σταματούσα για εβδομάδες. Πάντα θα υπάρχει κάτι που θα σας αποσπά την προσοχή, και αυτό είναι φυσιολογικό. Όλοι θα αντιμετωπίσουμε προκλήσεις και ως άνθρωποι μας αρέσει πάντα να επιστρέφουμε στις παλιές μας συνήθειες. Αλλά με το να θυμόμαστε τη Δύναμη Ενός Δευτερολέπτου μπορούμε να αλλάξουμε τη ζωή μας τώρα και να παραμείνουμε πιστοί στους στόχους μας. Πάντα επέστρεφα και ξαναέβρισκα το μονοπάτι μου: αποτύγχανα αλλά δεν τα παρατούσα ποτέ.

Προηγουμένως μοιράστηκα το απόφθεγμα του Τόμας Έντισον σχετικά με την «αποτυχία» του 1.000 φορές πριν εφεύρει τον λαμπτήρα. Για να γίνεις επίμονος, το μόνο που χρειάζεται να κάνεις είναι να μην τα παρατάς. Όταν αντιμετωπίζετε μια πρόκληση, αποδεχτείτε την και συνεχίστε· αν ξεφύγετε από αυτή την τροχιά, απλά να θυμάστε ότι με τη Δύναμη Ενός Δευτερολέπτου, μπορείτε να επιστρέψετε. Παρακάτω είναι μερικά επιπλέον παραδείγματα σπουδαίων ανθρώπων που δεν άφησαν την αποτυχία να τους σταματήσει.

Ο Συλβέστερ Σταλλόουν (επίσης γνωστός ως Rocky Balboa) είπε:

> *«Επιτρέψτε μου να σας πω κάτι που ήδη γνωρίζετε. Ο κόσμος δεν είναι μόνο ήλιος και ουράνια τόξα· είναι ένα πολύ κακό και άσχημο μέρος και δεν με νοιάζει πόσο σκληρός είσαι· θα σε γονατίσει και θα σε κρατήσει μόνιμα εκεί – αν το επιτρέψεις. Εσείς, εγώ ή κανείς δεν πρόκειται να χτυπήσει τόσο σκληρά όσο η ζωή. Αλλά δεν έχει σημασία πόσο δυνατά χτυπάς. Αυτό που έχει σημασία είναι το πόσο σκληρά μπορείς να χτυπηθείς και να συνεχίσεις να προχωράς, πόσα μπορείς να ανεχθείς και να συνεχίσεις να προχωράς. Έτσι γίνεται η νίκη!».*

Το σενάριο του Συλβέστερ Σταλλόουν για το «Rocky» απορρίφθηκε 1.500 φορές, αλλά ποτέ δεν εγκατέλειψε τον στόχο του. Τελικά, οι παραγωγοί United Artists αγόρασαν το σενάριο και το έκαναν ταινία, η οποία απέφερε εκατομμύρια δολάρια και επέφερε πολλά σίκουελ.

Η J.K. Rowling ήταν ανύπαντρη μητέρα η οποία ζούσε με επιδόματα κοινωνικής πρόνοιας όταν έγραψε τα μυθιστορήματά της με ήρωα τον Χάρι Πότερ, και ακόμη και όταν το πρώτο βιβλίο απορρίφθηκε από 12 εκδοτικούς οίκους, δεν παραιτήθηκε. Όπως δήλωσε, **«Είναι οι επιλογές μας που δείχνουν αυτό που πραγματικά είμαστε, πολύ περισσότερο από τις ικανότητές μας»**. Προέβη στην δημοσίευση επτά βιβλίων «Χάρι Πότερ», εκτός από άλλους τίτλους. Το 2021, οι Sunday Times αποτίμησαν την περιουσία της σε περίπου 820 εκατομμύρια λίρες.

Ο Χένρι Φορντ είπε κάποτε: **«Είτε νομίζεις ότι μπορείς, είτε νομίζεις ότι δεν μπορείς, έχεις δίκιο»**. Οι δραστηριότητές του τον άφησαν απένταρο πέντε φορές, αλλά προέβη στην ίδρυση μίας από τις μεγαλύτερες αυτοκινητοβιομηχανίες στον κόσμο, την «Ford Motor Company».

Η Amelia Earhart δεν είχε χρήματα για να πληρώσει ένα μάθημα πτήσης, αλλά αυτό δεν την εμπόδισε. Όπως δήλωσε, **«Το πιο δύσκολο πράγμα είναι η απόφαση να δράσουμε – τα υπόλοιπα είναι απλώς προσήλωση στον στόχο»**. Εργαζόταν σε πολλές δουλειές και στη συνέχεια χρειάστηκε να πάρει λεωφορείο και να περπατήσει τέσσερα μίλια για να φθάσει στο μάθημα. Και παρόλο που άλλες τρεις γυναίκες σκοτώθηκαν επιχειρώντας μια σόλο υπερατλαντική πτήση, αυτό δεν την εμπόδισε. Το 1932 έγινε η πρώτη γυναίκα που το έκανε.

Πριν δημιουργήσει την Alibaba, τη μεγαλύτερη εταιρεία λιανικής στον κόσμο, ο Jack Ma απέτυχε τρεις φορές στις εξετάσεις του στο πανεπιστήμιο, απορρίφθηκε από 20 θέσεις εργασίας (συμπεριλαμβανόμενης μιας θέσης στο KFC όπου προσέλαβαν όλους όσους είχαν κάνει αίτηση εκτός απ' τόν ίδιο) και απορρίφθηκε από το Harvard 10 φορές. Όπως λέει, **«Αν δεν τα παρατήσεις, έχεις ακόμα μία ευκαιρία. Το να τα παρατήσεις είναι μεγάλη αποτυχία»**. Είναι πλέον δισεκατομμυριούχος, και ο δεύτερος πλουσιότερος άνθρωπος στην Κίνα.

Συνοψίζοντας:

1. **Μην τα παρατήσετε ποτέ** και όσες φορές κι αν πέσετε, μπορείτε πάντα να σταθείτε όρθιοι μέχρι να φτάσετε τους στόχους σας.

2. Μην επιτρέπετε στην αποτυχία να σας ρίξει κάτω. Δείτε την αποτυχία **ως μέρος της διαδικασίας** για να επιτύχετε.

3. Να ξέρετε ότι οι άνθρωποι **που δεν τα παρατάνε** πάντα επιτυγχάνουν γιατί ακόμα και η αποτυχία είναι επιτυχία. Θυμηθείτε την Δύναμη Ενός Δευτερολέπτου, που είναι το μόνο που χρειάζεστε για να συνεχίσετε.

ΒΗΜΑ 5. ΣΥΝΕΙΔΗΤΟΤΗΤΑ

Η συνειδητότητα είναι μια βαθιά κατάδυση στον εσωτερικό και τον εξωτερικό κόσμο σας αυτό το δευτερόλεπτο, αυτή τη στιγμή. Είναι μια ακτίνα λέιζερ που είναι εστιασμένη σε κάτι που κάνετε τώρα και ασκεί επιρροή στον τρόπο που αντιλαμβάνεστε τον εσωτερικό και τον εξωτερικό κόσμο. Αποτελεί ένα αμφιλεγόμενο ζήτημα μεταξύ φιλοσόφων και επιστημόνων εδώ και πολλά χρόνια, αλλά θα ήθελα να εξηγήσω και να αναλύσω τη συνειδητότητα ως ένα εργαλείο επίτευξης.

Έχουμε δημιουργήσει τρία επίπεδα συνειδητότητας. Το πρώτο επίπεδο είναι όταν αντιλαμβάνεσαι κάτι· το δεύτερο επίπεδο είναι όταν όχι μόνο γνωρίζεις κάτι, αλλά το βιώνεις με τις αισθήσεις σου, και το τρίτο επίπεδο είναι αυτό στο οποίο γίνεσαι ένα με το σύμπαν.

Ας πάρουμε ένα τριαντάφυλλο ως παράδειγμα. Είμαι έξω σε έναν κήπο, και βλέπω ένα τριαντάφυλλο. Εκείνη τη στιγμή, έχω συνειδητότητα: Έχω επίγνωση ότι υπάρχει ένα τριαντάφυλλο στον κήπο. Αν πλησιάσω το τριαντάφυλλο και αρχίσω να το εξετάζω λεπτομερέστερα— μυρίζοντάς το, αγγίζοντάς το και κοιτάζοντας το πώς είναι κατασκευασμένο—είμαι σε πλήρη συνειδητότητα. Η ανώτατη συνειδητότητα υφίσταται όταν είμαι ένα με τα πάντα, συμπεριλαμβανομένου του τριαντάφυλλου, και δεν μπορώ να το εξηγήσω. Μπορεί να γίνει κατανοητό μόνο μέσω της άμεσης εμπειρίας και αυτό θα εξηγηθεί λεπτομερέστερα στο δεύτερο βιβλίο μου, με τον τίτλο «My Spiritual Reality». Η πιο παραπλήσια εμπειρία στην ενότητα είναι η άνευ όρων αγάπη. Ακόμη και η σύγχρονη κβαντική φυσική θέτει υπό συζήτηση ένα ενοποιημένο πεδίο το οποίο συνδέει τα πάντα, αλλά για το οποίο δεν υπάρχουν επίκαιρα επιστημονικά στοιχεία.

Ανεξάρτητα από το επίπεδο συνειδητότητας που βιώνετε, είναι ένα ισχυρό εργαλείο για να πετύχετε αυτό που θέλετε. Εάν θέλετε να κερδίσετε χρήματα, τότε να έχετε συνειδητότητα των χρημάτων. Εάν θέλετε να εξοικονομήσετε χρόνο, τότε να έχετε συνειδητότητα του χρόνου. Εάν θέλετε να βελτιώσετε τις σχέσεις σας με τους άλλους, τότε να έχετε συνειδητότητα των ανθρώπων και εάν θέλετε να βελτιώσετε την υγεία σας, τότε να έχετε συνειδητότητα της υγείας σας. Εάν συνδυάσετε τη συνειδητότητα με την έννοια 1+1=2, τότε θα δείτε πώς μπορείτε να επιτύχετε ό,τι θέλετε.

Η συνειδητότητα είναι ένα τόσο σημαντικό εργαλείο επειδή δημιουργεί μια εστίαση δέσμης λέιζερ, η οποία μπορεί να οδηγήσει σε καλύτερη συγκέντρωση και παραγωγικότητα. Επίσης, όντας πιο συνειδητοί, θα αρχίσετε να καταλαβαίνετε σε μεγαλύτερο βάθος πώς είναι κατασκευασμένος ο κόσμος γύρω σας. Θα μπορέσετε να είστε πιο δημιουργικοί και να συνδυάσετε τη γνώση και να δημιουργήσετε νέους συνειρμούς στον εγκέφαλό σας για να πετύχετε αυτό που θέλετε. Επίσης, θα νοιώθετε πιο χαρούμενοι, γιατί θα εκτιμάτε περισσότερο τα πράγματα.

Η αυτογνωσία σας θα αυξηθεί επίσης, πράγμα που σημαίνει ότι θα είστε σε θέση να πάρετε καλύτερες αποφάσεις καθώς μπορείτε να κατανοήσετε τα δυνατά και τα αδύνατα σημεία σας και να προσπαθήσετε να απεμπλακείτε από το εγώ, το οποίο πολλές φορές σας κρατά πίσω ή σας καθοδηγεί προς την αντίθετη κατεύθυνση από την επίτευξη του στόχου σας.

Η ανάπτυξη της συνειδητότητάς μου με έχει βοηθήσει σημαντικά σε πολλούς τομείς της ζωής μου και με βοήθησε να επιτύχω. Αφαιρώντας το εγώ, αναπτύσσετε τη συνειδητότητα και την ενσυναίσθηση, γεγονός που οδηγεί σε καλύτερες και ισχυρότερες σχέσεις με την οικογένεια και τους πελάτες. Επίσης, αναπτύσσοντας τη συνειδητότητά σας, εστιάζετε στους άλλους και προσπαθείτε να βρείτε τρόπους να τους κατανοήσετε και να τους βοηθήσετε καθώς σταματάτε να εστιάζετε μόνο σε αυτό που θέλετε. Αυτό σας δίνει μια μεγαλύτερη αίσθηση στόχου και αξίας στη ζωή σας.

Ένας από τους λόγους που δημιούργησα το mindbodism.com ήταν για να βοηθήσω τους ανθρώπους να γίνουν υγιέστεροι, πιο χαρούμενοι και πιο επιτυχημένοι. Άλλαξα επίσης τη στρατηγική για την επιχείρησή μου στον χώρο του μπάσκετ, έτσι αντί να προωθώ μόνο τις δικές μου συνεδρίες, άρχισα να προωθώ αυτές των άλλων και να βοηθάω άτομα που θέλουν να δημιουργήσουν τις δικές τους.

**Αναπτύξτε τη συνειδητότητά σας
και θα ανακαλύψετε έναν ανώτερο και πιο ουσιαστικό σκοπό.**

Παρακάτω είναι μερικά πρακτικά παραδείγματα για το πώς να αναπτύξετε τη συνειδητότητά σας:

1. **Εξασκηθείτε στις τεχνικές του mindbodism.** Το Mindbodism είναι ένας νέος τρόπος ζωής. Μπορείτε να γίνετε υγιέστεροι, πιο χαρούμενοι και πιο επιτυχημένοι εξισορροπώντας το μυαλό, το σώμα και το πνεύμα σας. Υπάρχουν συγκεκριμένες προπονήσεις που θα σας βοηθήσουν να οξύνετε τις αισθήσεις σας. Μπορείτε να μάθετε περισσότερα στο www.mindbodism.com.

2. **Διαλογισμός.** Βρείτε μια τοποθεσία κοντά στη φύση. Καθίστε αναπαυτικά σε στάση σταυροπόδι, κλείστε τα μάτια σας, ελέγξτε την αναπνοή σας και προσπαθήστε να νοιώσετε το περιβάλλον γύρω σας. Τι ήχους μπορείτε να ακούσετε; Εστιάστε σε αυτούς. Υπάρχουν νοητικές εικόνες που μπορείτε να δημιουργήσετε με

βάση αυτά που ακούτε (π.χ. ένα πουλί τραγουδάει δίπλα σας). Μπορείτε να φανταστείτε τον αέρα που διατρέχει το σώμα σας;

3. **Αυξήστε τις εμπειρίες σας**. Προσπαθήστε να έχετε μια νέα εμπειρία κάθε μέρα. Μπορεί να είναι κάτι μικρό, όπως να αλλάξετε τον τρόπο που ντύνεστε ή να ακολουθήσετε ένα μονοπάτι που δεν έχετε ακολουθήσει ποτέ, ακόμη και να ταξιδέψετε σε μια διαφορετική χώρα, για να σας βοηθήσει να εξυψώσετε τη συνειδητότητά σας.

4. **Να είστε πιο ανοιχτόμυαλοι**. Να δίνετε περισσότερη προσοχή σε αυτό που ακούτε και να είστε ανοιχτοί σε αυτά που βλέπετε, σε αυτά που ακούτε και στις ευκαιρίες που σας παρουσιάζονται. Με αυτόν τον τρόπο, καθώς είστε ανοιχτοί, η αποφυγή της κρίσης μπορεί να σας βοηθήσει να γίνετε πιο συνειδητοί.

5. **Να είστε παρόντες**. Προσπαθήστε να είστε πιο συχνά παρόντες επιβραδύνοντας τις κινήσεις σας και αφιερώνοντάς τους την πλήρη εστίασή σας. Όχι μόνο θα αποκτήσετε μεγαλύτερη επίγνωση, αλλά μπορεί να σας βοηθήσει να νοιώσετε καλύτερα επειδή μπορείτε επίσης να εκφράσετε ευγνωμοσύνη. Για παράδειγμα, όταν τρώτε, προσπαθήστε να αισθανθείτε το φαγητό που τρώτε: μασήστε αργά και να έχετε μεγαλύτερη επίγνωση του τι σας προσφέρει αυτό το φαγητό και πώς σας κάνει να νοιώθετε.

6. **Αφαιρέστε το εγώ σας**. Αφαιρώντας το εγώ σας, θα γίνετε πιο συνειδητοί γιατί θα σταματήσετε να δίνετε προσοχή μόνο σε αυτά που θέλετε ή αισθάνεστε αλλά και στο περιβάλλον σας και στους άλλους ανθρώπους. Θα αρχίσετε να παρατηρείτε πράγματα που δεν είχατε δει πριν. Αυτό θα σας φέρει πιο κοντά τους, θα σας κάνει πιο συνδεδεμένους και θα δημιουργήσετε επιχειρηματικές ευκαιρίες, καθώς θα προσπαθήσετε να ικανοποιήσετε τις ανάγκες των άλλων.

7. Εξασκηθείτε στον **στοχασμό**. Ο καθημερινός στοχασμός όχι μόνο επιδρά στη συνειδητότητά σας αλλά αυξάνει και την αποδοτικότητά σας. Καταγράψτε μερικές ερωτήσεις που θα θέλατε να στοχαστείτε και, στη συνέχεια, απαντήστε τις. Μπορείτε να θέσετε τις δικές σας ερωτήσεις, αλλά μερικές χρήσιμες ερωτήσεις που μπορείτε να χρησιμοποιήσετε είναι οι ακόλουθες:

Α. Υπάρχει κάτι που εμποδίζει την πρόοδό μου;

Β. Είχα μια νέα εμπειρία σήμερα;

Γ. Υπάρχει κάτι που θα μπορούσα να είχα κάνει διαφορετικά σήμερα;

Συνοψίζοντας:

1. **Η συνειδητότητα** είναι μια βαθιά κατάδυση στον εσωτερικό και εξωτερικό σας κόσμο, αυτό το δευτερόλεπτο, αυτή τη στιγμή.

2. **Καθώς γίνεστε περισσότερο συνειδητοί**, μπορείτε να αυξήσετε την αποδοτικότητά σας, να μειώσετε το άγχος, να αυξήσετε τη δημιουργικότητα, να αυξήσετε την αυτογνωσία και να ενισχύσετε τη συγκέντρωση.

3. **Μπορείτε να επεκτείνετε τη συνείδητότητά σας** ασκώντας το mindbodism και τον διαλογισμό, αποκτώντας νέες εμπειρίες, όντας πιο ανοιχτόμυαλοι, αφαιρώντας το εγώ σας, όντας παρόντες και ασκώντας τον στοχασμό.

5.
Δημιουργήστε ενέργεια για να ξεκινήσετε

Εάν τίποτα δεν μπορεί να κινηθεί χωρίς ενέργεια, τότε χρειάζεστε την ενέργεια για να προχωρήσετε προς τον στόχο σας. Η χρήση της δύναμης ενός δευτερολέπτου μπορεί να δημιουργήσει αυτό που χρειάζεστε για να ξεκινήσετε.

Ξέρω ότι ορισμένοι φυσικοί που διαβάζουν τον τίτλο αυτού του κεφαλαίου μπορεί να διαμαρτυρηθούν ότι παραβιάζει τον πρώτο νόμο της θερμοδυναμικής, και έχουν δίκιο, επειδή ο νόμος συντήρησης της ενέργειας δηλώνει ότι η ενέργεια δεν μπορεί ούτε να δημιουργηθεί ούτε να καταστραφεί.

Ο λόγος που χρησιμοποιώ τον όρο «δημιουργώ ενέργεια» είναι επειδή εσείς οι ίδιοι θα βρείτε την ενέργεια και θα την χρησιμοποιήσετε για να πετύχετε τον στόχο σας. Η ενέργεια σχετίζεται στενά με την προσπάθεια, επομένως όσο περισσότερη ενέργεια δημιουργείτε ή προσπάθεια καταβάλλετε, τόσο πιο γρήγορα θα φτάσετε στον στόχο σας – αλλά μόνο εάν εφαρμόσετε την έννοια 1+1=2. Ακόμα κι αν καταβάλλετε μεγάλη προσπάθεια για να πετύχετε κάτι, εκτός και αν οι δράσεις που εκτελείτε επηρεάζουν τον στόχο σας, δεν θα μπορέσετε ποτέ να τον φτάσετε. Εξ ου λοιπόν και η έννοια 1+1=2 και γιατί θα πρέπει να κατακτήσετε την ενότητα «θεμέλιο» αυτού του βιβλίου.

Μου άρεσε πολύ το «Grit» της Angela Duckworth. Στο βιβλίο της, αφηγείται μια ιστορία για το πώς έτρεχε κάθε μέρα, αλλά δεν έβλεπε καμία πρόοδο. Ωστόσο, αφού μίλησε σε μια Σουηδή ψυχολόγο με το επίθετο Ericsson, ανακάλυψε ότι δεν βελτιωνόταν επειδή δεν έκανε «ηθελημένη πρακτική». Αυτός ο τύπος πρακτικής είναι απαραίτητος, αλλά αν δεν ακολουθήσετε την έννοια 1+1=2, που συνίσταται στο να βρείτε τις μεταβλητές (τις δράσεις) που επηρεάζουν τον στόχο σας, δεν θα μπορείτε να φτάσετε εκεί.

Πώς μπορείτε λοιπόν να δημιουργήσετε ενέργεια για να αρχίσετε να προχωράτε προς τους στόχους σας και να κατορθώσετε οτιδήποτε επιθυμείτε; Παρακάτω θα βρείτε μερικές τεχνικές οι οποίες θα σας βοηθήσουν ώστε να δημιουργήσετε αυτήν την ενέργεια.

1. ΣΚΕΨΕΙΣ

«Αν δεν ελέγχεις αυτό που σκέφτεσαι, δεν μπορείς να ελέγξεις αυτό που κάνεις».

Napoleon Hill

Το γνωρίζατε ότι οι σκέψεις παράγουν ενέργεια; Στην πραγματικότητα, η ενέργεια των σκέψεων είναι φωτόνια, τα οποία είναι τα σωματίδια φωτός που μπορούμε να βρούμε στα αστέρια και στον ήλιο. Η ποσότητα ενέργειας είναι άμεσα ανάλογη με την ηλεκτρομαγνητική συχνότητα του φωτονίου, πράγμα που σημαίνει ότι όσο μεγαλύτερη είναι η συχνότητα του φωτονίου, τόσο μεγαλύτερη είναι η ενέργειά του. Αυτό σημαίνει επίσης ότι ορισμένοι τύποι σκέψεων θα παράγουν περισσότερη ενέργεια από άλλους. Οι σκέψεις καταναλώνουν ενέργεια. Το γνωρίζατε ότι οι αριστοτέχνες του σκακιού μπορούν να κάψουν 6.000 θερμίδες την ημέρα απλά καθήμενοι και σκεπτόμενοι;

Εφ' όσον η ενέργεια δεν μπορεί να καταστραφεί, η ενέργεια που παράγεται από τις σκέψεις μας μπορεί να χρησιμοποιηθεί για να αναλάβουμε δράση. Όμως, τόσο οι κακές όσο και οι καλές σκέψεις μπορούν να παράγουν ενέργεια, επομένως θα χρειαστεί να καθοδηγήσετε τις σκέψεις σας με τον σωστό τρόπο για να επιφέρετε τις δράσεις που θα σας βοηθήσουν να πετύχετε τους στόχους σας.

Θυμάμαι όταν διάβασα το βιβλίο του Robin Sharma «The 5:00 A.M. Club», προσπάθησα να ακολουθήσω τη συμβουλή του και να ξυπνάω στις 5:00 π.μ. Μου φαινόταν ακατόρθωτο, γιατί ποτέ δεν ξυπνούσα νωρίς. Ωστόσο, αυτό που έχω κάνει είναι να συγκεντρώσω τις σκέψεις μου σε ένα θετικό αποτέλεσμα, το οποίο περιλάμβανε τη χρήση της Δύναμης Ενός Δευτερολέπτου προκειμένου να πείσω τον εαυτό μου ότι χρειάζεται μόνο ένα δευτερόλεπτο για να ξυπνήσω. Αν πιστεύεις ότι κάτι είναι εύκολο να γίνει, τότε έχεις περισσότερες πιθανότητες να το δοκιμάσεις παρότι αν πιστεύεις ότι κάτι είναι πολύ δύσκολο.

Επίσης, επειδή δεν σκεφτόμαστε καθημερινά με τον ίδιο τρόπο, με βοήθησε επίσης η σκέψη ότι έχω μια πρόκληση που πρέπει να ξεπεράσω. Αν νομίζετε ότι θα το κάνετε μόνο για πέντε ημέρες απλά και μόνο για να ξεπεράσετε την πρόκληση, αυτό μπορεί επίσης να σας παρακινήσει και να δημιουργήσετε ενέργεια για να ξεκινήσετε. Εάν μπορείτε να ολοκληρώσετε την πρόκληση των πέντε ημερών, η ντοπαμίνη σας, η χημική ουσία της ανταμοιβής, θα αυξηθεί, δίνοντάς σας μια αύξηση του συναισθήματος της ευτυχίας. Επίσης, θα λαμβάνετε αυξημένη ντοπαμίνη κάθε μέρα κατά τη διάρκεια της πρόκλησης, πηγάζοντας ακριβώς από την προσμονή του επιτεύγματός σας.

Επομένως, την επόμενη φορά που θα θελήσετε να δημιουργήσετε ενέργεια για να ξεκινήσετε, να θυμάστε ότι χρειάζεται μόνο ένα δευτερόλεπτο για να ξεκινήσετε και κατόπιν, απλά ξεκινήστε.

Επίσης, μπορείτε να πάρετε μια βαθιά ανάσα, να χαμογελάσετε, να σηκώσετε τα χέρια σας σαν δρομέας που τελειώνει το τρέξιμό του, να πιστέψετε, να πείτε *μπορώ να το κάνω* και μετά να ξεκινήσετε. Θα πάρει μόνο ένα δευτερόλεπτο, αλλά αν είστε συγκεντρωμένοι, αυτό το δευτερόλεπτο μπορεί να είναι η διαφορά μεταξύ δράσης και αδράνειας. Αναλαμβάνοντας αυτή την δράση, θα φέρετε τον εαυτό σας πιο κοντά στον στόχο σας.

2. ΜΟΥΣΙΚΗ

«Εκεί όπου οι λέξεις αποτυγχάνουν, η μουσική μιλάει».
Χανς Κρίστιαν Άντερσεν

Η ακρόαση μουσικής είναι ένας πολύ καλός τρόπος για να δημιουργήσετε ενέργεια. Αν θέλετε να χαλαρώσετε, μπορείτε να βάλετε χαλαρωτική μουσική. Αν θέλετε να ασκηθείτε, βάλτε ένα κομμάτι με ανεβασμένο ρυθμό για να αυξήσετε τον καρδιακό παλμό σας ή να αλλάξετε την αναπνοή σας. Η μουσική παράγει ενέργεια επειδή έχει την ικανότητα να απασχολεί το συμπαθητικό νευρικό σύστημα – όταν αυτό το σύστημα ενεργοποιείται, προετοιμάζει το σώμα για δράση και μπορούμε να το χρησιμοποιήσουμε για να εκτελέσουμε τη δράση που θέλουμε.

Έχω συμμετάσχει σε πολλά αθλήματα σε όλη μου τη ζωή και πάντα χρησιμοποιούσα τη μουσική για να δημιουργήσω ενέργεια για να ξεκινήσω τις προπονήσεις μου. Αν κάθομαι και νοιώθω κουρασμένος, βάζω το «Eye of the Tiger» από το «Rocky II». Θα σηκωθώ αυτόματα όρθιος και θα εξασκήσω τις κινήσεις μου στο μποξ στον σάκο μου ή στον αέρα, έστω για λίγα λεπτά. Αν παίζω μπάσκετ και ακούω το τραγούδι «In the Zone», θα νοιώσω την ενέργεια στο σώμα μου και θα εξασκηθώ πιο σκληρά. Αν θέλω να χαλαρώσω, θα ακούσω αμφιωτικούς, χαλαρωτικούς ρυθμούς ή κλασική μουσική; Την «Gymnopedie No.1» του Σατί, το «Reverie» του Ντεμπουσσύ ή το «Symphony No.3 in F» του Μπραμς. Η μουσική θα συντονιστεί μαζί μου και θα δημιουργήσει αυτόματα χαλαρωτική διάθεση.

Αναλογιστείτε τη μουσική ως μία άλλη άμεση εκκίνηση που μπορείτε να χρησιμοποιήσετε για να ξεκινήσετε να κάνετε κάτι. Όχι μόνο μπορεί να σας βοηθήσει να ξεκινήσετε, αλλά μπορεί επίσης να σας βοηθήσει να αποδώσετε καλύτερα. Ο Michael Phelps, ο οποίος έχει κερδίσει τα περισσότερα Ολυμπιακά μετάλλια, αποκάλυψε ότι ακούει Eminem και EDM πριν από έναν αγώνα.

3. ΔΥΝΑΤΑ ΣΥΝΑΙΣΘΗΜΑΤΑ

Δεν είναι το είδος του συναισθήματος που είναι σημαντικό, αλλά το πώς το χρησιμοποιείτε για να πετύχετε αυτό που θέλετε. Τα θετικά και αρνητικά συναισθήματα παράγουν ενέργεια και είναι στο χέρι σας να κατευθύνετε αυτή την ενέργεια για να πετύχετε οτιδήποτε θέλετε.

Έντονα συναισθήματα όπως η αγάπη, το μίσος, η χαρά, ο φόβος, η σεξουαλική επιθυμία και ο θυμός μπορούν να παραγάγουν μεγάλη ενέργεια. Θα πίστευε κανείς ότι μπορούμε να χρησιμοποιήσουμε μόνο την ενέργεια των θετικών μας συναισθημάτων – όπως την χαρά και την αγάπη – για να ξεκινήσουμε μία δράση που θα μας βοηθήσει να πετύχουμε τους στόχους μας. Όμως, τα αρνητικά συναισθήματα – όπως ο φόβος και ο θυμός – μπορούν να χρησιμοποιηθούν επίσης για την επίτευξη των στόχων μας, επειδή δημιουργούν αντίστοιχα σημαντική ενέργεια.

Ας εξετάσουμε ένα παράδειγμα θετικού συναισθήματος, όπως η αγάπη. Εάν η γυναίκα ή το παιδί σας βρισκόταν σε κίνδυνο, δεν θα προβληματιζόσασταν να τους βοηθήσετε και δεν θα σκεφτόσασταν αν αυτό που κάνετε θα μπορούσε να θέσει σε κίνδυνο τη ζωή σας ή όχι.

Η αγάπη δημιουργεί απίστευτη ενέργεια, η οποία μερικές φορές μπορεί να είναι σχεδόν υπεράνθρωπη. Για παράδειγμα, τον Ιούνιο του 2009, δύο μητέρες σήκωσαν ένα αυτοκίνητο βάρους 1,1 τόνου επειδή ένα οκτάχρονο αγόρι είχε παγιδευτεί κάτω από αυτό. Και όχι, δεν ήταν πρωταθλήτριες στην άρση βαρών. Ένα άλλο παράδειγμα είναι το κτίριο του Ταζ Μαχάλ, το οποίο χτίστηκε ως μαυσωλείο για τη σύζυγο του αυτοκράτορα των Μουγκάλ, Σαχ Τζαχάν, η οποία είχε πεθάνει στη γέννα.

Αυτό που πραγματικά συμβαίνει στον εγκέφαλο, σύμφωνα με τους Richard Schwartz και Jaqueline Olds, είναι ότι η αγάπη απενεργοποιεί τη νευρική οδό που είναι υπεύθυνη για τα αρνητικά συναισθήματα, ειδικά τον φόβο και την κοινωνική κρίση, που μπορούν να σας εμποδίσουν να ξεκινήσετε την επίτευξη των στόχων σας. Κάντε αυτό που επιθυμείτε για αγάπη, και θα δείτε ότι όχι μόνο θα είναι πιο εύκολο να ξεκινήσετε, αλλά και να συνεχίσετε μέχρι να φθάσετε στον στόχο σας.

Το ίδιο ισχύει και για εσάς. Εάν βρίσκετε μια δραστηριότητα, ή ακόμα και την προσμονή της, χαρωπή, μπορείτε συχνά να ξεκινήσετε χωρίς καμία προσπάθεια. Αυτό που έχω διαπιστώσει είναι ότι παρά το γεγονός ότι δυσκολεύομαι να ξυπνήσω νωρίς το πρωί, όταν ξέρω ότι πρέπει να ξυπνήσω για να πάω διακοπές, όχι μόνο είμαι ενθουσιασμένος που ξυπνάω νωρίς, αλλά μερικές φορές δυσκολεύομαι ακόμη και να πάω για ύπνο. Συνδέστε τη δράση που θέλετε να ξεκινήσετε με κάτι χαρωπό και θα δείτε ότι θα είναι πιο εύκολο να ξεκινήσετε. Όσο περισσότερους θετικούς συσχετισμούς κάνετε με τη δράση και όσες περισσότερες φορές τους επαναλάβετε, τόσο πιο εύκολο θα είναι να ξεκινήσετε. Μπορείτε να χρησιμοποιήσετε τη Δύναμη Ενός Δευτερολέπτου για να το κάνετε. Άρα, την επόμενη φορά που θα θελήσετε να ξεκινήσετε κάτι,

Θυμηθείτε τη Δύναμη Ενός Δευτερολέπτου και σε ένα δευτερόλεπτο, συσχετίστε ένα θετικό αποτέλεσμα με τη δράση που θέλετε να ξεκινήσετε – και μετά ξεκινήστε.

Αντίστοιχα, αρνητικά συναισθήματα όπως ο φόβος ή ο θυμός, μπορούν επίσης να παραγάγουν μεγάλη ενέργεια. Για παράδειγμα, ο φόβος της αποτυχίας μπορεί να δημιουργήσει τεράστια ενέργεια, η οποία μπορεί αυτόματα να μπλοκάρει οποιαδήποτε ενέργεια ενάντια σε αυτόν τον φόβο. Για παράδειγμα, εάν θέλετε να ξεκινήσετε μια νέα επιχείρηση, ο φόβος της αποτυχίας μπορεί να σας εμποδίσει ακόμη και να ερευνήσετε την επιχείρηση που θέλετε να δημιουργήσετε. Αυτό όμως μπορείτε να το αλλάξετε σε ένα δευτερόλεπτο.

Δώσαμε τόση έμφαση στο «θεμέλιο» διότι συσχετίζοντας τη δράση με τον στόχο σας που συνδέεται με ένα θετικό αποτέλεσμα, θα είστε σε θέση να θυσιάσετε αυτό που ο νους σας αντιλαμβάνεται ως **βραχυπρόθεσμο πόνο** για το **μακροπρόθεσμο κέρδος** και να ξεκινήσετε τώρα.

Αν θέλετε να αλλάξετε τη ζωή σας, χρειάζεται να απαντήσετε στο ερώτημα, τι κάνω για να γίνει αυτό; Εάν δεν κάνετε τίποτα, τότε ξέρετε ότι η ζωή σας δεν είναι πιθανό να αλλάξει σύντομα.

Φυσικά, είμαστε άνθρωποι, και αυτό που λειτουργεί τώρα, δεν θα λειτουργεί πάντα γιατί δεν είμαστε πάντα πρόθυμοι να το ακολουθήσουμε. Μερικές φορές θέλουμε να έχουμε το πάνω χέρι και να μην κάνουμε αυτό που μας λένε οι άλλοι να κάνουμε, αλλά θέλουμε να νοιώθουμε ότι έχουμε τον έλεγχο της μοίρας μας.

Επίσης, πόση διέγερση θα μας δώσει η ζωή αν λειτουργούμε μόνο ως ρομπότ; Είμαστε πολύ περίπλοκοι οργανισμοί που επηρεαζόμαστε από το περιβάλλον και χρειαζόμαστε διαφορετικά πράγματα σε διαφορετικές χρονικές στιγμές. Είμαστε σαν φυσικά φαινόμενα, τα οποία είναι περίπλοκα και, τις περισσότερες φορές, μη γραμμικά. Αυτός είναι ένας από τους λόγους για τους οποίους η Δύναμη Ενός Δευτερολέπτου είναι τόσο ισχυρή: μπορείτε πάντα να βρείτε τον δρόμο της επιστροφής. Κάθε φορά που ακολουθώ το Βήμα 5 από την ενότητα

«Θεμέλιο» και διαπιστώνω ότι βρίσκομαι εκτός πορείας από τον στόχο μου, μέσα σε ένα δευτερόλεπτο θα επιστρέψω και σε ένα δευτερόλεπτο θα ξεκινήσω ξανά τις δράσεις που πρέπει να κάνω ολοκληρώσω. Δεν είστε μόνοι σε αυτό το ταξίδι. Όλοι αντιμετωπίζουμε τις δικές μας προκλήσεις και όλοι έχουμε δύσκολες δράσεις να ολοκληρώσουμε για να πετύχουμε αυτό που θέλουμε. **Αλλά όλοι θα είμαστε νικητές αν δεν τα παρατήσουμε και αν συνεχίσουμε την πορεία μας.**

Υπάρχει μια τεχνική που έχω αναπτύξει για να μετατρέπω τα αρνητικά σας συναισθήματα σε θετικά και να σας ωθώ να αναλαμβάνετε δράσεις που θα σας βοηθήσουν να πετύχετε τον στόχο σας. Για αυτή την άσκηση, πρέπει να σκεφτείτε τη φωτιά. Τα αρνητικά συναισθήματά σας είναι σαν τη φωτιά – μπορείτε να τα χρησιμοποιήσετε για να σας κρατήσουν ζεστό, να φωτίσουν τον δρόμο σας ή να σας κάψουν. Έτσι, την επόμενη φορά που θα έχετε αρνητικά συναισθήματα, προσέξτε τη φωτιά και σκεφτείτε πώς μπορείτε να τη χρησιμοποιήσετε για να ξεκινήσετε ή για να κάνετε κάτι θετικό.

Για να σας βοηθήσω να το κάνετε αυτό, πρέπει επίσης να καταλάβετε *γιατί νοιώθετε έτσι και να το καταλάβετε απλώς λέγοντας γιατί* – ακόμα και αν ο λόγος είναι ανόητος – μπορείτε να κάνετε τη δράση που θέλετε.

Ένα πείραμα που διεξήχθη από την Δρ Έλεν Λάνγκερ, καθηγήτρια ψυχολογίας του Χάρβαρντ, έλαβε χώρα σε μια ομάδα φοιτητών, το οποίο διαπίστωσε ότι όταν μια φοιτήτρια εξήγησε τον λόγο για τον οποίο ήθελε να προσπεράσει την ουρά αναμονής για να κάνει μια φωτοτυπία, περισσότερο από το 90 τοις εκατό των φοιτητών την άφησαν να προσπεράσει, ακόμα κι όταν είπε, «Μπορώ να περάσω μπροστά σας να βγάλω φωτοτυπίες επειδή θέλω να κάνω φωτοτυπίες;» Ωστόσο, όταν δεν έδωσε κανένα λόγο, μόνο το 44 τοις εκατό των φοιτητών την άφησαν να τους προσπεράσει Αυτός είναι επίσης ένας από τους λόγους για τους οποίους, όταν υπάρχει καθυστέρηση στο μετρό του Λονδίνου, προσπαθούν πάντα να εξηγήσουν το γιατί, ώστε οι επιβάτες να μπορούν να διαχειρίζονται καλύτερα τα αρνητικά τους συναισθήματα, συνήθως τον θυμό γιατί αργούν στη δουλειά.

Αυτό όμως πώς εφαρμόζεται στην πράξη; Παρακάτω είναι μια από τις εφαρμογές που χρησιμοποιώ για να μετατρέψω τα αρνητικά συναισθήματα σε δράση που πρέπει να εκτελέσω για να επιτύχω τον στόχο μου.

Πρώτον, καταλαβαίνω ότι είμαι υπεύθυνος για το μέλλον, τα συναισθήματα και τις πράξεις μου. Ξέρω επίσης ότι, όπως η φωτιά, μπορώ να καθοδηγήσω τα αρνητικά μου συναισθήματα για να παραγάγω κάτι θετικό. Πριν ξεκινήσω να γράφω αυτό το βιβλίο και να ερευνώ πώς να πετύχω οτιδήποτε ήθελα, επέτρεψα στα αρνητικά μου συναισθήματα να με εμποδίσουν να αναλάβω δράση.

Συγκεκριμένα, είχα έναν γιο 11 μηνών που ξυπνούσε πάντα τη νύχτα. Αρχικά, όταν ξυπνούσα στις 3:00 π.μ., μερικές φορές ένιωθα θυμωμένος επειδή μου διατάρασσε τον ύπνο και στη συνέχεια έδινα τη δικαιολογία ότι ήμουν υπερβολικά κουρασμένος για να επικεντρωθώ στο να γράψω αυτό το βιβλίο ή να ασχοληθώ με την επιχείρησή μου. Ωστόσο, αποφάσισα να προσπαθήσω να καταλάβω γιατί ένοιωθα έτσι. Και ένα από τα βιβλία που με βοήθησαν να το καταλάβω ήταν η μελέτη του βιβλίου του Eckhart Tolle «The Power of Now».

Έκτοτε, κατάλαβα ότι έβαζα τον εαυτό μου πάνω από τον γιο μου και άφηνα τον εγωισμό μου να δημιουργήσει το συναίσθημα του θυμού. Μόλις το συνειδητοποίησα, άλλαξα την αφήγηση και άλλαξα τον εγωισμό μου για να δημιουργήσω ένα θετικό συναίσθημα. Ήταν εύκολο και αποτελεσματικό.

Αρχικά, η αφήγησή μου ήταν «ο γιος μου δεν μου επιτρέπει να κοιμηθώ». Μετά άλλαξε η αφήγησή μου: «Ο γιος μου χρειάζεται τη βοήθειά μου». Μπορείτε να δείτε τη διαφορά; Σε ένα δευτερόλεπτο, τα συναισθήματά σας μπορούν να αλλάξουν απλώς αλλάζοντας την αφήγησή σας. Όταν αλλάζουν τα συναισθήματά σας, αλλάζουν και οι πράξεις σας. Κατανοώντας πώς λειτουργεί το εγώ μου, άλλαξα την αφήγησή μου και χρησιμοποίησα το ίδιο «εγώ» για να δημιουργήσω θετικά συναισθήματα.

Και αυτή δεν ήταν η μόνη θετική αλλαγή που έλαβε χώρα. Καθώς έπρεπε να ξυπνήσω για να ταΐσω τον γιο μου και τώρα είχα θετικά συναισθήματα, το μυαλό μου εξέτασε το πώς αυτό θα μπορούσε να με βοηθήσει να πετύχω τον στόχο μου, που ήταν να γράψω το βιβλίο μου. Πώς θα μπορούσε αυτό να δημιουργήσει ενέργεια για να με κάνει να αρχίσω να γράφω το βιβλίο μου; Και μόλις έθεσα αυτή την ερώτηση στον εαυτό μου, συνειδητοποίησα ότι μπορούσα να συνεχίσω την έρευνά μου ενώ ήμουν ξύπνιος ακούγοντας ηχητικά βιβλία – αντί να τα διαβάζω, μπορούσα να τα ακούω, οπότε κέρδισα χρόνο. Επίσης, αφού έβαζα ξανά τον γιο μου στο κρεβάτι με τη Δύναμη Ενός Δευτερολέπτου, ξεκινούσα την ημέρα μου νωρίς, στις 3:00 π.μ., και συνέχιζα να γράφω το βιβλίο αντί να ξανακοιμάμαι.

Είναι εκπληκτικό ότι μπορείτε να αλλάξετε τις δράσεις σας αλλάζοντας τα συναισθήματά σας και ότι μπορείτε να δείτε πως αυτή η μεταμόρφωση είναι όλη εντός σας. Απλά πρέπει να χρησιμοποιήσετε τα αρνητικά συναισθήματα με τρόπο που να σας βοηθήσει να ξεκινήσετε τη δράση που επιθυμείτε. Έτσι, την επόμενη φορά που θα έχετε ένα αρνητικό συναίσθημα:

1. Κατανοήστε ότι είστε υπεύθυνοι για το μέλλον, τα συναισθήματα και τις πράξεις σας.

2. Αποκτήστε επίγνωση των αρνητικών σας συναισθημάτων.

3. Αναλογιστείτε ότι, σαν την φωτιά, μπορείτε να χρησιμοποιήσετε τα αρνητικά συναισθήματα για να σας ωφελήσουν, για παράδειγμα για να σας κρατήσουν ζεστούς, να φωτίσουν το δρόμο σας, αντί να σας κάψουν.

4. Καταλάβετε γιατί νοιώθετε έτσι.

5. Αλλάξτε την αφήγησή σας για να δημιουργήσετε ένα θετικό συναίσθημα.

6. Αναλογιστείτε μια δράση που μπορείτε να ξεκινήσετε για να σας βοηθήσει να πετύχετε τον στόχο σας.

7. Δράστε τώρα.

8. Σκεφτείτε τον τρόπο με τον οποίο η τελειοποίηση αυτής της τεχνικής μπορεί να σας βοηθήσει στο ταξίδι σας.

9. Υπάρχει ένα ισχυρό έναυσμα ενός δευτερολέπτου που μπορείτε να χρησιμοποιήσετε όταν έχετε αρνητικά συναισθήματα: ΝΑ ΧΑΜΟΓΕΛΑΤΕ. Όταν νοιώθετε άγχος, αντιμετωπίζετε δυσκολίες, ή όταν είστε αναστατωμένοι, απλά χαμογελάστε και θα λιώσει τυχόν αρνητικά συναισθήματα. Υπάρχει επίσης μια πρακτική mindbodism που λέγεται «θεραπευτικό χαμόγελο», που μπορείτε να χρησιμοποιήσετε. Μπορείτε να βρείτε αυτή την πρακτική στο www.mindbodism.com.

Μια άλλη τεχνική που θα σας βοηθήσει να μετατρέψετε την αρνητική ενέργεια σε θετική δράση είναι να φαντάζεστε ότι είστε οπαδός των πολεμικών τεχνών. Εάν έχετε μελετήσει ή παρακολουθήσει κάποιες κινήσεις Wing Chun ή Aikido, έχετε δει ότι οι αγωνιζόμενοι παίρνουν τη δυναμική και την ενέργεια του αντιπάλου και τις μετατρέπουν σε θετική ενέργεια, την οποία στη συνέχεια χρησιμοποιούν για να πετάξουν τον αντίπαλο στο πάτωμα. Με τον ίδιο τρόπο, κάθε φορά που έχετε αρνητική ενέργεια ή αρνητικά συναισθήματα, συνειδητοποιήστε τα και μεταμορφώστε τα σε κάτι θετικό ή προς όφελός σας, όπως ακριβώς κάνουν στις πολεμικές τέχνες.

Οι αρνητικοί συσχετισμοί μπορούν επίσης να έχουν το ίδιο αποτέλεσμα. Για παράδειγμα, ας υποθέσουμε ότι ταυτοποιείτε κάτι ως κακό και το βιώνετε σε καθημερινή βάση. Σε αυτή την περίπτωση, θα υπάρξει ένα σημείο στο οποίο θα έχετε συσσωρεύσει έναν υπερβολικό αριθμό αρνητικών συναισθημάτων για να ξεκινήσετε μια ενέργεια – στο συγκεκριμένο παράδειγμα, η εξύψωση της επίγνωσής σας είναι και πάλι σημαντική, επειδή όπως η φωτιά, τα αρνητικά συναισθήματα μπορούν να σας κρατήσουν ζεστούς ή μπορούν να σας κάψουν.

Ας υποθέσουμε ότι έχετε στόχο να βελτιώσετε την υγεία σας τρώγοντας καλά. Αν αφήσετε τον εαυτό σας να παρασυρθεί και να φάτε πολλά πρόχειρα φαγητά, θα υπάρξει ένα σημείο στο οποίο θα αρχίσετε να νοιώθετε άσχημα. Αν νοιώθετε έτσι καθημερινά, μπορεί να σας κάνει να αισθάνεστε άσχημα ή μπορεί να σας παρακινήσει να ξεκινήσετε την άσκηση και να τρώτε υγιεινά. Προσωπικά, χρησιμοποίησα αυτή την τεχνική όταν προσπάθησα να σταματήσω να τρώω σοκολάτα. Αυτό που έκανα ήταν να προσπαθώ να φάω πέντε σοκολάτες μέχρι να αισθανθώ ότι είχα φθάσει σε κορεσμό για να με κάνει να ξεκινήσω μια υγιεινή διατροφή την επόμενη μέρα. Ξέρω πολλούς ανθρώπους που σταμάτησαν το κάπνισμα και σταμάτησαν να πίνουν επειδή μια μέρα ένιωσαν ότι είχαν μπουχτίσει ή ένιωσαν πολύ πόνο από το κάπνισμα ή το ποτό.

Τέλος, ένα αρνητικό συναίσθημα όπως ο φόβος μπορεί να χρησιμοποιηθεί για να δημιουργήσετε ενέργεια και να αρχίσετε να κάνετε κάτι που θα σας βοηθήσει να πετύχετε τους στόχους σας. Όμως, χρειάζεται να καταλάβετε ότι ο φόβος είναι ενσωματωμένος στο DNA σας. Πολύ καιρό πριν, όταν νομίζατε ότι απειλείστε είτε σωματικά είτε ψυχολογικά, πυροδοτούσε την αντίδραση πάλης ή φυγής, και πολύ καιρό πριν, αυτό ήταν απαραίτητο για την επιβίωσή σας.

Τόσο ο Μαχάτμα Γκάντι όσο και ο Γουόρεν Μπάφετ φοβούνταν να μιλήσουν δημόσια, αλλά και οι δύο ήταν σε θέση να ξεπεράσουν τον φόβο και να τον χρησιμοποιήσουν για να αναλάβουν δράση για να επιτύχουν τους στόχους τους.

Ο Μαχάτμα Γκάντι, ένας από τους σπουδαιότερους πολιτικούς και πνευματικούς ηγέτες του εικοστού αιώνα, δεν μπόρεσε κάποτε να ολοκληρώσει μία ομιλία που έδινε σε μια χορτοφαγική κοινότητα στο Λονδίνο εξαιτίας του φόβου του. Μπόρεσε να διαβάσει μόνο μία πρόταση πριν ζητήσει από κάποιον άλλο να ολοκληρώσει την ομιλία του. Ωστόσο, η επιθυμία του να ελευθερώσει την Ινδία, τον έκανε να ξεπεράσει τις ανησυχίες και τους φόβους του και αργότερα να μιλήσει σε χιλιάδες.

Αντίστοιχα, σε ηλικία 19 ετών, ο Γουόρεν Μπάφετ, αργότερα ένας από τους πλουσιότερους ανθρώπους στον κόσμο, φοβόταν να μιλήσει δημόσια. Και όμως, αυτό δεν τον εμπόδισε· χρησιμοποίησε τον φόβο του για να δημιουργήσει ενέργεια και να εγγραφεί σε ένα μάθημα δημόσιας ομιλίας, το οποίο τελικά τον βοήθησε να ξεπεράσει τον φόβο του και να γίνει επιτυχημένος δημόσιος ομιλητής. Δεν επέτρεψε στα αρνητικά συναισθήματα να τον εμποδίσουν να πετύχει τους στόχους του και τα χρησιμοποίησε για να δημιουργήσει θετική δράση.

Όπως έχουμε συζητήσει προηγουμένως, υπάρχουν πολλά είδη φόβου, αλλά όπως μπορείτε να δείτε, μπορείτε πάντα να τα χρησιμοποιήσετε προς όφελός σας για να δημιουργήσετε ενέργεια και να ξεκινήσετε κάτι. Ανεξάρτητα από το είδος του φόβου που βιώνετε, θα συνειδητοποιήσετε ότι στις περισσότερες περιπτώσεις, το μαγικό συστατικό είναι η εξάσκηση. Εάν φοβάστε τη δημόσια ομιλία, εγγραφείτε σε ένα μάθημα ή αρχίστε να μιλάτε σε μια μικρή ομάδα ανθρώπων. Εάν φοβάστε να ξεκινήσετε τη δική σας επιχείρηση, ξεκινήστε δημιουργώντας ένα απλό προϊόν ή μια απλή υπηρεσία και προσπαθήστε να τα πουλήσετε. Αν φοβάστε να αλλάξετε, κάντε μια μικρή αλλαγή ώσπου να μπορέσετε με σιγουριά να προχωρήσετε σε μια μεγαλύτερη αλλαγή.

4. ΜΑΘΗΣΗ

«Αν δεν είσαι πρόθυμος να μάθεις, κανείς δεν μπορεί να σε βοηθήσει. Αν είσαι πρόθυμος να μάθεις, κανείς δεν μπορεί να σε σταματήσει».

Zig Ziglar

Η ανάγνωση ενός βιβλίου, η παρακολούθηση ενός μαθήματος ή η παρακολούθηση βίντεο που σχετίζονται με τον στόχο που θέλετε να πετύχετε μπορεί επίσης να δημιουργήσει ενέργεια. Μπορείτε να χρησιμοποιήσετε αυτή την ενέργεια για να ξεκινήσετε τις δράσεις που θα σας βοηθήσουν να φθάσετε στον στόχο σας. Επειδή κάθε κομμάτι νέας πληροφορίας που μαθαίνετε δημιουργεί νέους συσχετισμούς στον εγκέφαλό σας, μπορεί να ενισχύσει την πεποίθησή σας ότι μπορείτε επίσης να το καταφέρετε. Είναι επίσης ένας από τους τρόπους που θα σας βοηθήσουν να ανακαλύψετε τις ενέργειες που επηρεάζουν τους στόχους σας, κάτι που απαιτείται για να κατακτήσετε την έννοια 1+1=2, την οποία συζητήσαμε νωρίτερα. Υπάρχουν παραδείγματα πολλών ανθρώπων που έχουν αφιερώσει σημαντικό χρόνο διαβάζοντας βιβλία.

Ο Warren Buffet εξακολουθεί να επενδύει περίπου πέντε έως έξι ώρες από τον χρόνο του διαβάζοντας καθημερινά· ο Bill Gates διαβάζει περίπου ένα βιβλίο την εβδομάδα και ο Elon Musk συνήθιζε να διαβάζει δέκα ώρες την ημέρα.

Ξεκινήστε να διαβάζετε ένα βιβλίο και θα αντλήσετε την ενέργεια που χρειάζεστε για να ξεκινήσετε.

Πολλοί άνθρωποι μπορεί να δυσκολεύονται να βρουν χρόνο για να διαβάσουν ένα βιβλίο, αλλά όπου υπάρχει θέληση, υπάρχει τρόπος, και είναι στο χέρι σας να βρείτε τον τρόπο.

Μελετήστε όχι για να μάθετε αλλά για να κατανοήσετε, γιατί η γνώση που δεν μπορείτε να εφαρμόσετε είναι σαν να έχετε μια δύναμη που δεν μπορείτε να αξιοποιήσετε. Μία από τις τακτικές που χρησιμοποιώ δεν είναι να διαβάζω ένα βιβλίο αλλά να το ακούω. Αυτό είναι ένα σπουδαίο κόλπο, και κατάφερα να πάω από την ανάγνωση ενός βιβλίου τον χρόνο σε τρία βιβλία την εβδομάδα.

Πώς το κατάφερα αυτό; Το πιο σημαντικό πράγμα που πρέπει να κάνετε είναι να καταλάβετε πότε δεν είστε παραγωγικοί και να σκεφτείτε δραστηριότητες που μπορείτε να κάνετε ενώ ακούτε ένα βιβλίο. Η οδήγηση ή η χρήση των μέσων μαζικής μεταφοράς, η άσκηση ή ο ύπνος του γιου μου – για μένα, όλες αυτές οι δραστηριότητες μπορούν να ενισχυθούν ακούγοντας ένα ηχητικό βιβλίο. Θα εκπλαγείτε με το πόσο γρήγορα είστε ικανοί να ολοκληρώσετε ένα βιβλίο. Μπορείτε επίσης να δημιουργήσετε περισσότερο χρόνο αυξάνοντας την ταχύτητα ακρόασης. Με αυτόν τον τρόπο, μπορείτε να αφιερώσετε ακόμη και τον μισό χρόνο που απαιτείται για να ακούσετε ένα ηχητικό βιβλίο με γρήγορη ακρόαση. Η γρήγορη ακρόαση λειτουργεί καλύτερα όταν είστε πραγματικά συγκεντρωμένοι στην ακρόαση του ηχητικού βιβλίου χωρίς περισπασμούς.

Παρομοίως, ξέρω ότι κάποιοι προτιμούν να διαβάζουν βιβλία, επομένως όλοι εσείς θα πρέπει να δοκιμάσετε το γρήγορο διάβασμα. Και πάλι, θα εκπλαγείτε με το πόσο γρήγορα μπορείτε να διαβάσετε όταν κατακτήσετε αυτή την τεχνική. Φυσικά, δεν σας ζητάω να γίνετε ο

Howard «Speedy» Berg, που μπορεί να διαβάζει 80 σελίδες το λεπτό, αλλά αν καλύπτεις μία σελίδα σε λιγότερο από ένα λεπτό, είσαι στο σωστό δρόμο.

Έμαθα την τεχνική ταχείας ανάγνωσης ενώ έκανα το μεταπτυχιακό μου στη Διοίκηση Επιχειρήσεων (EMBA) στο Λονδίνο, κάτι που με βοήθησε σημαντικά. Μπόρεσα να εργαστώ με πλήρες ωράριο στη General Electric και εντούτοις να τελειώσω το MBA μου με διάκριση. Ακολουθούν μερικά απλά βήματα που μπορείτε να ακολουθήσετε για να βελτιώσετε τις τεχνικές γρήγορης ανάγνωσης:

1. Εστιαστείτε στο διάβασμά σας και μην επιτρέψετε σε τίποτα να σας αποσπάσει την προσοχή.

2. Μην λέτε τις λέξεις δυνατά στο κεφάλι σας καθώς διαβάζετε γιατί αυτό θα σας επιβραδύνει. Απλώς σαρώστε τις λέξεις με τα μάτια σας, ακόμα και διαβάστε τρεις έως πέντε λέξεις ταυτόχρονα.

3. Μην ξαναδιαβάζετε καμία λέξη ή πρόταση· προχωράτε πάντα μπροστά.

4. Χρησιμοποιήστε το δάχτυλό σας ως οδηγό. Ξεκινήστε μετακινώντας από αριστερά προς τα δεξιά και, στη συνέχεια, αυξήστε αργά την ταχύτητα.

5. Μόλις το καταφέρετε, προσπαθήστε να ρίξετε μια ματιά στη γραμμή και, στη συνέχεια, μετακινήστε το δάχτυλό σας προς τα κάτω στη μέση της σελίδας.

6. Βάλτε ως στόχο να διαβάσετε περισσότερες από μια σελίδα σε ένα λεπτό και δείτε πώς τα πάτε.

7. Εξασκηθείτε, εξασκηθείτε, εξασκηθείτε και θα μπορείτε να διαβάζετε περισσότερες από μια σελίδα σε ένα λεπτό μέσα στην πρώτη ώρα που θα εφαρμόσετε αυτή την τεχνική. Αν όχι, εξασκηθείτε περισσότερο.

Μπόνους: Αφού εξασκηθείτε και κατακτήσετε αυτή τη μέθοδο, θα μπορείτε να διαβάσετε ένα ολόκληρο βιβλίο και να κατανοήσετε τα κύρια σημεία απλά σαρώνοντας κάθε σελίδα και δίνοντας έμφαση σε μερικές λέξεις-κλειδιά που διαβάζετε σε κάθε σελίδα.

5. ΜΟΙΡΑΣΜΑ ΠΡΑΓΜΑΤΩΝ ΜΕ ΑΛΛΑ ΑΤΟΜΑ

«Περιβάλλετε τον εαυτό σας μόνο με ανθρώπους που θα σας εξυψώσουν».

Oprah Winfrey

Εάν θέλετε να ξεκινήσετε να κάνετε κάτι, αλλά διαπιστώσετε ότι δεν έχετε την ενέργεια, μπορείτε να χρησιμοποιήσετε την ενέργεια ενός άλλου ατόμου. Και, ακολουθώντας το απόφθεγμα της Oprah, πρέπει να βρείτε το άτομο που θα σας εξυψώσει. Το άτομο που μπορεί να σε βοηθήσει να φτάσεις πιο κοντά στον στόχο σου. Μόλις βρείτε το άτομο, θα συνειδητοποιήσετε ότι θα δημιουργήσει την ενέργεια για να σας κάνει να ξεκινήσετε. Εάν δεν μπορείτε να ξεκινήσετε μόνοι σας, τότε γιατί να μην ξεκινήσετε με κάποιον άλλο;

Για παράδειγμα, αν θέλετε να ξεκινήσετε να πηγαίνετε στο γυμναστήριο, γιατί δεν προσκαλείτε έναν φίλο να πάει μαζί σας; Εάν υπάρχουν μέρες που μπορεί να μην έχετε όρεξη να πάτε στο γυμναστήριο, το να έχετε κάποιον μαζί σας να προπονηθείτε μπορεί πάντα να δημιουργήσει ενέργεια και να σας ωθήσει να το κάνετε. Επειδή μοιράζεστε αυτή τη δραστηριότητα με κάποιον, δεν νοιώθετε μόνοι και έτσι αρχίζετε να βλέπετε τη δραστηριότητα ως διασκέδαση και όχι ως κάτι υποχρεωτικό.

Μια μελέτη από το Περιοδικό της Συμβουλευτικής και Κλινικής ψυχολογίας έδειξε ότι οι άνθρωποι που ξεκίνησαν ένα πρόγραμμα απώλειας βάρους με έναν φίλο είχαν 96 τοις εκατό πιθανότητες να το ολοκληρώσουν σε σύγκριση με 76 τοις εκατό για εκείνους που ξεκίνησαν μόνοι τους. Ακόμη και η παρέα με άτομα που έχουν ήδη πετύχει τον στόχο σας μπορεί να είναι ο κινητήριος παράγοντας για να ξεκινήσετε τις ενέργειες που χρειάζεστε για να επιτύχετε και να σας οδηγήσει πιο κοντά στον στόχο σας. Μια μελέτη του 2016 για την παχυσαρκία έδειξε ότι τα άτομα που έμειναν με φίλους που αθλούνταν ήταν πιο πιθανό να συνεχίσουν να χάνουν βάρος. Ίσως λόγω της πίεσης των συνομηλίκων, θα θέλουν να αισθάνονται ότι τους εκτιμούν και τους αποδέχονται οι φίλοι τους.

Παρόλο που υπάρχουν παραδείγματα εταιρειών που ξεκίνησαν με φιλικό συνεταιρισμό και απέτυχαν, υπάρχουν επίσης παραδείγματα επιτυχημένων ιστοριών. Το μοίρασμα του οράματός σας με άλλα άτομα μπορεί να δημιουργήσει την ενέργεια που χρειάζεστε για να ξεκινήσετε, επειδή θα νοιώσετε ότι έχετε ένα άλλο άτομο να σας υποστηρίζει. Επίσης, το άθροισμα είναι πάντα μεγαλύτερο από τα επιμέρους στοιχεία του, επομένως δύο εγκέφαλοι μαζί μπορούν να δημιουργήσουν κάτι μεγαλύτερο συγκριτικά με δύο μεμονωμένους εγκεφάλους.

Το Airbnb και το Ben and Jerry's είναι τέτοια παραδείγματα. Ο Nathan Blecharczyk, ο συνιδρυτής της Airbnb, μετακόμισε στο Σαν Φρανσίσκο και βρήκε έναν συγκάτοικο, τον Joe Gebbia. Στη συνέχεια, όταν αποχώρησε, ένας φίλος του Joe, ο Brian Chesky, μετακόμισε. Το 2008, και οι τρεις έγιναν στενοί φίλοι, και μια μέρα, όταν υπήρχε έλλειψη ξενοδοχείων στο Σαν Φρανσίσκο, αποφάσισαν να δημιουργήσουν έναν ιστότοπο για να νοικιάσουν χώρους στα σπίτια των ανθρώπων. Αυτό οδήγησε στη δημιουργία της Airbnb.

Ομοίως, ο Ben Cohen και ο Jerry Greenfield, φίλοι από την Πρώτη Γυμνασίου, δημιούργησαν το πρώτο τους κατάστημα παγωτού στο Burlington του Βερμόντ, το 1978. Από τότε, η εταιρεία τους αγοράστηκε από την Unilever και το παγωτό πωλείται πλέον παγκοσμίως. Επίσης, όπως έχουμε ξαναπεί, η ζωή θα σου δώσει αυτό που χρειάζεσαι, όχι αυτό που θέλεις. Ο Κοέν, για παράδειγμα, είχε σοβαρή ανοσμία και η έλλειψη οσφρητικής ικανότητας τον οδήγησε στην ανάμειξη των κομματιών-σήμα κατατεθέν της εταιρείας με παγωτό.

Προσωπικά, έχω χρησιμοποιήσει αυτή τη μέθοδο για δραστηριότητες όπως η άσκηση ή η έναρξη μιας υγιεινής διατροφής. Για παράδειγμα, ο καλύτερός μου φίλος, ο Ντένις και εγώ, πηγαίνουμε σε ένα τοπικό γυμναστήριο και ασκούμαστε κάθε πρωί. Επίσης, όταν θέλω να ξεκινήσω μια υγιεινή διατροφή, την ξεκινάω πάντα με τη γυναίκα μου, κάτι που όχι μόνο βελτιώνει την υγεία μας αλλά και τη σχέση μας, καθώς είναι κάτι που κάνουμε μαζί.

6. ΣΩΜΑΤΙΚΗ ΑΣΚΗΣΗ

«Μισούσα κάθε λεπτό της προπόνησης, αλλά έλεγα: «Μην τα παρατάς. Θα υποφέρεις τώρα και θα ζήσεις το υπόλοιπο της ζωής ως πρωταθλητής.»

-Μοχάμεντ Αλί

Μάλλον προβληματίζεστε πώς είναι δυνατόν η άσκηση μπορεί να δημιουργήσει ενέργεια, καθώς συνήθως καταναλώνει ενέργεια. Ωστόσο, σύμφωνα με τον Δρ. Tony Golen και την Hope Ricciotti, αρχισυντάκτρια του Harvard Women's Health Watch, η άσκηση μπορεί να σας δώσει περισσότερη ενέργεια επειδή βοηθά το σώμα σας να παράγει περισσότερα μιτοχόνδρια, τα οποία με τη σειρά τους αυξάνουν την παροχή ενέργειας του σώματός σας. Επιπλέον, η άσκηση βελτιώνει την κυκλοφορία του οξυγόνου στο σώμα σας, η οποία μπορεί να βοηθήσει το σώμα σας να λειτουργεί καλύτερα και πιο αποτελεσματικά.

Ένας άλλος λόγος που η άσκηση δημιουργεί ενέργεια είναι επειδή βελτιώνει τη διάθεσή σας και μειώνει τα συναισθήματα κατάθλιψης και άγχους. Επίσης, αυξάνει τις ορμόνες ευαισθησίας του εγκεφάλου σεροτονίνη και νορεπινεφρίνη, οι οποίες ανακουφίζουν από το αίσθημα της κατάθλιψης. Επιπλέον, η άσκηση μπορεί να αυξήσει την παραγωγή ενδορφινών, οι οποίες συνδέονται με θετικά συναισθήματα. Επομένως, εάν ξυπνήσετε και ασκηθείτε, θα νοιώσετε πολύ καλύτερα, κάτι που μπορεί να δημιουργήσει την ενέργεια για να κάνετε τις δραστηριότητες που θα σας βοηθήσουν να πετύχετε τους στόχους σας. Αυτός είναι ο λόγος για τον οποίο εάν έχετε ασκηθεί τη νύχτα, μπορεί να αισθάνεστε πιο ενεργητικοί και λιγότερο ικανοί να κοιμηθείτε.

Δεν πρέπει να προβάλετε καμία δικαιολογία στον εαυτό σας για να αποφύγετε να ασκηθείτε. Ακόμη και ένα δεκάλεπτο περπάτημα μπορεί να μειώσει τη χοληστερόλη, να βελτιώσει τη συγκέντρωση, να κάψει θερμίδες, να μειώσει το άγχος και να καθαρίσει το μυαλό σας.

Ασκούμαι και αθλούμαι σε όλη μου τη ζωή και νομίζω ότι αυτός είναι ένας από τους λόγους που σπάνια αρρωσταίνω και έχω πάντα θετική νοοτροπία. Επιπλέον, το να είμαι αθλητής με βοηθά να ξεπερνάω τις προκλήσεις της ζωής μου και να έχω μεγαλύτερη αντοχή. Η αγαπημένη μου ρουτίνα άσκησης είναι να ξυπνάω νωρίς το πρωί και να κάνω μια εικοσάλεπτη, υψηλής έντασης προπόνηση με το πλήρες σώμα ενώ ακούω ηχητικά βιβλία. Με αυτόν τον τρόπο, μπορώ να ξεκινήσω την ημέρα μου γεμάτος ενέργεια, ενώ παράλληλα ασκώ το μυαλό μου και εξελίσσομαι.

Όμως, ανάλογα με τους στόχους σας – όπως απώλεια βάρους, μυϊκή ανάπτυξη κλπ. – θα πρέπει να επιλέξετε το σωστό πρόγραμμα άσκησης. Να θυμάστε ότι 1+1=2, και παρόλο που ασκείστε, αν δεν βρείτε τη σχέση μεταξύ των ασκήσεων που κάνετε και του στόχου που θέλετε να πετύχετε, δεν θα μπορέσετε ποτέ να φθάσετε στον στόχο σας. Κανονικά για την απώλεια βάρους, χρειάζεται να κάνετε περισσότερη επανάληψη και καρδιαγγειακές ασκήσεις, αλλά αν θέλετε να χτίσετε μυς και να γίνετε πιο δυνατοί, συνήθως κάνετε λιγότερες επαναλήψεις αλλά με βαρύτερα βάρη. Μπορείτε να βρείτε περισσότερες πληροφορίες στο διαδίκτυο ή μπορείτε να κλείσετε ένα ραντεβού με έναν προσωπικό γυμναστή για να δείτε πώς μπορείτε να πετύχετε τον στόχο σας.

Επίσης, έχω ανακαλύψει ότι όταν ασκούμαι, τείνω αυτόματα να τρώω πιο υγιεινά και δεν λαχταρώ τροφή που είναι βλαβερή για την υγεία μου. Στη συνέχεια, έκανα κάποια έρευνα και βρήκα μια δημοσίευση του 2015 από το Journal of American College Nutrition που εξηγούσε ότι ο λόγος που τείνετε να τρώτε πιο υγιεινά όταν ασκείστε τακτικά είναι η «επίδραση μεταβίβασης». Η επίδραση μεταβίβασης εμφανίζεται κατά την εκμάθηση μιας νέας δεξιότητας, πληροφορίας ή στάσης ζωής, όπως η σωματική άσκηση, η οποία μεταβιβάζεται σε μια δεύτερη συμπεριφορά, όπως η διατροφή.

Πολλοί επιτυχημένοι άνθρωποι όπως ο Μπαράκ Ομπάμα, η Αριάνα Χάφινγκτον και ο Μπιλ Γκέιτς έχουν τη συνήθεια να ασκούνται το πρωί. Ο Μπαράκ Ομπάμα συνήθως ολοκληρώνει μια προπόνηση 45 λεπτών στο γυμναστήριο, εστιάζοντας στην ενδυνάμωση και την καρδιαγγειακή προπόνηση. Μερικές φορές αντικαθιστά την άσκηση στο γυμναστήριο παίζοντας μπάσκετ ή γκολφ. Η Αριάνα Χάφινγκτον ξεκινάει με διαλογισμό για 20 έως 30 λεπτά, ακολουθούμενο από 30 λεπτά ποδηλασία με στατικό ποδήλατο. Και η ρουτίνα άσκησης του Μπιλ Γκέιτς είναι να περνάει μια ώρα στον διάδρομο παρακολουθώντας εκπαιδευτικά μαθήματα από τη σειρά «Great Courses» της Teaching Company.

Το σημαντικό είναι να εντάξετε στην καθημερινότητά σας τουλάχιστον 20 λεπτά άσκησης. Τότε, θα διαπιστώσετε ότι το επίπεδο ενέργειάς σας θα αυξηθεί, και θα είναι πιο εύκολο να ξεκινήσετε τις δράσεις που θα σας βοηθήσουν να πετύχετε αυτό που επιθυμείτε και θα σας φέρουν πιο κοντά στον στόχο σας.

6.
Διατηρήστε τη δυναμική και μην σταματήσετε ποτέ

«Ο κόσμος είναι μεγάλος και δεν θα σπαταλήσω τη ζωή μου στην προστριβή ενώ θα μπορούσε να μετατραπεί σε δυναμική».

Frances E. Willard

Στα προηγούμενα κεφάλαια, καθορίσατε τους στόχους σας και αρχίσατε να εργάζεστε προς την κατεύθυνση τους. Ωστόσο, έχουμε ακόμα ένα τελευταίο πρόβλημα: συχνά, ξεκινάμε κάτι, αλλά μετά σταματάμε. Αυτό συμβαίνει σε όλους μας, αλλά τι μπορούμε να κάνουμε για να διασφαλίσουμε ότι θα διατηρήσουμε αυτή τη δυναμική; Οι παρακάτω ενέργειες μπορούν να σας βοηθήσουν να διατηρήσετε τη δυναμική ή να τη βρείτε όταν τη χάσετε.

1. ΑΠΟΚΑΤΑΣΤΑΣΗ ΕΝΕΡΓΕΙΑΣ

«Είθε ο ήλιος να σας φέρει νέα ενέργεια την ημέρα. Είθε το φεγγάρι να σας αναζωογονήσει τρυφερά τη νύχτα. Είθε η βροχή να ξεπλύνει τις ανησυχίες σας. Είθε το αεράκι να εμφυσήσει νέα δύναμη στην ύπαρξή σας. Είθε να περπατάτε ανάλαφρα στον κόσμο γνωρίζοντας την ομορφιά του κάθε μέρα της ζωής σας».

Ευλογία Apache

Ενώ εργάζεστε για να επιτύχετε τον στόχο σας, θα υπάρχει πολλή ενέργεια που θα χρειαστεί να καταναλώσετε. Ο εντοπισμός και η εφαρμογή των δράσεων που πρέπει να ολοκληρώσετε για να επιτύχετε τον στόχο σας θα απαιτήσει πολλή προσπάθεια και ώρες εργασίας, ημέρες ή και χρόνια. Επομένως, θα χρειαστεί να αποκαταστήσετε την ενέργειά σας για να συνεχίσετε. Διαφορετικά, θα εξαντληθείτε και δεν θα μπορείτε να συνεχίσετε.

Το ίδιο ακριβώς συμβαίνει και όταν γυμνάζεστε – εάν ασκείτε έναν μυ για πολύ καιρό και δεν είστε προσεκτικοί, μπορεί να τον κακοποιήσετε και να προκαλέσετε τραυματισμό. Αυτό είναι πολύ σύνηθες με τους αθλητές όταν είναι υπερφιλόδοξοι και δεν καταλαβαίνουν τα όριά τους. Παρακάτω μπορείτε να βρείτε πέντε απλές ενέργειες που μπορείτε να κάνετε για να σας βοηθήσουν να επαναφέρετε την ενέργειά σας:

1. **Κάντε συχνά διαλείμματα**: Σύμφωνα με το Psychology Today, το διάλειμμα επηρεάζει άμεσα την παραγωγικότητά σας. Κάθε άτομο είναι διαφορετικό, επομένως μπορείτε να δοκιμάσετε διαφορετικές εργασίες και να ξεπεράσετε διατάξεις για να δείτε τι λειτουργεί για εσάς. Μια μέθοδος που χρησιμοποιώ είναι να δουλέψω για 50 λεπτά και μετά να κάνω ένα δεκάλεπτο διάλειμμα. Βεβαιωθείτε ότι χρησιμοποιείτε χρονόμετρο, όπως το ρολόι ή το τηλέφωνό σας. Αυτή η μέθοδος όχι μόνο θα αποκαταστήσει την ενέργειά σας αλλά θα αυξήσει την εστίασή σας αφού έχετε συγκεκριμένο χρόνο που θα χρειαστείτε για να ολοκληρώσετε την εργασία και να είστε πιο παραγωγικοί.

   Κατά τη διάρκεια του δεκάλεπτου διαλείμματος, μπορείτε να ξεκινήσετε πίνοντας νερό και στη συνέχεια να ολοκληρώσετε μερικές ασκήσεις αναπνοής. Μπορείτε να ενισχύσετε τα διαλείμματά σας με άλλες δραστηριότητες που αποκαθιστούν την ενέργειά σας, όπως διατάσεις, καταφάσεις, μια γρήγορη βόλτα στη φύση, να περάσετε χρόνο με την οικογένειά σας ή να κάνετε έναν δεκάλεπτο διαλογισμό. Ωστόσο, είναι σημαντικό να έχετε αυτά τα διαλείμματα για να είστε ισορροπημένοι.

2. **Διαλογιστείτε**: Σύμφωνα με μια μελέτη του Πανεπιστημίου Waterloo, ένας 25λεπτος διαλογισμός μπορεί να βελτιώσει τη λειτουργία του εγκεφάλου και τα επίπεδα ενέργειας. Προσωπικά, ακόμη και δέκα λεπτά διαλογισμού, σε συνδυασμό με τεχνικές αναπνοής και Qi Gong, μπορούν να αποκαταστήσουν την ενέργειά μου ώστε να συνεχίσω τις δράσεις που θα με βοηθήσουν να πετύχω τους στόχους μου.

3. **Πάρτε έναν υπνάκο**: Υπάρχουν πολλές έρευνες για τα οφέλη του μεσημεριανού ύπνου. Ορισμένες μελέτες, όπως αυτή της Nature Neuroscience, λένε ότι πρέπει να παίρνετε έναν μεγαλύτερο υπνάκο (μεταξύ 30 και 60 λεπτών) για να είστε σε εγρήγορση. Άλλες μελέτες, όπως αυτή της Mayo Clinic, συνιστούν να παίρνετε μόνο έναν υπνάκο δέκα έως 20 λεπτών, καθώς μπορεί να επηρεάσει τον νυχτερινό σας ύπνο.

   Η συμβουλή μου είναι να συνδεθείτε με το σώμα σας και να νοιώσετε αυτό που χρειάζεστε. Έχω δοκιμάσει τα πάντα, από έναν υπνάκο τριών λεπτών έως έναν υπνάκο δύο ωρών. Και στις δύο περιπτώσεις, ένοιωσα μεγαλύτερη εγρήγορση και είχα περισσότερη ενέργεια. Να θυμάστε ότι τα πέντε λεπτά σήμερα μπορεί να έχουν διαφορετικό αποτέλεσμα από τα πέντε λεπτά αύριο. Αυτός είναι ο λόγος που η σύνδεση με τον εαυτό μου για να δω τι χρειάζομαι έχει καλύτερα αποτελέσματα. Αν νοιώθω ότι πρέπει να πάρω έναν υπνάκο αλλά έχω μόνο πέντε λεπτά, θα πάρω έναν πεντάλεπτο υπνάκο. Όλα αυτά θα εξαρτηθούν φυσικά από τον χρόνο που έχω διαθέσιμο.

4. **Τρώτε για να αυξήσετε την ενέργεια**. Ένας άλλος λόγος για τον οποίο μπορεί να είστε κουρασμένοι είναι ότι έχετε φάει ζάχαρη. Παρόλο που πολλοί άνθρωποι πιστεύουν ότι η κατανάλωση ζάχαρης μπορεί να τονώσει την ενέργειά τους, σύμφωνα με ένα άρθρο του 2019 στο Neuroscience and Biobehavioural Reviews, μετά από 30 λεπτά κατανάλωσης, η κατανάλωση ζάχαρης στην πραγματικότητα αυξάνει την κούραση. Ωστόσο, η κατανάλωση τροφών με χαμηλό γλυκαιμικό δείκτη, όπως τα δημητριακά ολικής αλέσεως, οι ξηροί καρποί και τα λαχανικά πλούσια σε φυτικές ίνες, μπορεί να σας βοηθήσει να διατηρήσετε την ενέργεια.

   Προσωπικά, μου αρέσει να τρώω ξηρούς καρπούς. Ακόμη και μια χούφτα ανάμεικτους ξηρούς καρπούς όχι μόνο αυξάνει την ενέργειά μου, αλλά με βοηθά επίσης να συνεχίσω όταν πεινάω.

5. **Πίνετε νερό.** Εάν δεν πίνετε νερό θα αφυδατωθείτε, πράγμα που σημαίνει ότι θα μειωθεί το κίνητρό σας και η κόπωση θα αυξηθεί. Σε μια μελέτη του Cambridge που έγινε το 2011, οι ερευνητές διαπίστωσαν ότι ακόμη και η ήπια αφυδάτωση βλάπτει τη γνωστική απόδοση και τη διάθεση. Γνωρίζω τα οφέλη του πόσιμου νερού, αλλά όσο απλό και αν ακούγεται, οι περισσότεροι από εμάς δεν έχουμε χρόνο να πιούμε νερό. Δοκίμασα εφαρμογές και έβαλα ξυπνητήρια, αλλά ήταν δύσκολο να τηρήσω τη ρουτίνα. Ωστόσο, αυτό που με βοήθησε είναι να έχω ένα μπουκάλι νερό μπροστά μου στο γραφείο μου. Αφού βρίσκεται εκεί, θα βρω χρόνο να το πιω. Και μόλις το πιω, θα πάω να γεμίσω άλλο ένα.

2. ΔΡΑΣΤΕ ΧΩΡΙΣ ΝΑ ΣΚΕΠΤΕΣΤΕ

Για ορισμένους, το να ενεργούν χωρίς σκέψη είναι παράνοια· για άλλους, είναι παρορμητικότητα, αλλά για μένα εξοικονομεί ενέργεια, η οποία μπορεί να σας βοηθήσει να διατηρήσετε την δυναμική.

Δεν λέω ότι πρέπει να ενεργούμε πάντα χωρίς σκέψη, αλλά αν ολοκληρώσουμε ορισμένες δράσεις χωρίς σκέψη, μπορεί να μας εξοικονομήσει ενέργεια και να μας βοηθήσει να αποδώσουμε καλύτερα, όπως και να εργαστούμε για μεγαλύτερα χρονικά διαστήματα. Αυτό μπορούμε να το κάνουμε λόγω ενός δικτύου αλληλεπιδρώντων εγκεφαλικών περιοχών που είναι ενεργές όταν ένα άτομο δεν εστιάζει στον εξωτερικό κόσμο. Το δίκτυο αυτό ονομάζεται Δίκτυο Προεπιλεγμένης Λειτουργίας.

Είναι όπως όταν οδηγείτε το αυτοκίνητό σας. Αρχικά, ήταν υποχρεωτικό να σκεφτείτε μια περίπλοκη σειρά οδηγιών πριν ξεκινήσετε την οδήγηση. Ωστόσο, μετά από κάποιο χρονικό διάστημα, όλα τα βήματα έρχονται φυσικά σε εσάς, ώστε να μπορείτε να ξεκινήσετε την ανάφλεξη χωρίς να το σκεφτείτε. Μπορείτε να εξοικονομήσετε ενέργεια.

Ο εγκέφαλός μας προσπαθεί να λειτουργεί πιο αποτελεσματικά. Ένα άρθρο του Οκτωβρίου 2017 στο Neuroscientist περιέγραψε ένα πείραμα με 28 μαθητές, από τους οποίους ζητήθηκε να ταιριάξουν τις κάρτες τους με νέες κάρτες. Μέσω σαρώσεων, εξετάστηκε η εγκεφαλική τους δραστηριότητα και οι ερευνητές διαπίστωσαν ότι οι εγκεφαλικές διατάξεις έμοιαζαν αρχικά με αυτές των μυαλών σε διαδικασία μάθησης. Όμως, αφού εκπαιδεύτηκαν οι μαθητές, οι εγκεφαλικές διατάξεις έμοιαζαν με αυτές του δικτύου προεπιλεγμένης λειτουργίας και οι απαντήσεις τους ήταν πιο γρήγορες και πιο ακριβείς. Αυτό με έκανε να συνειδητοποιήσω ότι όταν εξασκείς κάτι πολλές φορές, μπαίνεις σε λειτουργία αυτόματου πιλότου, κάτι που διευκολύνει την ολοκλήρωση της δραστηριότητας.

Επίσης, σύμφωνα με ένα άρθρο του 2015 που δημοσιεύτηκε από την Gretchen Schmelzer, μία ψυχολόγο που εκπαιδεύτηκε ως συνεργάτης της Ιατρικής Σχολής του Χάρβαρντ, η επανάληψη επιφέρει την ισχυρότερη μάθηση, αφού δημιουργεί μία μακροπρόθεσμη μνήμη, καθώς ισχυρές χημικές αλληλεπιδράσεις συνδέουν τους νευρώνες με άλλους νευρώνες. Τώρα, αν συνδυάσετε εξάσκηση και επανάληψη, μπορεί να συνδεθεί με τη συμπεριφορά σας, γιατί σύμφωνα με την Wendy Wood, κοινωνική ψυχολόγο στο Πανεπιστήμιο της Νότιας Καλιφόρνια, αυτό που σχηματίζει μια συνήθεια είναι η επανάληψη και η ανταμοιβή. Αυτός είναι ένας από τους λόγους για τον οποίο προκειμένου να διαμορφώσουμε μια νέα συνήθεια, πρέπει να την επαναλαμβάνουμε πολλές φορές. Γιατί όμως χρειάζεται να διαμορφώσουμε μια συνήθεια και πόσες μέρες θα χρειαστούν;

Σύμφωνα με ένα ερευνητικό άρθρο του 2009 που δημοσιεύτηκε από το European Journal of Social Psychology, μπορεί να χρειαστούν από 18 έως 254 ημέρες για να διαμορφωθεί μια νέα συνήθεια και κατά μέσο όρο 66 ημέρες για να γίνει αυτόματη μια νέα συμπεριφορά. Χρειαζόμαστε συνήθειες, ώστε να παραμένουμε συγκεντρωμένοι στις ενέργειες που θα μας βοηθήσουν να πετύχουμε τους στόχους μας.

Για παράδειγμα, όταν πάλευα να βρω χρόνο για να γράψω αυτό το βιβλίο, έλεγα στον εαυτό μου ότι κάθε μέρα, στις 5:00 π.μ., θα καθόμουν και θα έγραφα το βιβλίο. Αυτός ο σχεδιασμός με βοήθησε να παραμείνω συγκεντρωμένος στο έργο μου και η επανάληψη με βοήθησε να υιοθετήσω τη συνήθεια να γράφω το βιβλίο καθημερινά, ακόμη και το Σαββατοκύριακο. Επίσης, για να το πετύχω αυτό, προσπάθησα να εξαλείψω τις όποιες δικαιολογίες και αν συνέβαινε κάτι στις 5:00 π.μ., όπως το ξύπνημα του γιου μου και η ανάγκη να τον φροντίσω, θα έγραφα το βιβλίο γιατί είχα αφοσιωθεί σε αυτή τη συνήθεια. Από την εμπειρία φάνηκε ότι η πράξη αργότερα μέσα στην ημέρα έκανε την εργασία πιο δύσκολη στην ολοκλήρωση, επομένως ήταν πιο εύκολο να επαναλαμβάνεται η πράξη την ίδια ώρα κάθε μέρα. Επίσης, αν δυσκολεύεστε με τον χρόνο, κάντε την εργασία σας νωρίς το πρωί όταν ξυπνάτε.

Τώρα, η διαμόρφωση μιας συνήθειας για μένα είναι μια καθημερινή ιεροτελεστία και εκτελώ τις δράσεις καθημερινά για να με βοηθήσουν να πετύχω τον στόχο μου. Διαπίστωσα επίσης ότι η αφοσίωση στη δραστηριότητα, ακόμα κι αν δεν μπορούσα να την κάνω την ίδια στιγμή κάθε φορά, δημιούργησε δυναμική και διατήρησε μέσα μου το κίνητρο να συνεχίσω τη δραστηριότητα και να προχωρήσω. Έκανα έρευνα για να δω αν υπήρχαν πειράματα σχετικά με αυτό και βρήκα το βιβλίο της Katie Milkman, How to Change. Στο βιβλίο της, περιγράφει την ομάδα των συμμετεχόντων που, όταν ήταν πιο ευέλικτοι σχετικά με την ώρα που ασκούνταν, ασκούνταν πιο συχνά από τους συμμετέχοντες που έπρεπε να ασκούνται μόνο μια συγκεκριμένη ώρα κάθε μέρα.

Πώς όμως μπορούμε να διαμορφώσουμε μια συνήθεια;

«Είμαστε αυτό που κάνουμε κατ' επανάληψη. Η αριστεία λοιπόν δεν αποτελεί πράξη, αλλά συνήθεια».

-Αριστοτέλης

Όπως γίνεται σαφές, ακόμη και όταν ζούσε ο Αριστοτέλης, γύρω στο 322 π.Χ., η συνήθεια ήταν πάντα αντικείμενο στοχασμού. Πιο πρόσφατα, πολλές έρευνες και βιβλία έχουν γραφτεί για το πώς να διαμορφώσετε μια συνήθεια. «The Power of Habit» του Charles Duhigg, «Atomic Habits» του James Clear, «Good Habits, Bad Habits» της Wendy Wood και πολλά άλλα. Σύμφωνα με τον Wood, ξοδεύουμε περίπου το 43 τοις εκατό της ημέρας μας κάνοντας πράγματα χωρίς να τα σκεφτόμαστε. Οπότε, φανταστείτε τι είστε σε θέση να κάνετε εάν αυτά τα πράγματα που κάνετε είναι δράσεις που θα σας βοηθήσουν να επιτύχετε αυτό που θέλετε. Θα φθάσετε εκεί πολύ πιο γρήγορα, καθώς δεν θα χρειαστεί να αντιμετωπίσετε όλες τις δικαιολογίες βάση των οποίων δεν μπορείτε να κάνετε ορισμένα πράγματα.

Σύμφωνα με τον Duhigg, οι άνθρωποι δεν μπορούν να διαμορφώσουν νέες συνήθειες επειδή δεν κατανοούν την σημασία του βρόχου συνήθειας, ο οποίος είναι ο νευρολογικός βρόχος οποιασδήποτε συνήθειας και αποτελείται από το έναυσμα, την απόκριση και την ανταμοιβή. Το έναυσμα είναι το στοιχείο πυροδότησης για να ξεκινήσετε μια συνήθεια, η απόκριση είναι η δράση που κάνετε και η ανταμοιβή είναι η ανταμοιβή που λαμβάνετε κάνοντας τη δράση. Στο «Atomic Habits», ο James Clear εξηγεί επίσης ότι για να δημιουργήσετε μια νέα συνήθεια, πρέπει να την κάνετε προφανή, ελκυστική, εύκολη και ικανοποιητική.

Η διαμόρφωση μιας συνήθειας είναι σημαντική γιατί όταν θέτεις έναν στόχο και έχεις τη συνήθεια να εργάζεσαι για να φθάσεις τον στόχο σου, η επιτυχία θα έλθει πολύ πιο γρήγορα. Από τότε που ξεκίνησα να γράφω αυτό το βιβλίο, έχω αλλάξει πολλές συνήθειες, από το φαγητό που τρώω μέχρι τον τρόπο που ντύνομαι, σκέφτομαι και δημιουργώ. Παρόλο που η διαδικασία που περιγράφεται παρακάτω έφερε αποτελέσματα για εμένα, θα πρέπει να πειραματιστείτε, όπως συζητήσαμε στο βήμα 5 του «θεμελίου», και να διαπιστώσετε τι φέρνει αποτελέσματα για εσάς.

Βήμα 1: Σκεφτείτε μια συνήθεια που θέλετε να διαμορφώσετε. Μπορεί να είναι η σωματική άσκηση, η ανάγνωση ενός βιβλίου, η έναρξη της δικής σας επιχείρησης ή το πρωινό ξύπνημα. Οτιδήποτε θέλετε να πετύχετε.

Βήμα 2: Εξηγήστε το γιατί. Πρέπει να είστε σε θέση να εξηγήσετε γιατί θέλετε να ξεκινήσετε μια συνήθεια, ώστε όταν τρέφετε αμφιβολίες για το αν θέλετε να συνεχίσετε αυτή τη συνήθεια, να μπορείτε πάντα να επιστρέψετε στο «γιατί». Όσο πιο δυνατό και πιο ουσιαστικό είναι το «γιατί», τόσο μεγαλύτερη είναι η πιθανότητα να συνεχίσετε αυτή τη συνήθεια.

Βήμα 3: Σχεδιάστε. Πρέπει να προγραμματίσετε πότε, πού και πώς να ξεκινήσετε μια συνήθεια. Για παράδειγμα, αν θέλετε να ασκηθείτε, καλό είναι να γνωρίζετε την ώρα και την ημερομηνία που πρόκειται να ξεκινήσετε, όπως για παράδειγμα 7:00 π.μ. την Δευτέρα. Πού θα ασκηθείτε (το γυμναστήριο, το σαλόνι σας κλπ.); Πώς θα ασκηθείτε (τι τύπου εξοπλισμό ή προπόνηση θα χρησιμοποιήσετε;); Πρέπει επίσης να ξέρετε τι θα κάνετε μετά την προπόνησή σας και να προσπαθήσετε να καθιερώσετε μια ανταμοιβή για αυτό που κάνατε. Για εμένα, είναι να πίνω ένα πράσινο τσάι ή ένα smoothie.

Βήμα 4: Ξεκινήστε. Σε αυτό το βήμα, ξεκινάτε την δράση που σκοπεύετε να εκτελέσετε. Ξεκινήστε την άσκηση, διαβάστε ένα βιβλίο, κάντε λίγη έρευνα για μία επιχείρηση που θέλετε να ξεκινήσετε. Αφού τα έχετε όλα προγραμματισμένα και έχετε ένα ισχυρό «γιατί», είναι πιο εύκολο να ξεκινήσετε με αυτή τη συνήθεια. Επίσης, χρησιμοποιήστε τη Δύναμη Ενός Δευτερολέπτου για να ενισχύσετε τη δράση τώρα.

Σκεφτείτε «χωρίς δικαιολογίες» και αναλογιστείτε προκλήσεις όπως η ανάπτυξη, η επιτυχία και το όχημα που θα σας οδηγήσει από το σημείο όπου βρίσκεστε στο σημείο όπου θέλετε να είστε. Από το ποιος είσαι τώρα μέχρι το ποιος επιθυμείς να γίνεις.

Αρχίστε επίσης να εκτελείτε τις δράσεις που έχετε προγραμματίσει για μετά την προπόνησή σας ως ανταμοιβή, όπως να πιείτε λίγο τσάι, να παίξετε με το μωρό σας ή να ακούσετε μουσική.

Βήμα 5: Στοχαστείτε. Αυτό είναι ένα από τα πιο σημαντικά βήματα γιατί ακόμα κι αν έχετε παραλείψει τα βήματα δύο έως τέσσερα, αυτό θα πρέπει πάντα να το ολοκληρώνετε. Με αυτόν τον τρόπο, θα μπορείτε να στοχαστείτε τι λειτουργεί ή τι δεν λειτουργεί και να προσπαθήσετε να το βελτιώσετε, έτσι θα μπορείτε να τηρήσετε τη συνήθεια σας. Άρα, εάν δεν μπορείτε να ξεκινήσετε μια συνήθεια ή να συνεχίσετε, πρέπει να στοχαστείτε τα βήματα δύο έως τέσσερα.

1. Εάν δεν τηρείτε τη συνήθεια σας επειδή δεν πιστεύετε ότι είναι σημαντικό να εκτελέσετε τη δράση, τότε στοχαστείτε το Βήμα 2 παρακάτω.

2. Εάν δεν τηρείτε τη συνήθεια σας επειδή σας είναι πολύ δύσκολο να προσπαθήσετε να καταλάβετε τι πρέπει να κάνετε, στοχαστείτε το Βήμα 3 παρακάτω.

3. Εάν δεν τηρείτε τη συνήθεια σας επειδή θεωρείτε ότι η δράση είναι πολύ δύσκολη για να ξεκινήσει, τότε στοχαστείτε το βήμα 4 παρακάτω.

Στοχασμός στο Βήμα 2: Ίσως δεν έχετε βρει ένα ισχυρό «γιατί» για να σας διατηρήσει το κίνητρο. Όταν ξεκίνησα να γράφω αυτό το βιβλίο, το αρχικό μου κίνητρο ήταν ότι ήθελα να γράψω ένα βιβλίο. Ωστόσο, το «γιατί» δεν ήταν ισχυρό, οπότε έχω γράψει μόνο μία σελίδα εδώ και τρία χρόνια. Όταν άλλαξα τον τρόπο σκέψης μου μου και σκέφτηκα ότι ήθελα να βοηθήσω τους ανθρώπους να βελτιωθούν και να πραγματοποιήσουν τα όνειρά τους σε ένα συγκεκριμένο χρονικό πλαίσιο, τότε έγινε πιο ουσιαστικό και κάθε φορά που προσπαθούσα να αποφύγω να γράψω, πάντα επέστρεφα στην σκέψη της ευγνωμοσύνης και ότι είμαι ευγνώμων ότι διαθέτω τις δεξιότητες για να βοηθήσω τους ανθρώπους. Συνειδητοποιούσα ότι έπρεπε να τους βοηθήσω και μετά συνέχιζα να γράφω. Το να γράψω τι ήθελα να πετύχω με βοήθησε να διαμορφώσω τον στόχο μου.

«*Τα όνειρα χωρίς στόχους, είναι απλά όνειρα.*»
Denzel Washington

Στοχασμός στο Βήμα 3: Ίσως δεν έχετε σχεδιάσει σωστά τα πράγματα και δυσκολευτήκατε να ξεκινήσετε, ή ίσως η ανταμοιβή σας να μην είναι αρκετά δυνατή. Πριν ξεκινήσω να ασκούμαι καθημερινά, ήταν δύσκολο γιατί θα έπαιρνε χρόνο για να αποφασίσω ποια ρούχα θα φορέσω, ποιες ασκήσεις να κάνω και πότε να ξυπνήσω το πρωί και να ξεκινήσω την προετοιμασία. Ή ακόμα και αν ασκούμουν μια φορά, δεν θα ασκούμουν την επόμενη μέρα γιατί θα σκεφτόμουν πόσο επώδυνο ήταν να βρω ρούχα και μετά θα έχανα δέκα λεπτά προσπαθώντας απλώς να βρω τη σωστή προπόνηση. Και δεν είχα καμία ανταμοιβή, οπότε δοκίμαζα κάτι άλλο.

Τώρα προετοιμάζω τα ρούχα μου από το προηγούμενο βράδυ, ξέρω τι ασκήσεις να κάνω γράφοντάς τις, και μετά τη γυμναστική, πίνω τσάι ή φτιάχνω ένα smoothie. Αυτό με έκανε να νοιώθω δραστήριος και, ταυτόχρονα, πιο χαλαρός. Κάνοντας αυτές τις μικρές αλλαγές, μπόρεσα να τηρήσω την καθημερινή ρουτίνα μου και να χάσω επτά κιλά σε τρεις μήνες.

Όπως αναφέρθηκε προηγουμένως, μια άλλη συντόμευση αυτής της προσέγγισης είναι να τη μοιραστείτε με κάποιο άλλο άτομο.

Θυμάμαι ότι μίλησα με τον Paul, έναν φίλο μου, και μου είπε ότι για πολλά χρόνια, δεν μπορούσε να ξυπνήσει το πρωί για να ασκηθεί. Τον ρώτησα, «Θα ξεκινήσεις αύριο;» Μετά με ρώτησε πώς, λέγοντας ότι ήταν αδύνατο. Του είπα ότι στις 7:00 το επόμενο πρωί, θα γυμναζόμασταν μαζί σε μια βιντεοκλήση και θα συνεχίζαμε για πέντε ημέρες. Μετά από αυτό, θα ήταν ικανός να ασκηθεί μόνος του. Συμφώνησε.

Ο Paul ασκούνταν κάθε μέρα για πέντε ημέρες και συνέχιζε τη ρουτίνα μόνος του. Αυτός είναι επίσης ο λόγος που είναι απαραίτητο ως γονιός να υποστηρίζετε τα παιδιά σας σε εξωσχολικές δραστηριότητες από νεαρή ηλικία και να τα παρακινείτε να ξεκινήσουν. Όπως δήλωσαν πολλοί χρυσοί Ολυμπιονίκες, είχαν την υποστήριξη των οικογενειών τους για να ξεκινήσουν, οπότε πρέπει να κάνουμε το ίδιο και για τα παιδιά μας.

Στοχασμός στο Βήμα 4: Ίσως οι δράσεις σας να είναι πολύ δύσκολες και γι' αυτό δεν μπορείτε να ξεκινήσετε. Αξιολογήστε ποιες δράσεις σκοπεύετε να εκτελέσετε και σκεφτείτε εάν χρειάζεται να τις αλλάξετε ή όχι. Πριν ξεκινήσω την καθημερινή μου συνήθεια να εργάζομαι στην επιχείρησή μου, ήξερα ότι ήθελα να αφιερώσω χρόνο κάνοντας αυτό. Είχα ένα σχέδιο γιατί είχα απαριθμήσει όλες τις δράσεις που έπρεπε να εκτελέσω την προηγούμενη μέρα και ήξερα ότι θα είχα την ανταμοιβή να αγκαλιάσω τον γιο μου μόλις τελείωνα τις δράσεις.

Όμως, μετά από δύο ημέρες, δεν μπορούσα να συνεχίσω γιατί την πρώτη μέρα που άρχισα να δουλεύω στην επιχείρησή μου, συνειδητοποίησα ότι από τις 30 δράσεις που σχεδίαζα να ολοκληρώσω, είχα ολοκληρώσει μόνο τις πέντε. Την επόμενη μέρα συνέβαιναν τα ίδια. Στην πραγματικότητα, γινόταν χειρότερο επειδή η καθημερινή μου λίστα ήταν μεγαλύτερη. Τότε αποφάσισα ότι δεν είχε νόημα και σταμάτησα για λίγες μέρες.

Ωστόσο, όταν αναλογίστηκα την αιτία που είχα σταματήσει, αποφάσισα ότι ήταν επειδή δημιουργούσα μια αναπόφευκτη απογοήτευση έχοντας έναν τεράστιο κατάλογο δραστηριοτήτων που έπρεπε να ολοκληρώνω καθημερινά και οι οποίες ήταν αδύνατο να ολοκληρωθούν. Έτσι, αυτό που έκανα ήταν να διατηρήσω μόνο τις τρεις πιο σημαντικές δράσεις στη λίστα. Μόλις τις ολοκλήρωνα, θα μπορούσα να προσθέσω άλλες τρεις. Με αυτόν τον τρόπο, μπόρεσα να ολοκληρώσω τις δραστηριότητες που είχαν προγραμματιστεί, αλλά και να ενδυναμώσω επιπρόσθετες ανταμοιβές και κίνητρα ολοκληρώνοντας περισσότερες από τις προγραμματισμένες δράσεις. Ακολουθώντας αυτή την μέθοδο, μπορούσα όχι μόνο να ολοκληρώσω περισσότερες από πέντε δράσεις την ημέρα αλλά και να τηρήσω την καθημερινή μου συνήθεια.

Εξίσου σημαντικό είναι να αναλογιστείτε τι σας διεγείρει να ακολουθήσετε μια συνήθεια που προσπαθείτε να αφαιρέσετε από τη ζωή σας, μια λεγόμενη «κακή συνήθεια». Μόλις το αναγνωρίσετε, ένα εύκολο και έξυπνο κόλπο για να σας αποτρέψει από το να επιστρέψετε στην κακή συνήθεια είναι να την αντικαταστήσετε με μια νέα καλή συνήθεια και να συνεχίσετε να την βελτιώνετε.

Για παράδειγμα, όποτε δούλευα πολύ και ανακάλυπτα ότι είχα αρχίσει να κουράζομαι ή να βαριέμαι, έμπαινα πάντα στην κουζίνα μου και έτρωγα λίγη σοκολάτα. Μετά, όταν συνειδητοποιούσα ότι μπορούσα να τελειώσω ένα ολόκληρο κουτί σοκολάτας σε δύο μέρες, άλλαξα τη συνήθεια μου, ώστε αντί να φάω σοκολάτα, έτρωγα ξηρούς καρπούς. Μετά από περαιτέρω προβληματισμό, συνειδητοποίησα ότι δεν ήταν επειδή πεινούσα που ήθελα να φάω, αλλά επειδή ήθελα να αποσπάσω την προσοχή μου. Έτσι, αφού το συνειδητοποίησα, αντικατέστησα την κατανάλωση ξηρών καρπών με το πόσιμο νερό. Αυτό έφερε τέλεια αποτελέσματα, γιατί ήδη δυσκολευόμουν να πίνω αρκετό νερό κατά τη διάρκεια της ημέρας και αυτή η νέα συνήθεια να πίνω περισσότερο νερό θα ήταν πιο υγιεινή.

Λοιπόν, ας καθιερώσουμε μαζί ένα καθημερινό τελετουργικό:

1. Επιλέξτε μια ενέργεια που θέλετε να ξεκινάτε καθημερινά.

(Θέλω να...)

2. Γράψτε γιατί θέλετε να ξεκινήσετε αυτή τη συνήθεια

(Επειδή...)

3. Σχεδιάστε πότε, πού και πώς θα κάνετε αυτή την ενέργεια και τι θα κάνετε αφού την ολοκληρώσετε (την ανταμοιβή).

4. Ξεκινήστε τη δράση που θα σας βοηθήσει να πετύχετε τον στόχο σας, αλλά μην ξεχάσετε να ολοκληρώσετε και τη δράση που θα σας δώσει την ανταμοιβή.

5. Θέστε έναν στόχο πέντε ημερών για να κάνετε αυτή τη δραστηριότητα καθημερινά. Αν πετύχετε το πενθήμερο, προσπαθήστε να αυξήσετε τη διάρκεια σε σημείο που να μην χρειάζεται να το σκέφτεστε. Μην ανησυχείτε για το πόσο χρόνο χρειάζεται για να εκτελεστεί η ενέργεια χωρίς σκέψη γιατί εξαρτάται από το άτομο. Το σημαντικό είναι να εστιάσουμε στη διαδικασία.

6. Σκεφτείτε για να δείτε πώς προχωράτε και αν μπορείτε να διατηρήσετε τη συνήθεια. Εάν έχετε σταματήσει ή δεν έχετε ξεκινήσει, για να μάθετε τι πρέπει να αλλάξετε, σκεφτείτε τα βήματα δύο έως τέσσερα, όπως περιγράφεται παραπάνω.

3. ΕΣΤΙΑΣΤΕΙΤΕ ΣΤΟ ΓΙΑΤΙ ΣΑΣ

«Το κύριο μέλημα του ανθρώπου δεν είναι να νοιώσει ευχαρίστηση ή να αποφύγει τον πόνο, αλλά μάλλον να ανακαλύψει ένα νόημα στη ζωή του. Γι' αυτό ο άνθρωπος είναι έτοιμος ακόμα και να υποφέρει, με την προϋπόθεση να είναι βέβαιος ότι έχει νόημα ότι υποφέρει».

Victor Frankl

Όταν νοιώθετε ότι θέλετε να τα παρατήσετε, εστιαστείτε στο γιατί. Αυτό θα σας επιτρέψει να διατηρήσετε τη δυναμική και να γίνετε πιο ανθεκτικοί στον πόνο. Ο Victor Frankl, ένας Βιεννέζος ψυχολόγος και κρατούμενος στο Άουσβιτς, διαπίστωσε ότι οι κρατούμενοι που είχαν μια αίσθηση στόχου ήταν πιο ανθεκτικοί στον πόνο, όπως τα βασανιστήρια και η πείνα. Αντιλαμβάνομαι ότι το να θέλεις να τα παρατήσεις δεν είναι ο ίδιος τύπος πόνου, αλλά το να έχεις σκοπό και να γνωρίζεις το γιατί πρέπει να πετύχεις αυτό που προσπαθείς να πετύχεις, θα σε κάνει πιο ανθεκτικό.

Επίσης, κάντε τα πράγματα πιο εύκολα εστιάζοντας στο «γιατί». Μην το γράψετε μόνο· δημιουργήστε μία εικόνα του. Όπως είπε κάποτε ο Άλμπερτ Αϊνστάιν, «Μία εικόνα αξίζει όσο χίλιες λέξεις», οπότε φτιάξτε μια εικόνα του «γιατί».

Όταν ήμουν κουρασμένος ή ένοιωθα ότι ήθελα να σταματήσω να γράφω το βιβλίο, είχα μία εικόνα του εξωφύλλου του βιβλίου που είχα δημιουργήσει στον πίνακα οπτικοποίησής μου, οπότε αυτό μου έδωσε το κίνητρο για να συνεχίσω.

Ένα άλλο στοιχείο που πρέπει να θυμάστε όταν εστιάζετε στο «γιατί» δεν είναι μόνο ο λόγος που το κάνετε και τι προσπαθείτε να επιτύχετε, αλλά και ο λόγος που θέλετε να σταματήσετε. Όπως έχουμε συζητήσει, είναι ζωτικής σημασίας να αναλογιστείτε τις δράσεις σας και τις αδράνειές σας και να δείτε τι μπορείτε να προσπαθήσετε να κάνετε για να επαναφέρετε τον εαυτό σας στην πορεία προς την επίτευξη των στόχων σας. Μερικές φορές υπάρχει ένας βάσιμος λόγος για τον οποίο πρέπει να σταματήσετε, και μερικές φορές είναι απαραίτητο ένα διάλειμμα για την αποκατάσταση της ενέργειας, όπως το συζητήσαμε πριν.

Επίσης, χρειάζεται να σας υπενθυμιστεί ότι θα υπάρξουν εμπόδια και αποτυχίες στο ταξίδι σας, αλλά με τη νοοτροπία που έχετε δημιουργήσει, θα εστιάσετε μόνο στις δράσεις που θα σας βοηθήσουν να πετύχετε τους στόχους σας. Αν σταματήσετε τώρα, να είστε σίγουροι ότι δεν θα φθάσετε ποτέ στον στόχο σας.

Συνεχίστε να προχωράτε, ποτέ μην σταματάτε. Δεν μπορείς να αποτύχεις αν συνεχίσεις γιατί η αποτυχία μπορεί να αξιολογηθεί μόνο αν σταματήσεις να προσπαθείς. Εάν συνεχίσετε, κάθε αποτυχία είναι απλώς ένα ορόσημο στο ταξίδι σας προς την επιτυχία.

> *«Οι αποτυχίες αναμένονται από τους ηττημένους, τις αγνοούν οι νικητές».*
> Joe Gibbs

4. ΚΑΤΑΜΕΤΡΗΣΗ ΠΡΟΟΔΟΥ

> *«Ό,τι καταμετράται, γίνεται».*
> W. Edwards Deming

Θυμάμαι όταν μπήκα για πρώτη φορά στη Ford Motor Company το 1997 ως ασκούμενος· αυτό ήταν ένα από τα αποφθέγματα που μου ανέφεραν όλοι. Ήμουν υπεύθυνος για τη βελτίωση της απόδοσης μιας γραμμής παραγωγής και ο μόνος τρόπος που μπορούσα να μάθω αν την είχα βελτιώσει ήταν να καταμετρήσω την αρχική απόδοση της γραμμής και μετά να την καταμετρήσω ξανά μετά τη βελτίωσή μου. Η καταμέτρηση της προόδου είναι μια πολύ απλή έννοια, αλλά είναι επίσης πολύτιμη γιατί όχι μόνο σας βοηθά να κατανοήσετε πού πηγαίνετε και πότε πιστεύετε ότι θα επιτύχετε τον στόχο σας, αλλά επίσης σας βοηθά να κατανοήσετε την έννοια 1+1=2 που συνίσταται στο να προσδιορίσετε δράσεις που επηρεάζουν τους στόχους σας.

Η αλλαγή των δράσεών σας και η καταμέτρηση του αντίκτυπου στον στόχο σας μπορεί να σας βοηθήσει να κατανοήσετε ποιες ενέργειες είναι πιο σημαντικές και σε ποιες ενέργειες πρέπει να εστιαστείτε για να πετύχετε αυτό που θέλετε. Έχω χρησιμοποιήσει αυτή την αρχή για να παρακολουθώ την προπόνησή μου, την πρόοδό μου στη συγγραφή του βιβλίου και τις διαφημιστικές μου ενέργειες. Ισχύει σχεδόν για όλα όσα θέλετε να βελτιώσετε.

Ένας άλλος λόγος για τον οποίο η παρακολούθηση της προόδου είναι σημαντική είναι ότι μπορεί να αποτελεί έναν εγγενή παράγοντα παρακίνησης για να συνεχίσετε. Αυτό συμβαίνει όταν κάνετε κάτι επειδή σας ανταμείβει προσωπικά και επειδή έχετε μια εσωτερική παρόρμηση. Στο βιβλίο του «Drive», ο Daniel Pink περιγράφει τον τρόπο με τον οποίο οι άνθρωποι που παρακινούνται από την επιθυμία να βελτιωθούν θα επιδιώκουν συνεχώς να βελτιώνονται. Ωστόσο, εάν οι άνθρωποι δεν ήξεραν εάν βελτιώνονταν ή όχι, τότε πιθανότατα το κίνητρό τους μελλοντικά θα μπορούσε να εξαφανιστεί.

Αυτός είναι ο λόγος για τον οποίο είναι απαραίτητο να παρακολουθείται η πρόοδος. Όταν παρακολουθείτε την πρόοδο και αντιλαμβάνεστε μια βελτίωση, τότε η ντοπαμίνη ρέει, η οποία δημιουργεί έναν θετικό συσχετισμό ή μια εμπειρία ανταμοιβής. Σύμφωνα με ένα άρθρο που δημοσιεύθηκε τον Δεκέμβριο του 2011 από την PMC, οι νευρώνες ντοπαμίνης στον μεσαίο εγκέφαλο συνδέονται με θετικά κίνητρα. Επίσης, όπως το συζητήσαμε προηγουμένως, όταν έχετε μια ανταποδοτική εμπειρία, ο εγκέφαλος πιθανότατα θα προσπαθήσει να επαναλάβει αυτή την ενέργεια, βοηθώντας σας να διατηρήσετε τη δυναμική.

Υπήρξε μια περίοδος μετά το ξέσπασμα του COVID-19 κατά την οποία πολλοί άνθρωποι δεν ήταν πρόθυμοι να επιστρέψουν για να παίξουν μπάσκετ. Εφ' όσον είχα ήδη κάνει κρατήσεις των γηπέδων, έχανα χρήματα. Ωστόσο, αυτό δεν με έκανε να σταματήσω να προσπαθώ. Μέτρησα πόσα άτομα παρακολουθούσαν μία συνεδρία μπάσκετ κάθε εβδομάδα και άρχισα να δημιουργώ δράσεις όπως διαφημίσεις, συναντήσεις πρόσωπο-με-πρόσωπο και πρόσκληση παικτών. Αυτό με βοήθησε να συγκεντρώσω σιγά σιγά παίκτες για να παίξουν σε κάθε γήπεδο. Το γεγονός ότι ήμουν ικανός να διαπιστώσω ότι οι δράσεις μου έκαναν τη διαφορά κάθε εβδομάδα με βοήθησε να διατηρήσω την δυναμική και να συνεχίσω τις δράσεις μου.

Επίσης, ακόμα κι αν δεν αντιλαμβάνεστε ότι σημειώνετε πρόοδο, καταμετρώντας την πρόοδό σας, μπορείτε να δείτε ότι η αποτυχία είναι μέρος της διαδικασίας της επιτυχίας και να δημιουργήσετε δυναμική αναγκάζοντας τον εαυτό σας να αλλάξετε τις δράσεις σας προκειμένου να πετύχετε τον στόχο σας.

Υπάρχει μια ωραία ιστορία που θυμάμαι από το βιβλίο του Napoleon Hill «Think and Grow Rich», όπου ένα άτομο έφυγε από το σπίτι του για να προσπαθήσει να βρει χρυσάφι, και το επόμενο άτομο που έμεινε σε αυτό το σπίτι βρήκε πραγματικά χρυσάφι μέσα σε αυτό το σπίτι. Επομένως, μην τα παρατάτε εύκολα· έχετε ό,τι χρειάζεστε, αλλά δεν χρειάζεται να τα παρατήσετε και εξυψώστε τη συνειδητότητά σας. Δεν υπάρχει κορυφή χωρίς κοίλωμα.

5. ΜΙΛΗΣΤΕ ΜΕ ΟΣΟΥΣ ΠΙΣΤΕΥΟΥΝ ΣΕ ΕΣΑΣ

«Τα πάντα είναι δυνατά όταν έχεις τους κατάλληλους ανθρώπους για να σε υποστηρίξουν».
Misty Copeland

Οι άνθρωποι που πιστεύουν σε εσάς πιστεύουν στις ικανότητές σας να επιτύχετε τον στόχο σας. Μπορεί να είναι ένας προπονητής, ένας μέντορας ή ένας σύμβουλος· μπορεί να είναι η μητέρα, ο πατέρας, ο φίλος ή ένας γνωστός σου – δεν έχει σημασία. Το σημαντικό είναι να έχετε κάποιον στον κύκλο σας που πιστεύει σε εσάς και μπορεί να σας ωθήσει προς την επίτευξη των στόχων σας. Αυτός είναι ο λόγος που οι περισσότεροι αθλητές και άλλοι επιτυχημένοι άνθρωποι έχουν προπονητές για να τους παρακινήσουν και να τους υποδείξουν τρόπους να πετύχουν τους στόχους τους.

Για μένα, οι γονείς μου έπαιξαν αυτόν τον ρόλο από μικρή ηλικία. Ακόμη και όταν ήταν νέοι και πάλευαν οικονομικά, έκαναν ό,τι μπορούσαν για να με υποστηρίξουν με την εκπαίδευσή μου, γιατί πίστευαν ότι μπορούσα να κάνω τη διαφορά σε αυτόν τον κόσμο. Ακόμα και σε αυτή την ηλικία, η μητέρα μου με βοηθά να διευθύνω την επιχείρησή μου στον χώρο του μπάσκετ και είναι πάντα παρούσα για να με υποστηρίζει και να με συμβουλεύει για οτιδήποτε χρειαστώ.

Το να μιλάτε μόνο με τους ανθρώπους που πιστεύουν σε εσάς και να μοιράζεστε τις ιδέες και τις ενέργειές σας μπορεί να είναι ωφέλιμο γιατί αυτά τα άτομα μπορούν να παρέχουν εναλλακτικούς τρόπους για να κάνετε πράγματα ή να δίνουν ιδέες για τρόπους βελτίωσης των τρεχόντων δράσεων σας προκειμένου να επιτύχετε τους στόχους σας.

Επίσης, μην νομίζετε ότι μόνο άνθρωποι που είναι ειδικοί στο πρόβλημά σας μπορούν να σας βοηθήσουν. Οι εταιρείες που διέθεταν μία ποικιλόμορφη ομάδα ανθρώπων, σύμφωνα με μία μελέτη του Ιανουαρίου 2018 από την Boston Consulting Group, ήταν αυτές που είχαν 19 τοις εκατό υψηλότερα έσοδα λόγω της καινοτομίας. Επίσης, σύμφωνα με ένα άρθρο του Μαρτίου 2017 που δημοσιεύτηκε από το Harvard Business Review, όταν οι ομάδες είναι γνωστικά ποικιλόμορφες, τα προβλήματα λύνονται πιο γρήγορα. Προσπαθήστε, λοιπόν, να βρείτε ανθρώπους που να σας υποστηρίζουν από όλα τα διαφορετικά υπόβαθρα.

Συνοψίζοντας:

1. **Αποκαταστήστε την ενέργεια.** Τα συχνά διαλείμματα εξασφαλίζουν ότι δεν πρόκειται να εξαντληθείτε.

2. **Δράστε χωρίς σκέψη.** Κάντε πράγματα με τον αυτόματο πιλότο.

3. **Εστιαστείτε στο «γιατί».** Αναλογιστείτε γιατί ξεκινήσατε.

4. **Καταμετρήστε την πρόοδο.** Αντιληφθείτε ότι η προσπάθειά σας αποδίδει.

5. **Μιλήστε με όσους πιστεύουν σε εσάς.** Ενισχύστε την πεποίθησή σας ότι μπορείτε ακόμα να τα καταφέρετε.

ΜΕΡΟΣ ΤΡΙΤΟ:

ΠΩΣ ΜΠΟΡΕΙΤΕ ΝΑ ΚΑΤΟΡΘΩΝΕΤΕ ΧΩΡΙΣ ΝΑ ΚΑΝΕΤΕ ΘΥΣΙΕΣ

7.
Αλλάξτε κοσμοθεώρηση

«Αν αλλάξεις τον τρόπο που αντικρύζεις τα πράγματα, τα πράγματα που κοιτάζεις θα αλλάξουν».
Wayne Dyer

Η κοινή άποψη είναι ότι για να πετύχεις κάτι σπουδαίο, χρειάζεται να κάνεις πολλές θυσίες. Ωστόσο, αν αλλάξετε τον τρόπο που αντιμετωπίζετε τον κόσμο, δεν χρειάζεται να θυσιάσετε τίποτα.

Πρέπει να καταλάβετε ότι είστε υπεύθυνοι για τη ζωή σας και είστε αυτός που αποφασίζει πώς να ζήσετε βάση αυτού που σκέφτεστε. Εάν σας συμβεί κάτι κακό, είστε αυτός που θα αποφασίσει εάν θα ξοδέψετε τον χρόνο και την ενέργειά σας νοιώθοντας άσχημα για αυτό που συνέβη ή θα αισθανθείτε καλά εστιάζοντας στο πώς μπορείτε να αλλάξετε τη ζωή σας για να γίνει καλύτερη.

Δεν είναι εύκολο να το κάνετε, αλλά γίνεται πιο εύκολο όταν εξασκείτε αυτόν τον τρόπο σκέψης και πιστεύετε ότι είναι εφικτό. Πολλοί άνθρωποι προσπαθούν να μας παρεμποδίσουν να κάνουμε σπουδαία πράγματα προσπαθώντας να μας τρομάξουν, λέγοντάς μας ότι δεν έχουμε τις ικανότητες ή δεν πρέπει να θυσιάζουμε τη ζωή μας για να πετύχουμε αυτό που θέλουμε. Συχνά, βλέπουμε ότι πρόκειται για «συμβουλές» από ανθρώπους που δεν έχουν πετύχει αυτό που ήθελαν στη ζωή τους και προσπαθούν συνειδητά ή υποσυνείδητα να μεταδώσουν τους φόβους τους σε εμάς.

Ωστόσο, αλλάζοντας τον τρόπο που αντιμετωπίζετε τον κόσμο, δεν θα θυσιάσετε τίποτα στη ζωή σας. Ο λόγος για αυτό είναι ο εξής: αν δεν νομίζετε ότι αποτελεί θυσία, δεν πρόκειται να θυσιάσετε τίποτα στη ζωή σας.

Όταν κάνετε κάτι που αγαπάτε – το αγαπημένο σας άθλημα – δεν είναι θυσία γιατί ακόμα κι αν θέλει προσπάθεια, πάλι νοιώθετε υπέροχα.

Επειδή αλλάξατε τη θεώρησή σας για τον κόσμο, τώρα είστε χαρούμενοι που το κάνετε γιατί έχετε την προσδοκία ότι θα νοιώσετε υπέροχα στο τέλος.

Έτσι πρέπει να σκέφτεστε και να ενεργείτε για να πετύχετε αυτό που θέλετε. Εάν το κάνετε αυτό, δεν πρόκειται να θυσιάσετε τίποτα, διότι ξέρετε τι θέλετε και ξέρετε ότι ολοκληρώνοντας τις ενέργειες που θα σας βοηθήσουν να πετύχετε τον στόχο σας, πρόκειται να νοιώσετε υπέροχα γιατί θα μπορέσετε να πετύχετε αυτούς τους στόχους.

Όταν εξασκείτε αυτόν τον τρόπο σκέψης, θα δείτε ότι η ζωή σας θα γίνει πιο διαχειρίσιμη και θα αισθάνεστε πιο ευτυχισμένοι. Ακόμα κι αν καταβάλετε περισσότερη προσπάθεια, θα αισθανθείτε ισχυρότερο κίνητρο να συνεχίσετε, καθώς υπάρχει θετική συσχέτιση μεταξύ αυτών των ενεργειών. Με βάση αυτόν τον τρόπο σκέψης, μπορείτε επίσης να δημιουργήσετε αρνητικούς συσχετισμούς με οτιδήποτε πιθανόν σας εμποδίσει να πετύχετε τους στόχους σας, έτσι θα είναι λιγότερο πιθανό να κάνετε κάτι που θα σας απομακρύνει από τον στόχο σας.

Για παράδειγμα, ας υποθέσουμε ότι έπρεπε να αποφασίσετε να ολοκληρώσετε το επιχειρηματικό σας σχέδιο ή να παρακολουθήσετε τηλεόραση. Αν αντιμετωπίζετε τον κόσμο με τον παλιό τρόπο σκέψης, θα νοιώσετε ότι θυσιάζετε την παρακολούθηση τηλεόρασης για να ολοκληρώσετε το επιχειρηματικό σας σχέδιο. Ωστόσο, αν έχετε ενστερνιστεί τον νέο τρόπο σκέψης, τότε θα θεωρήσετε θυσία το να μην ολοκληρώσετε το επιχειρηματικό σας σχέδιο και να παρακολουθήσετε τηλεόραση. Κατ' αυτόν τον τρόπο, κάνετε θυσίες μόνο αν κάνετε πράγματα που δεν σας φέρνουν πιο κοντά στον στόχο σας.

Επίσης, υπάρχει η εσφαλμένη αντίληψη ότι πρέπει να δουλέψουμε περισσότερο για να πετύχουμε αυτό που θέλουμε. Αυτό επίσης δεν ισχύει, αφού μπορείτε να κάνετε πράγματα με πιο έξυπνο τρόπο, επομένως δεν χρειάζεται να αφιερώνετε τόσο πολύ χρόνο για να τα κάνετε, ή να βάζετε άλλα άτομα να κάνουν αυτά τα πράγματα για λογαριασμό σας, όπως θα δούμε στα επόμενα κεφάλαια.

8.
Δημιουργήστε ένα σχέδιο

«Αποτυγχάνοντας να προετοιμαστείς, προετοιμάζεσαι να αποτύχεις».

Βενιαμίν Φραγκλίνος

Ο άλλος τρόπος για να κατορθώνετε αυτό που θέλετε χωρίς να κάνετε θυσίες είναι δημιουργώντας ένα σχέδιο. Το να έχετε ένα σχέδιο σας εξοικονομεί χρόνο και μπορείτε να κάνετε τα πράγματα που κάνατε και πριν, καθώς και να έχετε χρόνο να κάνετε καινούργια πράγματα.

Ένα σχέδιο εξοικονομεί χρόνο, γιατί μπορεί να μειώσει τον χρόνο που αφιερώνουμε αμφισβητώντας τον εαυτό μας και παλεύοντας με την εσωτερική μας φωνή. Δημιουργώντας ένα σχέδιο, απαριθμούμε τις ενέργειές μας – τι πρέπει να κάνουμε για να πετύχουμε τον στόχο μας – και αυτό μας δίνει εμπιστοσύνη ότι υπάρχει τρόπος να το κάνουμε. Αρχικά, μπορεί να πρόκειται για ένα σχέδιο υψηλού επιπέδου, αλλά μόλις το δημιουργήσετε και μάθετε περισσότερα για τις ενέργειες που επηρεάζουν τους στόχους σας (1+1=2), μπορείτε να το κάνετε πιο λεπτομερές.

Επίσης, ένα σχέδιο εξοικονομεί χρόνο γιατί δεν χρειάζεται να σκεφτείτε τι πρέπει να κάνετε στη συνέχεια. Μόλις δημιουργήσετε ένα σχέδιο, θα γνωρίζετε τις ενέργειες που πρέπει να κάνετε· γι' αυτόν τον λόγο ξεκινήσαμε σχεδιάζοντας το καθημερινό μας τελετουργικό. Ωστόσο, σε αυτό το στάδιο, πρέπει να δημιουργήσουμε ένα σχέδιο υψηλού επιπέδου, ώστε να γνωρίζουμε ποια προσέγγιση πρέπει να ακολουθήσουμε για να κατορθώσουμε τον στόχο μας.

Ο καλός προγραμματισμός μπορεί επίσης να σας εξοικονομήσει χρόνο γιατί μπορεί να μειώσει τις πιθανότητες αποτυχίας και να σας δείξει ποιες δραστηριότητες πρέπει να αναλάβετε πρώτα. Για παράδειγμα, αν θέλατε να χτίσετε ένα σπίτι και ξεκινούσατε χτίζοντας τους τοίχους χωρίς να χτίσετε πρώτα τα θεμέλια, τότε αυτός θα ήταν ένας βέβαιος τρόπος για να αποτύχετε.

Πρέπει να αναθεωρείτε τακτικά το σχέδιο και να το επικαιροποιείτε καθώς θα μάθετε περισσότερα για τις δραστηριότητες που θα χρειαστεί να ολοκληρώσετε, τη διαθεσιμότητα των πόρων και τον χρόνο που απαιτείται για την ολοκλήρωση των δραστηριοτήτων.

Το υψηλού επιπέδου σχέδιό σας θα πρέπει να έχει τα εξής χαρακτηριστικά:

1. Το παραδοτέο έργο: Τι είναι αυτό που προσπαθείτε να πετύχετε (π.χ. πλήρης συγγραφή ενός βιβλίου)

2. Φάσμα: Καθορίζει σε τι θα εστιάσετε (π.χ. ένα βιβλίο προσωπικής ανάπτυξης)

3. Διάρκεια: Ώρα έναρξης και λήξης (π.χ. Ιανουάριος έως Απρίλιος)

4. Ορόσημα: Ενδιάμεσα παραδοτέα έργα (π.χ. μέχρι τον Ιανουάριο, το δέκα τοις εκατό του βιβλίου θα έχει ολοκληρωθεί, έως τον Φεβρουάριο θα έχει ολοκληρωθεί το 50 τοις εκατό του βιβλίου, έως τον Μάρτιο θα έχει ολοκληρωθεί το 75 τοις εκατό του βιβλίου και έως τον Απρίλιο, το 100 τοις εκατό του βιβλίου το βιβλίο θα ολοκληρωθεί)

5. Βασικές δραστηριότητες: Δραστηριότητες που απαιτούνται για να πετύχετε τον στόχο σας και πότε σκοπεύετε να τις ολοκληρώσετε (π.χ. τι είδους βιβλίο προσωπικής ανάπτυξης θα γράψετε μέχρι τον Ιανουάριο, μάθετε τι απαιτείται για να γράψετε ένα καλό βιβλίο μέχρι τον Ιανουάριο, ορίστε τη δομή υψηλού επιπέδου του βιβλίου και των τίτλων των κεφαλαίων έως τον Ιανουάριο, γράψτε το βιβλίο έως τον Μάρτιο, επιμεληθείτε το και διορθώστε το τον Απρίλιο και εκτυπώστε το βιβλίο έως τα τέλη Απριλίου).

Στο παράδειγμά μας, το τελικό προϊόν πρέπει να μοιάζει με αυτό:

Δραστηριότητες

1. Αποφασίστε τι είδους βιβλίο προσωπικής ανάπτυξης θέλετε να γράψετε

2. Μάθετε τι χρειάζεται προκειμένου να γράψετε ένα καλό βιβλίο

3. Καθορίστε τη δομή υψηλού επιπέδου του βιβλίου και τους τίτλους των κεφαλαίων

4. Γράψτε το βιβλίο έως το τέλος Μαρτίου

5. Τελική επανάληψη και διόρθωση

6. Εκτύπωση του βιβλίου

9.
Δημιουργία χρόνου

«Ο χρόνος είναι ένα δημιούργημα. Το να πω «Δεν έχω χρόνο» σημαίνει «δεν θέλω χρόνο».

Λάο Τσε

Όταν δημιουργείτε χρόνο, δεν χρειάζεται να κάνετε θυσίες γιατί τώρα έχετε περισσότερο χρόνο από πριν. Όμως με ποιον τρόπο μπορούμε να δημιουργήσουμε χρόνο αν έχουμε μόνο 24 ώρες την ημέρα; Είναι απλό: ξεκινάμε με την επίγνωση του χρόνου και την προσθήκη αξίας σε κάθε δευτερόλεπτο.

Αυτός είναι ο λόγος για τον οποίο η Δύναμη Ενός Δευτερολέπτου είναι πολύ ισχυρή – όταν δημιουργείτε αξία σε κάθε δευτερόλεπτο, η αξία που θα μπορείτε να δημιουργήσετε σε μια μέρα είναι σημαντικά μεγαλύτερη από αυτή που παράγετε την ίδια περίοδο.

Πρώτα απ' όλα, για να αποδείξετε ότι έχετε διαθέσιμο περισσότερο χρόνο αποκτώντας επίγνωση του χρόνου, απλά κοιτάξτε το ρολόι σας για πέντε λεπτά. Ο χρόνος φαίνεται να έχει επιβραδυνθεί. Τώρα, προσπαθήστε να παρακολουθήσετε πέντε λεπτά από την αγαπημένη σας τηλεοπτική εκπομπή. Ο χρόνος κυλάει τόσο γρήγορα που δεν μπορείς καν να ξέρεις πού πάει ο χρόνος. Άρα λοιπόν, γνωρίζουμε ότι μπορούμε να επιβραδύνουμε τον χρόνο όταν το συνειδητοποιήσουμε, επειδή ο χρόνος είναι σχετικός.

Τώρα που έχετε αποκτήσει επίγνωση του χρόνου, πρέπει να δημιουργήσετε περισσότερο χρόνο. Δεδομένου ότι ο χρόνος είναι σχετικός, ο μόνος τρόπος που μπορείτε να δημιουργήσετε χρόνο είναι όταν τον συγκρίνετε με τις ενέργειες που μπορείτε να πραγματοποιήσετε εντός της ίδιας χρονικής περιόδου. Για παράδειγμα, αν έγραφα ένα βιβλίο και ήμουν ικανός να γράφω δέκα σελίδες την ημέρα, αλλά τώρα μπορώ να γράψω 20, αυτό σημαίνει ότι έχω δημιουργήσει χρόνο, με προϋπόθεση ότι η ποιότητα παραμένει ίδια.

Ωστόσο, ας υποθέσουμε ότι η ποιότητα δεν αποτελεί σημαντικό στοιχείο. Σε αυτή την περίπτωση, θα μπορούσα να γράψω 30 σελίδες μέσα στην ίδια περίοδο, οπότε θα είχα δημιουργήσει ακόμη περισσότερο χρόνο. Είναι απαραίτητο να κατανοήσετε την έννοια της αξίας σε ό,τι κι αν κάνετε, γιατί αν η δράση δεν είναι αξιόλογη, είναι σπάταλη, πράγμα που σημαίνει ότι καταστρέφετε και μειώνετε τον χρόνο.

Έτσι, όσο πιο γρήγορα ολοκληρώσετε αξιόλογες ενέργειες που έχουν την ισχυρότερη επίδραση στον στόχο σας, τόσο περισσότερο χρόνο θα δημιουργήσετε. Και όσο περισσότερο χρόνο δημιουργείτε, τόσο λιγότερες ανταλλαγές θα χρειαστεί να κάνετε.

Για να σας βοηθήσω να δημιουργήσετε χρόνο, θα χρειαστεί πρώτα να καταμετρήσετε πού ξοδεύετε τον χρόνο σας και πόσο τον ξοδεύετε. Αυτό μπορείτε να το κάνετε για μια μέρα, αλλά είναι καλύτερο να το καταγράψετε για τουλάχιστον μια εβδομάδα, για να αξιολογήσετε καλύτερα πού πηγαίνει ο χρόνος σας και πώς μπορείτε να τον βελτιώσετε. Μόλις το κάνετε αυτό, θα πρέπει να παρακολουθείτε τον χρόνο σας καθημερινά, ώστε να μπορείτε να κάνετε ανασκόπηση μία φορά τον μήνα και να δείτε τι άλλο μπορείτε να κάνετε για να δημιουργήσετε χρόνο. Αυτή η πρακτική είναι σύμφωνη με την ιαπωνική μέθοδο του kaizen, η οποία σχετίζεται με τη διαρκή βελτίωση.

Προσπαθείτε πάντα να βελτιώνεστε για να δημιουργείτε χρόνο και αξία. Αυτό που αντιλήφθηκα επίσης είναι ότι καταγράφοντας τον χρόνο που αφιερώνω σε κάθε δραστηριότητα και βάζοντας έναν χρονικό στόχο για την ολοκλήρωση, αυτόματα το κάνω γρηγορότερα, όχι μόνο γιατί έχω μεγαλύτερη επίγνωση και θέλω να δράσω γρηγορότερα, αλλά υπερβαίνω επίσης τον νόμο του Πάρκινσον, σύμφωνα με τον οποίο ο όγκος της εργασίας διευρύνεται για να καλύψει τον διαθέσιμο χρόνο για την ολοκλήρωσή της.

Άρα λοιπόν, όσο περισσότερο χρόνο πιστεύετε ότι έχετε, τόσο περισσότερο χρόνο θα χρειαστείτε για να ολοκληρώσετε την εργασία. Προσωπικά, προσπάθησα πολλές φορές να ξεφύγω από την καταμέτρηση του χρόνου των δραστηριοτήτων μου, αλλά γρήγορα συνειδητοποίησα ότι η παραγωγικότητά μου μειώνονταν πάντα, γι' αυτό πάντα καταγράφω τον χρόνο που αφιερώνω καθημερινά σε κάθε δραστηριότητα για να βεβαιωθώ ότι πάντα έχω επίγνωση του χρόνου.

Για να δημιουργήσετε χρόνο, μπορείτε να ακολουθήσετε τα παρακάτω βήματα:

1. Καταγράψτε τις κύριες δραστηριότητες που κάνετε κάθε μέρα και κατηγοριοποιήστε τις βάση των κατηγοριών των στόχων σας, καθώς και μια επιπλέον κατηγορία: τις καθημερινές εργασίες. Κάθε δραστηριότητα θα πρέπει επίσης να έχει έναν στοχευμένο χρόνο, όπως ορίσαμε νωρίτερα στο βιβλίο μας.

2. Καταγράψτε τον χρόνο που αφιερώθηκε σε κάθε δραστηριότητα.

3. Ελέγξτε κάθε δραστηριότητα και απαντήστε στις παρακάτω ερωτήσεις με την ακόλουθη σειρά. (Δεν χρειάζεται να αναθέσετε ή να βελτιώσετε μία δραστηριότητα αν δεν το θέλετε.)

   - Μπορεί να εξαλειφθεί ή μπορείτε απλά να πείτε όχι; Επηρεάζει τον στόχο σας;
   - Μπορεί να ανατεθεί; Χρειάζεται να το κάνετε;
   - Μπορείτε να το κάνετε πιο γρήγορα;
   - Είναι αρκετός ο χρόνος που αφιερώνετε σε κάθε δραστηριότητα για να πετύχετε τον στόχο σας;
   - Είναι ισορροπημένος ο χρόνος σας;

4. Με βάση τις απαντήσεις σας, προσαρμόστε τον χρόνο που αφιερώνετε σε κάθε δραστηριότητα

Ας δούμε ένα παράδειγμα.

Καθημερινές Εργασίες

- Παντοπωλείο (Στοχευμένος χρόνος: 1 ώρα, Πραγματικός χρόνος: 2 ώρες)
- Παρακολούθηση τηλεόρασης (Στοχευμένος χρόνος: 1 ώρα, Πραγματικός χρόνος: 3 ώρες)

- Προετοιμασία και κατανάλωση φαγητού (Στοχευμένος χρόνος: 1 ώρα, Πραγματικός χρόνος: 2 ώρες)
- Διαλείμματα (Στοχευμένος χρόνος: 2 ώρες, Πραγματικός χρόνος: 1 ώρα)

Οικονομικά/Επιχειρηματικά

- Δημιουργώ τη δική μου επιχείρηση (Στοχευμένος χρόνος: 2 ώρες, Πραγματικός χρόνος: 0 ώρες)
- Εργασία σε έργο πελάτη (Στοχευμένος χρόνος: 8 ώρες, Πραγματικός χρόνος: 10 ώρες)

Υγεία και άσκηση

- Άσκηση (Στοχευόμενος χρόνος: 1 ώρα, Πραγματικός χρόνος: 1 ώρα)
- Διαλογισμός (Στοχευόμενος χρόνος: 1 ώρα, Πραγματικός χρόνος: 1 ώρα)

Σχέσεις

- Να περάσετε χρόνο με την οικογένεια (Στοχευμένος χρόνος: 3 ώρες, Πραγματικός χρόνος: 1 ώρα)

Προσωπική Ανάπτυξη

- Διαβάστε ένα βιβλίο (**Στοχευμένος χρόνος**: 1 ώρα, **Πραγματικός χρόνος**: 0 ώρες)

Εξετάζοντας τις δραστηριότητες και αξιολογώντας τον στόχο και τον πραγματικό χρόνο που ξοδεύετε, μπορείτε να κάνετε αλλαγές για να δημιουργήσετε χρόνο. Για παράδειγμα:

Καθημερινές Εργασίες

- Καταργώντας την παρακολούθηση τηλεόρασης και την παραγγελία των ειδών παντοπωλείου μου στο Διαδίκτυο, θα μπορούσα να εξοικονομήσω τεσσερισήμισι ώρες.

Οικονομικά/Επιχειρηματικά

- Πρέπει να αυξήσω τον χρόνο που εργάζομαι στην επιχείρησή μου, επομένως πρέπει να τον αυξήσω σε τρεις ώρες την ημέρα. Αυτό συμβαίνει γιατί συνειδητοποίησα ότι δεν επενδύω χρόνο σε αυτό και τώρα έχω μείνει πίσω στο σχέδιό μου.
- Δουλεύοντας πιο αποτελεσματικά στο έργο του πελάτη μου, μπορώ να εξοικονομήσω άλλες δύο ώρες την ημέρα.

Υγεία και άσκηση

- Καμία αλλαγή

Σχέσεις

- Δεν αφιερώνω αρκετό χρόνο με την οικογένειά μου, επομένως πρέπει να τον αυξήσω κατά δύο ώρες.

Προσωπική Ανάπτυξη

- Δεν επενδύω καθόλου χρόνο στην ανάγνωση ενός βιβλίου. Πρέπει να κάνω μία ανασκόπηση στο κεφάλαιο «Πράξη χωρίς σκέψη» αυτού του βιβλίου και να αρχίσω να διαβάζω για 30 λεπτά καθημερινά.

Μπορείτε επίσης να αναγάγετε αυτή τη διαδικασία σε υψηλό επίπεδο, αναλογιζόμενοι σε ποιες δραστηριότητες αφιερώσατε τον περισσότερο χρόνο σας και βλέποντας πώς μπορείτε να αλλάξετε αυτές τις δραστηριότητες ούτως ώστε να σας πάρει λιγότερο χρόνο. Αλλά αυτά είναι υψηλά επίπεδα, επομένως δεν θα μπορείτε να μεγιστοποιήσετε κάθε δευτερόλεπτο. Η ανάλυση υψηλού επιπέδου ακολουθεί τον κανόνα Pareto του 80/20, ο οποίος λέει ότι, κατά μέσο όρο, το 80 τοις εκατό των συνεπειών προέρχεται από το 20 τοις εκατό των αιτίων. Για παράδειγμα, εάν κοιμάστε εννέα ώρες και εργάζεστε για δέκα, αυτές οι δύο δραστηριότητες συμβάλλουν σχεδόν στο 80 τοις εκατό του χρόνου σας. Έτσι, μειώνοντας αυτές τις δραστηριότητες ή όντας πιο παραγωγικοί, μπορείτε να μειώσετε τον χρόνο που αφιερώνετε σε αυτές και τον υπόλοιπο χρόνο για να εστιαστείτε σε ενέργειες που μπορούν να σας βοηθήσουν να πετύχετε τους στόχους σας.

Για παράδειγμα, ας υποθέσουμε ότι μπορείτε να βελτιώσετε την ποιότητα του ύπνου σας. Σε αυτή την περίπτωση, μπορείτε ενδεχομένως να μειώσετε τον αριθμό των ωρών που κοιμάστε. Εάν μπορείτε να αυτοματοποιήσετε, να εξαλείψετε ή να αναθέσετε οποιεσδήποτε δραστηριότητες κάνετε στη δουλειά σας, μπορείτε επίσης να εξοικονομήσετε χρόνο κάνοντας τις ενέργειες που μπορούν να έχουν άμεσο αντίκτυπο στον στόχο σας.

Ωστόσο, θυμηθείτε τι συζητήσαμε στο κεφάλαιο «Αποκατάσταση Ενέργειας» – ότι πρέπει να έχετε διακοπές και εργασιακά διαγράμματα για να μεγιστοποιήσετε την παραγωγικότητά σας. Μπορείτε να ξεκινήσετε με 50 λεπτά δουλειάς και ένα δεκάλεπτο διάλειμμα και στη συνέχεια να το προσαρμόσετε ανάλογα με τις ανάγκες σας. Βεβαιωθείτε ότι για αυτά τα 50 λεπτά, είστε πλήρως συγκεντρωμένοι, χωρίς περισπασμούς από άλλους ανθρώπους, κινητά τηλέφωνα, ειδοποιήσεις κλπ. ίδιο επίπεδο εστίασης. Φροντίστε να είστε σε «λειτουργία πτήσης» γιατί αν σας διακόψουν, μπορεί να σας πάρει έως και 25 λεπτά για να ανακτήσετε το ίδιο επίπεδο συγκέντρωσης.

Επίσης, βεβαιωθείτε ότι δεν τελείτε πολλά καθήκοντα ταυτόχρονα και αντ' αυτού εστιάζεστε μόνο σε μία δραστηριότητα, καθώς αυτό μπορεί ενδεχομένως να σας κοστίσει το 40 τοις εκατό της παραγωγικότητάς σας.

Ωστόσο, μπορείτε ακόμα να κάνετε σύνθεση δραστηριοτήτων, συνδυάζοντας δύο δραστηριότητες για να εξοικονομήσετε χρόνο, όπως να ακούτε ένα ηχητικό βιβλίο ενώ περπατάτε.

Τέλος, πρέπει να εξασφαλίσετε ότι ο χρόνος που έχετε δημιουργήσει αξιοποιείται σωστά. Δεν έχει νόημα να δημιουργείτε χρόνο όταν τον ξοδεύετε κάνοντας κάτι που δεν είναι αξιόλογο ή δεν σας βοηθά να επιτύχετε τον στόχο σας.

Επομένως, φροντίστε πρώτα να ολοκληρώσετε τις δραστηριότητες που ασκούν επιρροή στον στόχο σας πριν κάνετε οτιδήποτε άλλο.

Αξιολογήστε τι πρέπει να ολοκληρώσετε πρώτα με βάση τον βαθμό επιρροής και τη σημασία της εργασίας πριν κάνετε την επόμενη εργασία και προσπαθήστε να ιεραρχήσετε την κατάταξη όλων των εργασιακών καθηκόντων. Η «κατάταξη στοίβας» σημαίνει την καταχώριση όλων των καθημερινών εργασιών σας με σειρά προτεραιότητας και μετάβαση στην επόμενη εργασία μόνο αφού ολοκληρώσετε την πρώτη. Ωστόσο, ας υποθέσουμε ότι μια εργασία δεν μπορεί να ολοκληρωθεί επειδή πρέπει να περιμένετε κάτι άλλο. Σε αυτή την περίπτωση, μεταβαίνετε στην επόμενη εργασία και επιστρέφετε όταν λάβετε τις πληροφορίες που θα σας επιτρέψουν να ολοκληρώσετε την πρώτη.

Είναι απαραίτητο να εστιάσετε πρώτα στις πιο σημαντικές εργασίες, επειδή τα επίπεδα ενέργειάς σας θα μειώνονται όσο προχωρά η μέρα. Πρέπει να διασφαλίσετε ότι ξοδεύετε την υψηλή σας ενέργεια σε δράσεις που θα σας φέρουν πιο κοντά στον στόχο σας.

Ωστόσο, για να είστε ακόμα πιο παραγωγικοί, για να φέρετε το μυαλό σας σε κατάσταση ροής και να είστε πιο δημιουργικοί ή αποτελεσματικοί, πρέπει να ολοκληρώσετε τις εργασίες σας με βάση τον χρόνο που αφιερώνετε σε κάθε στόχο ή δραστηριότητα. Επομένως, οι εργασίες σας θα πρέπει να βρίσκονται στη λίστα προτεραιοτήτων σας για κάθε στόχο αντί να ολοκληρώνετε εργασίες που αντιστοιχούν σε διαφορετικούς στόχους. Όπως έχουμε εξηγήσει, όταν κάνετε πολλές εργασίες, αυτό θα μειώσει σημαντικά την παραγωγικότητά σας.

Μπορούμε να εξηγήσουμε αυτή την έννοια χρησιμοποιώντας το ακόλουθο παράδειγμα. Ας υποθέσουμε ότι είχατε τους ακόλουθους στόχους και εργασίες:

Στόχος 1: Γράψιμο ενός βιβλίου

Εργασία 1: Έρευνα βιβλιογραφίας

Εργασία 2: Γράψιμο 1.000 λέξεων

Στόχος 2: Βελτίωση των οικονομικών

Εργασία 3: Επισκόπηση δαπανών

Εργασία 4: Προσδιορισμός βελτιώσεων

Στόχος 3: Στήριξη οικογένειας

Εργασία 5: Να πάτε στο σούπερ μάρκετ

Εργασία 6: Να μαγειρέψετε ένα γεύμα

Το πρώτο πράγμα που κάνουμε είναι να γράφουμε τις εργασίες με σειρά προτεραιότητας για κάθε στόχο, άρα δεν χρειάζεται να σκεπτόμαστε ποια εργασία θα πρέπει να κάνουμε στη συνέχεια. Το επόμενο πράγμα που πρέπει να κάνουμε είναι να σχεδιάσουμε πότε πρέπει να ολοκληρωθούν αυτές οι εργασίες. Αυτό που ήθελα να τονίσω πριν είναι ότι πρέπει να διαθέσετε, ας πούμε, μία ώρα για κάθε στόχο και να κάνετε τις εργασίες για κάθε στόχο ξεχωριστά αντί να τις ανακατεύετε. Εάν προσπαθήσετε να κάνετε την εργασία 1, μετά την εργασία 3 και την εργασία 5, θα χρειαστείτε περισσότερο χρόνο επειδή κάνετε τον εγκέφαλό σας να δουλεύει σκληρότερα, καθώς θα πρέπει να περάσετε μέσα από διαφορετικές έννοιες και δεξιότητες. Αυτό μπορεί να εξαντλήσει την ενέργειά σας, πράγμα που σημαίνει ότι θα κουραστείτε πιο γρήγορα.

Επίσης, αυτό θα αποτρέψει το μυαλό σας από το να εισέλθει σε κατάσταση ροής, η οποία κατορθώνεται όταν συγκεντρώνεστε σε έναν τομέα. Λειτουργεί αντίστοιχα με τον τρόπο που εξασκούνται οι αθλητές πριν από τον αγώνα: αν πάτε κατευθείαν στον αγώνα χωρίς προθέρμανση, δεν θα μπορείτε να αποδώσετε τόσο καλά όσο αν κάνατε σωστή προθέρμανση. Πρέπει πρώτα να ενεργοποιήσετε το σώμα σας και να ζεστάνετε όλους τους μυς σας ώστε να μπορούν να αποδίδουν καλύτερα. Ομοίως, το μυαλό σας πρέπει να επικεντρωθεί σε έναν τομέα, σε μία δεξιότητα ή ιδέα για ένα συγκεκριμένο χρονικό διάστημα ούτως ώστε να λειτουργήσει πιο αποτελεσματικά. Μπορείτε εύκολα να δοκιμάσετε αυτή την ιδέα και να διαπιστώσετε πώς βελτιώνεται ή επιδεινώνεται η απόδοσή σας.

10.
Μεγιστοποίηση πόρων

«Ξεκινήστε από εκεί που είστε με αυτό που έχετε, γνωρίζοντας ότι αυτά που έχετε είναι αρκετά».
Booker T. Washington

Συχνά δίνουμε στον εαυτό μας δικαιολογίες ότι δεν μπορούμε να πετύχουμε αυτό που θέλουμε επειδή δεν έχουμε τους πόρους. Παρόλο που είναι αλήθεια ότι χρειάζεστε πόρους για να εκτελέσετε ορισμένες δράσεις, είναι επίσης αλήθεια ότι μπορείτε να είστε *πολυμήχανοι* και να κατορθώσετε αυτό που θέλετε με περιορισμένους πόρους. Επιλέξτε να πιστεύετε ότι δεν χρειάζεστε πόρους, απλά πρέπει να είσαι επινοητικοί και θα βρείτε τον τρόπο. Όταν είστε πολυμήχανοι, μπορείτε να μεγιστοποιήσετε τους υπάρχοντες πόρους σας και να βρίσκετε τρόπους να δημιουργήσετε νέους. Όταν μεγιστοποιείτε τους πόρους σας και βρίσκετε νέους, δεν χρειάζεται να κάνετε θυσίες και μπορείτε να πετύχετε αυτό που θέλετε. Έτσι, την επόμενη φορά που θα σκεφτείτε ότι δεν μπορείτε να κάνετε κάτι, απλώς πείτε «Πώς μπορώ να το κάνω;» και θα βρείτε τον τρόπο.

Για παράδειγμα, βρίσκοντας άτομα που έχουν ήδη πετύχει αυτό που θέλετε για να λάβετε συμβουλές, μπορεί να σας εξοικονομήσει χρόνο και χρήμα, δίνοντάς σας αρκετό χρόνο για να κάνετε τα πράγματα που κάνατε πριν. Μπορείτε να χρησιμοποιήσετε το δίκτυό σας, να βρείτε μέντορες, να παρακολουθήσετε βίντεο στο διαδίκτυο, να διαβάσετε βιβλία και να παρακολουθήσετε μαθήματα κατάρτισης και με αυτούς τους τρόπους, να προσδιορίσετε ποιες ενέργειες πρέπει να ακολουθήσετε για να πετύχετε τον στόχο σας.

Επίσης, μπορείτε να μάθετε από τα λάθη των άλλων, ώστε να μπορέσετε να μορφωθείτε και να ξέρετε τι πρέπει να αποφύγετε ή πού να είστε προσεκτικοί στο ταξίδι σας προς την επιτυχία. Φροντίστε επίσης να διαβάσετε και να μάθετε τον λόγο που άλλοι άνθρωποι έχουν αποτύχει και τι έχουν κάνει για να ξεπεράσουν τις αποτυχίες τους. Μπορείτε να έχετε μεγαλύτερη επίγνωση των πραγμάτων και ενδεχομένως να αποφύγετε τέτοιες αποτυχίες στο μέλλον.

Όλες αυτές οι πληροφορίες είναι διαθέσιμες σε εσάς και μπορείτε να ξεκινήσετε τώρα. Δεν χρειάζεται να περιμένετε την τέλεια στιγμή· το τέλειο δευτερόλεπτο είναι τώρα. Ένα κινέζικο ρητό λέει: «Η καλύτερη εποχή για να φυτέψεις ένα δέντρο ήταν 20 χρόνια πριν. Η δεύτερη καλύτερη στιγμή είναι τώρα».

Πάρτε, για παράδειγμα, την εταιρεία Tough Mudder. O Will Dean την ξεκίνησε με μόνο 7.000 δολάρια σε οικονομίες και τώρα έχει περισσότερα από 100.000.000 δολάρια έσοδα από την προπώληση εγγραφών σε αγώνες. Το ίδιο και με το Shutterstock: O Jon Oringer ξεκίνησε με 30.000 φωτογραφίες από την προσωπική του αρχειοθήκη φωτογραφιών και τώρα η εταιρεία του αξίζει δισεκατομμύρια δολάρια.

Επίσης, εάν σκέφτεστε να δημιουργήσετε μια νέα επιχείρηση ή ένα προϊόν, προτού ξεκινήσετε, ερευνήστε τι είναι ήδη διαθέσιμο στην αγορά και τον τρόπο με τον οποίο άλλες εταιρείες έχουν γίνει επιτυχημένες. Χρησιμοποιήστε τους πόρους που μπορείτε να βρείτε, ώστε να μην χρειάζεται να ξεκινήσετε από την αρχή. Ωστόσο, να θυμάστε ότι η γνώση είναι σαν τη φωτιά, και μόνο αν τη χρησιμοποιήσετε είναι χρήσιμη. Όταν μαθαίνετε κάτι, προσπαθήστε να το εφαρμόσετε για να δείτε πώς η νέα γνώση μπορεί να σας βοηθήσει να πετύχετε τους στόχους σας.

Ένας άλλος τρόπος με τον οποίο μπορείτε να μεγιστοποιήσετε τους πόρους σας είναι να δραστηριοποιείτε άλλους και να αναθέτετε την εργασία σας, ώστε να μπορείτε να εστιάσετε σε πράγματα που έχουν μεγαλύτερο αντίκτυπο. Η ανάθεση θα σας δώσει περισσότερο χρόνο για να εστιάσετε στα πράγματα που έχουν μεγαλύτερη σημασία, ώστε να μπορείτε να επαυξήσετε την αξία τους. Σύμφωνα με ένα άρθρο του 2018 από το Harvard Business Review, η δραστηριοποίηση της ηγεσίας μπορεί να παρακινήσει τους εργαζόμενους. Έτσι, εάν κάποιος άλλος μπορεί να κάνει κάτι για εσάς, και αυτό επίσης θα τον παρακινήσει, τότε γιατί να αφιερώσετε χρόνο για να το κάνετε μόνοι σας;

Υπάρχουν πάντα επιπτώσεις κόστους όταν το κάνετε αυτό. Ωστόσο, ο χρόνος σας είναι πολύτιμος και πρέπει να βεβαιωθείτε ότι κάθε δευτερόλεπτο μετράει. Προσπαθήστε να κάνετε τα πράγματα που πρέπει να κάνετε, αντί για τα πράγματα που θα έπρεπε ή θα μπορούσατε να κάνετε. Προσπαθήστε να αυτοματοποιήσετε τις οποιεσδήποτε δραστηριότητες πρέπει να γίνουν, αλλά δεν χρειάζεται να έχετε ένα άλλο άτομο να τις κάνει.

Τέλος, μπορείτε να μεγιστοποιήσετε τους πόρους σας χτίζοντας μια ισχυρή ομάδα. Το να έχετε ανθρώπους να σας υποστηρίζουν μπορεί να σας εξοικονομήσει πολύ χρόνο γιατί μπορούν να φέρουν νέες ιδέες. Θα έχετε τη συλλογική εγκεφαλική δύναμη, ώστε να μπορείτε να λύσετε προβλήματα πιο γρήγορα, να αυξήσετε τα κίνητρα, να μάθετε πιο γρήγορα και να έχετε κάποιον να καλύψει τη δουλειά.

«Το σύνολο είναι μεγαλύτερο από τα μέρη του».
Αριστοτέλης

Αυτό το απόφθεγμα είναι τόσο αληθινό και μπορείτε να το δείτε κοιτάζοντας τη ζωή σας και βρίσκοντας παραδείγματα όπου μια συζήτηση με κάποιον πυροδότησε σκέψεις στον εγκέφαλο που σας βοήθησαν να λύσετε ένα πρόβλημα ή να βελτιώσετε κάτι στην προσωπική ή επαγγελματική σας ζωή. Υπάρχει επίσης μία αφρικανική παροιμία που λέει, «Αν θέλεις να πας γρήγορα, πήγαινε μόνος· αλλά αν θέλεις να πας μακριά, πήγαινε μαζί με άλλον».

Φυσικά, το να δημιουργήσεις μία ομάδα δεν είναι εύκολο, αλλά μπορείς να ακολουθήσεις την έρευνα η οποία δημοσιεύτηκε από το περιοδικό New York Times, η οποία ανέφερε ότι για να φτιάξεις την καλύτερη ομάδα, πρέπει να βεβαιωθείς ότι τα μέλη έχουν αλληλοκατανόηση και δείχνουν ευαισθησία σε συναισθήματα και ανάγκες.

11.
Εκπαιδεύστε τον εγκέφαλό σας

Εκπαιδεύστε τον εγκέφαλό σας και φτάστε εκεί πιο γρήγορα. Όταν εκπαιδεύσετε τον εγκέφαλό σας, θα μπορείτε να αποδώσετε καλύτερα, πράγμα που σημαίνει ότι δεν θα χρειαστεί να θυσιάσετε τον χρόνο σας για να πετύχετε αυτό που θέλετε.

Ο προμετωπιαίος φλοιός είναι υπεύθυνος για τις εκτελεστικές λειτουργίες του εγκεφάλου, όπως τον συλλογισμό, τη δημιουργικότητα, την επίλυση προβλημάτων, κλπ. Είναι επίσης υπεύθυνος για τον γνωστικό έλεγχο και τη συμπεριφορά στοχευμένη στην επίτευξη στόχων. Τα στοιχεία έχουν δείξει ότι η εκτέλεση ορισμένων ασκήσεων μπορεί να αναπτύξει τον προμετωπιαίο φλοιό και να ενισχύσει αυτές τις εκτελεστικές λειτουργίες. Με αυτόν τον τρόπο, μπορείτε να φθάσετε στον στόχο σας πιο γρήγορα. Σύμφωνα με τον Moffit (και λοιπούς συγγραφείς), οι εκτελεστικές λειτουργίες μπορούν επίσης να προβλέψουν τα επιτεύγματα, την υγεία και τον πλούτο. Επίσης, σε μια δημοσίευση του 2006 από την Ericsson, η βελτίωση της εκτελεστικής λειτουργίας εξαρτάται από τον χρόνο που αφιερώνετε στην εξάσκηση, αλλά χρειάζεται να σας προκαλεί συνεχώς να υπερβείτε τη ζώνη άνεσης ή το τρέχον επίπεδο ικανότητας. Επομένως, την επόμενη φορά που θα βρείτε ένα δύσκολο έργο, σκεφτείτε ότι η πρόκληση είναι η ανάπτυξη και συνεχίστε.

Επιπλέον, με βάση μια δημοσίευση του 1986 από τον Trulson, οι βελτιώσεις των εκτελεστικών λειτουργιών βασίζονται επίσης στον τρόπο παρουσίασης και διεξαγωγής μιας δραστηριότητας. Αυτός είναι ο λόγος που μερικές φορές πιστεύουμε και κάνουμε κάτι αν προέρχεται από ένα άτομο που εμπιστευόμαστε και έχει μεγαλύτερη αυτοπεποίθηση από κάποιον που φοβάται να μιλήσει ή δεν έχει αυτοπεποίθηση για αυτά που λέει.

Έχω διαπιστώσει ότι αν σκοπεύω να κάνω κάτι, μπορώ να μάθω και να αποδώσω καλύτερα. Έκανα κάποια περαιτέρω έρευνα και, με βάση ένα άρθρο του 1957 που δημοσιεύτηκε στο Journal of General Psychology, συνειδητοποίησα ότι η τυχαία μάθηση είναι λιγότερο αποτελεσματική από τη σκόπιμη μάθηση. Έτσι, την επόμενη φορά που θα προσπαθήσετε να μάθετε ή να κάνετε κάτι, σκεφτείτε ότι το κάνετε επειδή θέλετε να μάθετε, να αναπτυχθείτε και να εξελιχθείτε αντί να το κάνετε επειδή σας το είπε κάποιος άλλος. Αυτό θα λειτουργήσει και ως κίνητρό σας, γιατί θα σας δώσει αυτονομία, η οποία, σύμφωνα με την Pink, λειτουργεί ως κίνητρό σας.

Πώς μπορείτε λοιπόν να εκπαιδεύσετε τον εγκέφαλό σας και να αναπτύξετε τις εκτελεστικές σας λειτουργίες για να αποδώσετε καλύτερα; Παρακάτω είναι μερικά πράγματα που μπορείτε να κάνετε:

Οραματισμός: Οι τεχνικές οραματισμού χρησιμοποιούνται συχνά από τους αθλητές για να βελτιώσουν την απόδοσή τους. Όταν οραματίζεστε, δημιουργείτε κύματα άλφα, τα οποία αυξάνουν τη χαλάρωση και την εστίασή σας. Σύμφωνα με νευροεπιστήμονες, ο εγκέφαλος δημιουργεί τις ίδιες νευρικές οδούς όταν κάνετε κάτι ή απλώς το οραματίζεστε. Επίσης, όσο πιο ζωηρός είναι ο οραματισμός, τόσο ισχυρότερες είναι οι συνδέσεις των νευρικών οδών.

Η χρυσή Ολυμπιονίκης Sally Gunnell αφιερώνει ώρες και ώρες οραματιζόμενη τον κάθε αγώνα, κάτι που πιστεύει ότι συνέβαλε στην επιτυχία της. Το ίδιο ισχύει και για τον συνάδελφό της χρυσό Ολυμπιονίκη Μάικλ Φελπς, ο οποίος χρησιμοποίησε τεχνικές οραματισμού από μικρός για να παραμείνει συγκεντρωμένος και σίγουρος. Λοιπόν, γιατί δεν το δοκιμάζετε μόνοι σας για να δείτε αν λειτουργεί;

Σύμφωνα με μια ερευνητική εργασία του 2013 της International Coach Academy, εάν οραματιστείτε μια λύση σε ένα πρόβλημα, θα μπορέσετε να λύσετε το πρόβλημα πιο εύκολα, καθώς ενεργοποιεί τα γνωστικά κυκλώματα, που σχετίζονται με την ενεργή μνήμη. Επίσης, αν οραματιστείτε τους στόχους σας, ο εγκέφαλός σας θα πιστέψει τελικά ότι τους έχετε επιτύχει, ενδυναμώνοντας την αυτοπεποίθησή σας. Σύμφωνα με άρθρο του Healthline τον Μάιο του 2020, ο οραματισμός βοηθά επίσης στη δημιουργία νέων μονοπατιών μέσω μιας διαδικασίας που αποκαλείται νευροπλαστικότητα, η οποία μπορεί να συσχετίσει την αισιοδοξία και τα θετικά συναισθήματα με τον στόχο που θέλετε να επιτύχετε.

Ακόμη πιο ενδιαφέρον είναι ένα άρθρο που δημοσιεύτηκε από το National Geographic τον Δεκέμβριο του 2010. Εξηγεί ότι, σύμφωνα με νέα έρευνα, αν φανταστείτε ότι τρώτε ένα συγκεκριμένο φαγητό, μειώνει το ενδιαφέρον σας για αυτό το φαγητό. Έτσι, όχι μόνο μπορείτε να χρησιμοποιήσετε την οραματισμό για να αυξήσετε την απόδοσή σας, αλλά μπορείτε επίσης να τη χρησιμοποιήσετε για να ελέγξετε το φαγητό που τρώτε.

Προσωπικά, χρησιμοποιώ συνεχώς τεχνικές οραματισμού. Οραματίζομαι τον αγώνα μου στο μπάσκετ για να βελτιώσω την απόδοσή μου και το παιχνίδι μου. Οραματίζομαι τις χορευτικές μου κινήσεις χορεύοντας με έναν φανταστικό σύντροφο (με αυτόν τον τρόπο, μπορώ να εξασκήσω τις νέες μου κινήσεις και να γίνω καλύτερος σε αυτές ακόμα και χωρίς να χορεύω σωματικά). Χρησιμοποιώ επίσης τεχνικές οραματισμού για να χαλαρώσω, είτε κάνοντας σάρωση σώματος για να χαλαρώσω όλα τα μέρη του σώματός μου είτε προβάλλοντας τη νοερή εικόνα ότι περπατάω σε ένα αγαπημένο μέρος, όπως τα μικρά δρομάκια του St. Germain στο Παρίσι. Οραματίζομαι επίσης τον πίνακα στόχων μου για να τονώσω την αυτοπεποίθηση και την ενδυναμώσω την πεποίθησή μου ότι μπορώ να κατορθώσω ό,τι επιθυμώ. Υπάρχουν τόσο πολλές εφαρμογές, άρα μπορείτε να αποφασίσετε ποια από αυτές σας ταιριάζει καλύτερα.

Μια απλή τεχνική οραματισμού mindbodism είναι η εξής:

1. Καθίστε ή ξαπλώστε για να νοιώσετε άνετα.

2. Κλείστε τα μάτια σας και πάρτε τρεις βαθιές αναπνοές, ώστε να αρχίσετε να χαλαρώνετε και να καθαρίζετε το μυαλό σας. Βεβαιωθείτε ότι όλοι οι σπόνδυλοι σας είναι ευθυγραμμισμένοι, ώστε η πλάτη σας να είναι ίσια.

3. Νοιώστε ότι είστε ασφαλείς, προστατευμένοι και ότι μπορείτε να ανοίξετε τη φαντασία σας.

4. Για να ολοκληρώσετε έναν οραματισμό στόχου, επιλέξτε έναν στόχο και, με τις πέντε αισθήσεις σας, δείτε πώς νοιώθετε όταν πετυχαίνετε τον στόχο σας.

5. Για να ολοκληρώσετε έναν οραματισμό σάρωσης σώματος, φανταστείτε ένα φως να ξεκινάει αργά πάνω από το κεφάλι σας και να κατεβαίνει σε κάθε μέρος του σώματός σας. Νοιώστε το φως καθώς σας θερμαίνει, απελευθερώνει τις εντάσεις και θεραπεύει το σώμα σας, μέχρι και τα δάχτυλα των ποδιών σας.

6. Για να ολοκληρώσετε έναν μονομερή οραματισμό – για να απελευθερώσετε το άγχος, να σας κάνει χαρούμενους και να σας βοηθήσει να εστιάσετε σε θετικές σκέψεις – φανταστείτε ότι βρίσκεστε στο αγαπημένο σας μέρος στη Γη και περπατάτε στους δρόμους αυτού του μέρους και, με τις πέντε αισθήσεις σας, παρατηρείτε τα πάντα γύρω σας.

7. Όταν νοιώσετε έτοιμοι, μπορείτε να ανοίξετε σιγά σιγά τα μάτια σας, να κάνετε ένα ελαφρύ τέντωμα και να είστε ευγνώμονες για αυτό το θετικό συναίσθημα.

Θετική σκέψη: Η εστίαση στη θετική σκέψη και η απόρριψη τυχόν αρνητικών σκέψεων μπορεί να διασφαλίσει ότι ο προμετωπιαίος φλοιός παραμένει απασχολημένος. Διαφορετικά, η αμυγδαλή μπορεί να ενεργοποιηθεί, γεγονός που θα περιορίσει τις δραστηριότητες του προμετωπιαίου φλοιού. Όταν σκέφτεστε θετικά, νοιώθετε πιο χαρούμενοι και αισιόδοξοι, γεγονός που μειώνει την κορτιζόλη (την ορμόνη του στρες) και ο εγκέφαλος παράγει σεροτονίνη (σταθεροποιητής της διάθεσής σας).

Επίσης, σύμφωνα με τον συγγραφέα και δημοσιογράφο εκλαϊκευμένης επιστήμης Daniel Goleman, η θετική σκέψη μπορεί να ενισχύσει τη δημιουργική σκέψη και τις νοητικές λειτουργίες σας, όπως η ταχύτερη επεξεργασία των πραγμάτων. Αντίθετα, σύμφωνα με τον Peter Marien, ειδικό στη νευρογλωσσολογία και τη νευροψυχολογία, οι αρνητικές σκέψεις μειώνουν τη δραστηριότητα στην παρεγκεφαλίδα, η οποία σχετίζεται με την ισορροπία, τις εργασιακές σχέσεις και την ταχύτητα της σκέψης. Ομοίως, ο Robert Sapolsky, ερευνητής νευροενδοκρινολογίας, εξηγεί ότι ακόμη και 30 λεπτά αρνητικής ομιλίας θα αναγκάσουν τα νευρωνικά κύτταρα – που βρίσκονται στον ιππόκαμπο, που σχετίζεται με την επίλυση προβλημάτων – να αρχίσουν να πεθαίνουν. Επομένως, η εξάσκηση της θετικής σκέψης μπορεί να βελτιώσει την απόδοσή σας, οδηγώντας στο να κάνετε τα πράγματα πιο γρήγορα και να μην θυσιάσετε τον χρόνο σας.

Αυτές είναι μερικές τεχνικές που χρησιμοποιώ για να παραμένω πάντα θετικός:

Αν συμβεί κάτι κακό ή αν αποτύχω σε κάτι, λέω το εξής: **«Η ζωή θα σου δώσει αυτό που χρειάζεσαι και όχι αυτό που θέλεις»**. Θα προσπαθήσω να σκεφτώ και να μάθω από αυτή την κακή εμπειρία, να πάρω τη σχετική αρνητική ενέργεια και να τη μετατρέψω σε κάτι θετικό. Όταν δεν έβρισκα πού να παίξω μπάσκετ για δύο μήνες, δημιούργησα τη δική μου εταιρεία και νοίκιασα ένα γήπεδο για να μπορώ να παίξω μπάσκετ. Λίγα χρόνια αργότερα, οποιοσδήποτε μπορεί να συμμετάσχει σε μία από αυτές τις συνεδρίες.

Λέω επίσης, **«Η αποτυχία είναι ένα βήμα προς την επιτυχία»**. Και μετά πάλι, προσπαθώ να βελτιώνομαι και να μαθαίνω από τα λάθη μου συνεχώς.

Αν κάποιος προσπαθήσει να φερθεί άσχημα απέναντί μου, του λέω: **«Όταν καταλαβαίνεις, συγχωρείς»**. Υπενθυμίζω στον εαυτό μου ότι δεν έχουν όλοι το προνόμιο να έχουν καλή εκπαίδευση ή μία παιδική ηλικία γεμάτη αγάπη, και αν προσέξετε πραγματικά και καταλάβετε γιατί οι άνθρωποι συμπεριφέρονται με έναν συγκεκριμένο τρόπο, θα τους συγχωρέσετε. Και να θυμάστε, κανείς δεν είναι τέλειος.

Όταν συμβαίνει κάτι κακό, τείνω να αλλάζω την αφήγηση, ώστε να μην φαίνεται τόσο άσχημο. Για παράδειγμα, αν κάποιος πει κάτι βλαβερό, θα προσπαθήσω να μην βάλω τον εγωισμό μου πρώτο και να μεγεθύνω την κατάσταση νομίζοντας ότι αυτό το άτομο δεν με σέβεται ή δεν νοιάζεται για μένα. Αντίθετα, θα αλλάξω την αφήγηση σε αυτό το άτομο που δεν μπορεί να δείξει κατανόηση εκείνη τη στιγμή ή δεν μπορεί να σκεφτεί και να μιλήσει σωστά.

Αλλάξτε τη γλώσσα σας. μεταβείτε από την αρνητική αυτοομιλία στη θετική αυτοομιλία. Πείτε «Πώς μπορώ να το κάνω;» αντί να πείτε «Δεν μπορώ να το κάνω». Πείτε, «Θα φροντίσω να πετύχει», αντί να πείτε, «Δεν θα πετύχει». Πείτε «Είναι δυνατόν» αντί για «Είναι αδύνατον». Πείτε «Θα μάθω τη δεξιότητα» αντί για «δεν έχω τη δεξιότητα». Πείτε, «Θα βρω έναν τρόπο», αντί να πείτε «Είναι πολύ δύσκολο».

Όταν προσπαθώ να μην κάνω αρνητικές σκέψεις, προσπαθώ να χαμογελάω και να σκέφτομαι κάτι θετικό. Το χαμόγελο με κάνει να επικεντρώνομαι στο να είμαι θετικός και εξαλείφει τυχόν αρνητικά συναισθήματα.

Οι μέρες που ασκούμαι, τρώω υγιεινά και αναλαμβάνω τον έλεγχο της ημέρας μου αποφασίζοντας τι να κάνω και να μην κάνω πάντα με βοηθούν να διατηρώ θετική στάση και να σκέφτομαι θετικά όλη την ημέρα.

Μέτριας έντασης άσκηση συνιστάται επίσης για την ενίσχυση των γνωστικών σας λειτουργιών. Αυτές οι ασκήσεις θα αυξήσουν τον καρδιακό σας ρυθμό, θα σας κάνουν να αναπνέετε πιο γρήγορα και θα αισθάνεστε πιο ζεστοί. Ένας πρακτικός τρόπος για να ελέγξετε αν κάνετε μέτρια άσκηση είναι να δείτε αν μπορείτε να μιλήσετε αλλά όχι να τραγουδήσετε.

Η άσκηση χαμηλής έντασης έχει μικρότερο αντίκτυπο αλλά εξακολουθεί να είναι ευεργετική. Οι προπονήσεις υψηλής έντασης μπορεί να έχουν το αντίθετο αποτέλεσμα εάν υπερβείτε το όριο σας. Σε ένα άρθρο που δημοσιεύθηκε τον Ιούλιο του 2019 από το Behavior Sciences, οι αλλαγές ενεργοποίησης στον προμετωπιαίο φλοιό είναι υψηλότερες μετά από άσκηση μέτριας έντασης σε σύγκριση με υψηλής έντασης. Επίσης, σύμφωνα με ένα άρθρο του 2014 από την Harvard Health Publishing, εάν ασκείστε τακτικά, ο εγκέφαλός σας θα αλλάξει για να βελτιώσει τη μνήμη και τις δεξιότητες σκέψης, καθώς διεγείρει την απελευθέρωση χημικών ουσιών ανάπτυξης (που επηρεάζουν την υγεία των εγκεφαλικών κυττάρων και την ανάπτυξη νέου αίματος αγγεία στον εγκέφαλο). Ένα άρθρο του 2020 από την Harvard Health Publishing εξηγεί ότι η άσκηση μειώνει τις ορμόνες του στρες όπως την κορτιζόλη και την επινεφρίνη, καθώς παράγονται ενδορφίνες. Οι ενδορφίνες είναι χημικές ουσίες στον εγκέφαλο που δρουν ως φυσικά παυσίπονα.

Παρακάτω μπορείτε να βρείτε μερικές ασκήσεις μέτριας έντασης που μπορείτε να κάνετε:

1. Χορός
2. Ποδηλασία
3. Τένις
4. Γοργό περπάτημα
5. Τζόκινγκ
6. Κολύμβηση

Η **ευγνωμοσύνη** ενισχύει τα θετικά συναισθήματα, τα οποία επίσης ενεργοποιούν τον προμετωπιαίο φλοιό. Σύμφωνα με την Emily Fletcher, ειδική στον διαλογισμό υψηλής απόδοσης, όταν ασκούμε ευγνωμοσύνη, ο εγκέφαλός μας απελευθερώνει ντοπαμίνη και σεροτονίνη, που είναι οι νευροδιαβιβαστές που μας κάνουν να νοιώθουμε καλά. Όταν δείχνεις ευγνωμοσύνη, αναγνωρίζεις τα καλά πράγματα στη ζωή. Επίσης, η ευγνωμοσύνη συνδέεται με την ευτυχία, την οποία μπορείτε να δείτε από τη δική σας εμπειρία. Επομένως, η εξάσκηση της ευγνωμοσύνης θα μας κάνει να νοιώθουμε πιο ευτυχισμένοι, και αυτό με τη σειρά του θα μας βοηθήσει να είμαστε πιο παραγωγικοί.

Παρακάτω μπορείτε να βρείτε μερικές τεχνικές mindbodism σχετικά με τον τρόπο άσκησης της ευγνωμοσύνης:

1. Όταν ξυπνάτε το πρωί και πριν πέσετε για ύπνο, **πείτε πέντε πράγματα για τα οποία είστε ευγνώμονες**. Όταν λέτε ευχαριστώ, πρέπει να έχετε τα μάτια σας κλειστά και τις παλάμες σας ενωμένες και να ακουμπούν στο στήθος σας έτσι ώστε τα χέρια σας να αγγίζουν την καρδιά σας.

Όταν λέτε ευχαριστώ, εξηγήστε επίσης το γιατί. Για παράδειγμα, μπορείτε να είστε ευγνώμονες για την υγεία σας επειδή μπορείτε να ολοκληρώσετε τα πράγματα που θέλετε να κάνετε. Μπορείτε να είστε ευγνώμονες για την οικογένειά σας επειδή είναι μαζί σας για να σας στηρίξουν. Μπορείτε να είστε ευγνώμονες για τον ήλιο γιατί σας κάνει χαρούμενους και σας ζεσταίνει. Μπορείτε να είστε ευγνώμονες για το μεσημεριανό γεύμα που φάγατε επειδή ήταν θρεπτικό και είχε υπέροχη γεύση.

Μην περιορίζετε τον εαυτό σας ασκώντας μόνο ευγνωμοσύνη κατά τη διάρκεια της ημέρας και της νύχτας. Όταν αγχώνεστε, απογοητεύεστε ή έχετε αρνητικές σκέψεις, να είστε ευγνώμονες για όσα έχετε και να χαμογελάτε όταν τελειώνετε κάθε πρόταση. Η τήρηση ημερολογίου μπορεί επίσης να είναι χρήσιμη, επειδή μπορείτε πάντα να επιστρέφετε και να θυμάστε όλα τα πράγματα που ήσασταν ευγνώμονες. Όσο περισσότερες θετικές αναμνήσεις, τόσο καλύτερα θα νοιώθετε.

2. **Πείτε ευχαριστώ σε ένα τουλάχιστον άτομο καθημερινά.** Μπορείτε να ευχαριστήσετε τη γυναίκα σας για το μαγείρεμα του δείπνου, μπορείτε να ευχαριστήσετε τον σύζυγό σας που σας χάρισε λουλούδια ή μπορείτε να ευχαριστήσετε έναν συνάδελφο που σας βοήθησε να ολοκληρώσετε μία εργασία.

3. **Ολοκληρώστε έναν διαλογισμό ευγνωμοσύνης.** Μπορείτε να βρείτε ένα διαλογισμό ευγνωμοσύνης στο mindbodism.com ή να ψάξετε στο διαδίκτυο για να βρείτε αυτό που συνδέεται καλύτερα μαζί σας.

4. **Να είστε ευγνώμονες για μια πρόκληση ή μια δύσκολη κατάσταση που έχετε ξεπεράσει.** Να θυμάστε ότι όταν συμβαίνει κάτι κακό, κάτι καλό θα ακολουθήσει στο μέλλον.

5. Δημιουργήστε τη δική σας προσευχή ευγνωμοσύνης ή μπορείτε να χρησιμοποιήσετε αυτήν από το mindbodism παρακάτω. Όταν λέτε ευχαριστώ, πρέπει να έχετε τα μάτια σας κλειστά, τις

παλάμες σας να αγγίζουν μεταξύ τους και να ακουμπούν στο στήθος σας και τα χέρια σας να αγγίζουν την καρδιά σας.

Σας ευχαριστώ για την πολύτιμη ζωή που μου χαρίσατε. Είμαι ευγνώμων για το κάθε δευτερόλεπτο που περνάω στη ζωή μου και υπόσχομαι ότι δεν θα αφήσω ούτε μία στιγμή να πάει χαμένη. Σας ευχαριστώ για την αγάπη, την καλοσύνη, την ενσυναίσθηση, τη συγχώρεση και την ελπίδα σας για ένα καλύτερο μέλλον. Σας ευχαριστώ που κρατήσατε εμένα, την οικογένειά μου και τους φίλους μου ασφαλείς και προστατευμένους κάτω από τα φτερά σας. Σας ευχαριστώ για το σώμα, το μυαλό και το πνεύμα που μου δώσατε για να μου επιτρέψετε να συνδεθώ με τους άλλους με τόσους πολλούς τρόπους και να αφυπνίσω το πνεύμα μου. Σας ευχαριστώ για τις προκλήσεις που φέρνετε στη ζωή μου και για τη δύναμη και τη νοημοσύνη που μου δίνετε να τις ξεπεράσω ώστε να με βοηθήσουν να αναπτυχθώ. Σας ευχαριστώ που μου δείξατε πώς να εκτιμώ και να αξιοποιώ το κάθε δευτερόλεπτο και που με βοηθάτε να πετύχω τον σκοπό μου στη ζωή. Σας ευχαριστώ για όλα. Namaste.

6. **Μάθετε κάτι καινούργιο.** Σύμφωνα με ένα άρθρο που δημοσιεύθηκε τον Φεβρουάριο του 2015 από την *Harvard Health Publishing*, όταν ασκούμε μια νέα και προκλητική δραστηριότητα, αυτό μπορεί να δημιουργήσει και να διατηρήσει γνωστικές δεξιότητες, επειδή ο εγκέφαλός μας μπορεί να μάθει και να αναπτυχθεί – μια διαδικασία που ονομάζεται πλαστικότητα του εγκεφάλου. Επίσης, σύμφωνα με παλαιότερο άρθρο που δημοσιεύθηκε τον Δεκέμβριο του 2015, το να προκαλείτε τον εγκέφαλό σας μπορεί να σας βοηθήσει να διατηρήσετε τις δεξιότητες σκέψης σας. Μαθαίνοντας κάτι καινούργιο, ασκείτε τον εγκέφαλό σας, κάτι που βοηθά στη βελτίωση των γνωστικών λειτουργιών όπως η συγκέντρωση και η επίλυση προβλημάτων. Επομένως, μαθαίνοντας κάτι καινούργιο, θα μπορείτε επίσης να αποδώσετε περισσότερο, επομένως δεν θα χρειαστεί να θυσιάσετε το χρόνο σας.

Ωστόσο, για να μεγιστοποιήσετε το όφελος από την εκμάθηση κάτι καινούργιου, πρέπει να προσπαθήσετε να τελέσετε μια δραστηριότητα, η οποία είναι προκλητική – αυτός είναι ο λόγος για τον οποίο επιλέγετε κάτι καινούργιο. Ένα καλό παράδειγμα είναι η έναρξη της εκμάθησης ενός νέου χορού. Αρχικά, όταν άρχισα να μαθαίνω salsa, δεν ήξερα πώς να συντονίσω την κίνηση του αριστερού μου ποδιού με την κίνηση του δεξιού μου. Μετά από χρόνια εξάσκησης, μπόρεσα όχι μόνο να μάθω πώς να χορεύω, αλλά και πώς να είμαι ερμηνευτής και χορογράφος. Επίσης, όταν επιλέγετε σύνθετες δραστηριότητες, μπορείτε να ασκήσετε περισσότερο τον εγκέφαλό σας και να εργαστείτε για την επίλυση προβλημάτων. Ακολουθούν μερικοί τρόποι για να ξεκινήσετε τη μάθηση:

1. Μάθετε πώς να χορεύετε ή μάθετε έναν νέο χορό
2. Μάθετε ένα νέο άθλημα
3. Μάθετε πώς να ζωγραφίζετε
4. Μάθετε να παίζετε ένα μουσικό όργανο
5. Γράψτε ένα βιβλίο
6. Μάθετε μια νέα γλώσσα
7. Διαβάστε ένα νέο βιβλίο

Εστιάστε στην αναπνοή. Σε ένα άρθρο που δημοσιεύθηκε τον Μάρτιο του 2015 από την Εθνική Βιβλιοθήκη Ιατρικής, οι ερευνητές διαπίστωσαν ότι μια απλή πρακτική αναπνοής μπορεί να βοηθήσει στη βελτίωση των γνωστικών διαδικασιών. Οι συμμετέχοντες στη μελέτη δοκιμάστηκαν σε νοητικά μαθηματικά και εργασιακή μνήμη και απέδωσαν σημαντικά καλύτερα μετά από έξι εβδομάδες παρέμβασης. Έτσι, καθώς εξασκείτε την αναπνοή σας – και μπορείτε να αποδώσετε καλύτερα – δεν θα χρειαστεί να θυσιάσετε τον χρόνο σας για να κάνετε τα πράγματα που κάνατε παλιά.

Η σχέση μεταξύ αναπνοής και νου ήταν στην πραγματικότητα γνωστή πολύ πριν, καθώς ο Γιόγκι Σβαταράμα, σοφός γιόγκι του δέκατου πέμπτου και δέκατου έκτου αιώνα στην Ινδία, έγραψε: «Όταν η αναπνοή περιπλανιέται, το μυαλό είναι ασταθές. Αλλά όταν η αναπνοή ηρεμήσει, το μυαλό επίσης θα είναι ακίνητο».

Παρακάτω είναι οι κύριοι τύποι αναπνοής που μπορείτε να ακολουθήσετε:

1. Αναλογία αναπνοής. Σε αυτόν τον τύπο αναπνοής, αλλάζετε την αναλογία εισπνοής και εκπνοής. Έτσι, για παράδειγμα, εάν χρησιμοποιείτε αναλογία ένα προς δύο, πρέπει να αναπνεύσετε για δύο δευτερόλεπτα και να εκπνεύσετε για τέσσερα δευτερόλεπτα – ή το αντίθετο, και να εισπνεύσετε για δέκα δευτερόλεπτα και να εκπνεύσετε για πέντε. Σύμφωνα με ένα άρθρο που δημοσιεύτηκε τον Αύγουστο του 2014 από το Applied Psychophysiology, όταν εισπνέετε, ενεργοποιείτε το συμπαθητικό νευρικό σύστημα, το οποίο αποτελείται από νευρικά κυκλώματα που προκαλούν αύξηση του καρδιακού παλμού και της προσοχής σας. Αυτό αντιστοιχεί στην απόκριση «μάχη-ή-φυγή» που ενεργοποιεί το σώμα σας όταν αισθάνεται μια απειλή.

Από την άλλη, όταν εκπνέετε, ενεργοποιείτε την παρασυμπτωματική ομάδα, η οποία ενεργοποιείται όταν αισθάνεστε χαλαροί και ασφαλείς. Τότε ο καρδιακός σου ρυθμός μειώνεται και γίνεσαι πιο ήρεμοι.

Έτσι, αν θέλετε να χαλαρώσετε, να είστε ήρεμοι και να απελευθερώσετε το άγχος, εκπνεύστε περισσότερο από ό,τι εισπνέετε και εάν θέλετε να είστε συγκεντρωμένοι, σε εγρήγορση και ξύπνιοι, εισπνέετε περισσότερο από ό,τι εκπνέετε.

Μια απλή πρακτική αναπνοής που μπορείτε να κάνετε είναι απλώς να κάθεστε σε μια άνετη θέση ή να σταθείτε όρθιοι και να εισπνεύσετε για τρία δευτερόλεπτα, να κρατήσετε για τέσσερα δευτερόλεπτα, να εκπνεύσετε για έξι δευτερόλεπτα και να κρατηθείτε για τρία δευτερόλεπτα.

Εάν θέλετε να αισθάνεστε περισσότερο σε εγρήγορση, εισπνεύστε για έξι δευτερόλεπτα, κρατήστε το για τρία, εκπνεύστε για τρία δευτερόλεπτα και κρατήστε το για τέσσερα.

2. Αναπνοή από το ρουθούνι. Όταν εξασκείτε την αναπνοή με το ρουθούνι, φράζετε το ένα ρουθούνι με το δάχτυλό σας, ασκώντας πίεση στο πλάι, και στη συνέχεια εισπνέετε και εκπνέετε από το άλλο ρουθούνι. Και μετά αλλάζετε. Μπορείτε επίσης να μπλοκάρετε το ένα ρουθούνι της εισπνοής από το άλλο, μετά να μπλοκάρετε το άλλο και να εκπνεύσετε από το ρουθούνι που είναι ανοιχτό. Μπορείτε επίσης να εναλλάσσετε τα ρουθούνια με κάθε πλήρη αναπνοή.

Σύμφωνα με ένα άρθρο του Νοεμβρίου 2018 από το Journal of Neuroscience, η αναπνοή από τη μύτη έχει βρεθεί ότι ενισχύει τη μνήμη αναγνώρισης.

12.
Χρησιμοποιήστε τις δύο υπερδυνάμεις

Αν μπορείτε να φανταστείτε κάτι, μπορείτε να το δημιουργήσετε, και αν μπορείτε να το δημιουργήσετε, μπορείτε να το κάνετε πραγματικότητα, και αν μπορείτε να το κάνετε πραγματικότητα, μπορείτε να κατορθώσετε τον στόχο σας.

Οι δύο υπερδυνάμεις είναι η ΦΑΝΤΑΣΙΑ και η ΔΗΜΙΟΥΡΓΙΚΟΤΗΤΑ. Η φαντασία είναι μια νοερή εικόνα για κάτι που δεν υπάρχει και η δημιουργικότητα είναι η ικανότητα να δημιουργείς κάτι χρησιμοποιώντας τη φαντασία. Αυτές είναι υπερδυνάμεις γιατί μπορείτε να δημιουργήσετε νέες ιδέες και να λύσετε προβλήματα με μοναδικούς τρόπους, οι οποίοι μπορούν να λειτουργήσουν ως μαγικό κλειδί για να βρείτε λύσεις σε οποιοδήποτε πρόβλημα μπορεί να έχετε. Αυτό μπορεί να σας βοηθήσει να κάνετε τα πράγματα πιο γρήγορα, εξοικονομώντας χρόνο, ώστε να μην χρειάζεται να κάνετε θυσίες.

Πολλά παραδείγματα επιτυχημένων ανθρώπων έχουν χρησιμοποιήσει τη φαντασία και τη δημιουργικότητά τους για να παραγάγουν κάτι σπουδαίο. Ο Thomas Edison παρήγαγε 1.000 διπλώματα ευρεσιτεχνίας. Ο Ισαάκ Νεύτων ανακάλυψε τους νόμους της βαρύτητας και της κίνησης. Ο Άλμπερτ Αϊνστάιν ανέπτυξε τη θεωρία της ειδικής και της γενικής σχετικότητας. Ο Λεονάρντο ντα Βίντσι δημιούργησε τη Μόνα Λίζα και εφηύρε σε εννοιολογικό επίπεδο το ψαλίδι, το αλεξίπτωτο, το ελικόπτερο και πολλά ακόμη.

> *"Η φαντασία είναι πιο σημαντική από τη γνώση. Γιατί η γνώση είναι περιορισμένη, ενώ η φαντασία ενστερνίζεται ολόκληρο τον κόσμο, προωθώντας την πρόοδο και γεννώντας την εξέλιξη».*
> Άλμπερτ Άινσταϊν

Όταν χρησιμοποιείτε τη φαντασία σας, χρησιμοποιείτε τη δύναμη για να σχηματίσετε νοερές εικόνες για κάτι που δεν έχετε ξαναζήσει ή κάτι που δεν υπάρχει. Χρησιμοποιώντας τη φαντασία σας, μπορείτε επίσης να προσομοιώσετε γεγονότα στο μυαλό σας και να παρατηρήσετε πιθανά αποτελέσματα χωρίς να διεκπεραιώσετε πραγματικά την εργασία.

Η φαντασία είναι μια υπερδύναμη γιατί μπορείτε να τη χρησιμοποιείτε και ενώ κοιμάστε. Υπάρχουν πολλά παραδείγματα στο παρελθόν όπου οι άνθρωποι εμπνεύστηκαν από ένα όνειρο και δημιούργησαν κάτι σπουδαίο. Για παράδειγμα, ο Otto Lowei ονειρεύτηκε ένα πείραμα με νευρικές ώσεις που τον έκαναν να ξυπνήσει και να πραγματοποιήσει το πείραμα, το οποίο αργότερα του χάρισε το βραβείο Νόμπελ. Ο Ντμίτρι Μεντελέεφ, ο οποίος ανακάλυψε τον περιοδικό πίνακα των χημικών στοιχείων, ονειρεύτηκε για πρώτη φορά έναν πίνακα στον οποίο όλα τα στοιχεία βρίσκονταν στη θέση τους. Ο Elias Howe, που ανακάλυψε τη βελόνα της ραπτομηχανής, είχε ονειρευτεί για πρώτη φορά πολεμιστές που κουβαλούσαν δόρατα που ήταν τρυπημένα κοντά στο κεφάλι. Όταν ξύπνησε, δημιούργησε το πρότυπο.

Σύμφωνα με ένα άρθρο που δημοσιεύτηκε τον Ιανουάριο του 2019 από τον Andrey Vyshedskiy, φαίνεται ότι η εσωτερική εικόνα του νου σε εγρήγορση είναι στο μπροστινό άκρο του εγκεφάλου και διεξάγεται από τον πλευρικό προμετωπιαίο φλοιό, ενώ τα ζωντανά όνειρα δημιουργούνται από το πίσω μέρος του οπίσθιου φλοιού του εγκεφάλου και ο πλευρικός προμετωπιαίος φλοιός είναι ανενεργός. Ωστόσο, αυτό που είναι ενδιαφέρον είναι ότι μπορείτε να δημιουργήσετε την ίδια νοερή εικόνα τόσο όταν είστε ξύπνιοι όσο και όταν κοιμάστε.

Επίσης, ο Mark Jung-Beeman διαπίστωσε ότι λίγο πριν να βιώσουν μία στιγμή «Εύρηκα!», στους ανθρώπους παράγεται μια έκρηξη νευρωνικής δραστηριότητας ζώνης γάμμα υψηλής συχνότητας. Επιπλέον, σύμφωνα με τον Earl K. Miller, το συνειδητό μυαλό σας συχνά περιορίζει τις επιλογές σας με βάση προηγούμενες εμπειρίες ή γνώσεις. Ωστόσο, όταν αξιοποιείτε το ασυνείδητο μυαλό σας χωρίς να σκέφτεστε το πρόβλημα που θέλετε να λύσετε, μπορείτε να δημιουργήσετε ιδέες και λύσεις. Η δημιουργικότητα, από την άλλη πλευρά, χρησιμοποιεί τη φαντασία για να δημιουργήσει.

«Δημιουργικότητα είναι η νοημοσύνη να διασκεδάζεις».
Άλμπερτ Άινσταϊν

Όταν είστε δημιουργικοί, μπορείτε να δείτε τον κόσμο με νέους τρόπους· να εντοπίσετε διαγράμματα που δεν είναι προφανή· να κάνετε διασυνδέσεις μεταξύ γεγονότων, εννοιών και χρήσεων που είναι φαινομενικά άσχετες· και να λύσετε προβλήματα με δημιουργικούς τρόπους. Μόλις το καταφέρετε, μπορείτε να κάνετε τα πράγματα πιο γρήγορα, επομένως δεν θα χρειαστεί να κάνετε θυσίες.

Σύμφωνα με ένα άρθρο του 2004 από το Creativity Research Journal, η δημιουργικότητα μπορεί να διδαχθεί. Ωστόσο, σύμφωνα με μια μελέτη που ολοκλήρωσε ο George Land το 1968, το να είμαστε μη δημιουργικοί είναι κάτι που επίσης μαθαίνουμε, γιατί καθώς μεγαλώνουμε, φαίνεται ότι γινόμαστε λιγότερο δημιουργικοί.

Επίσης, μια μελέτη που δημοσιεύθηκε τον Ιανουάριο του 2020 από το Ίδρυμα Dana έδειξε ότι οι εξαιρετικά δημιουργικοί άνθρωποι έχουν ισχυρότερες λειτουργικές συνδέσεις μεταξύ του προεπιλεγμένου δικτύου, του δικτύου εκτελεστικού ελέγχου και της εναλλαγής που λαμβάνει χώρα μεταξύ των δύο. Το προεπιλεγμένο δίκτυο είναι μια δεσμίδα περιοχών του εγκεφάλου που φαίνεται να έχουν υψηλότερη δραστηριότητα όταν είμαστε σε εγρήγορση, αλλά όχι ενώ ασκούμε τον εγκέφαλό μας, ενώ το δίκτυο εκτελεστικού ελέγχου δείχνει ενεργοποίηση κατά τη διάρκεια γνωστικών και συναισθηματικά απαιτητικών δραστηριοτήτων. Πάντως η θετική είδηση είναι ότι μπορούμε να γίνουμε πιο δημιουργικοί και, σύμφωνα με τον Mobley, πρέπει να ξεμάθουμε αντί να μάθουμε τη διαδικασία, ώστε να μπορούμε να σκεφτόμαστε αντισυμβατικά.

Παρακάτω είναι μερικοί τρόποι με τους οποίους μπορείτε να ενισχύσετε τη φαντασία και τη δημιουργικότητά σας:

1. **Αφήστε το μυαλό σας να περιπλανηθεί.** Το να κάνετε μια βόλτα, να ακούτε μουσική χωρίς στίχους ή ακόμα και να ονειροπολείτε, να μην κάνετε τίποτα και να αφήνετε το μυαλό σας να περιπλανιέται, μπορούν να ενισχύσουν τη δημιουργικότητά σας, καθώς το μυαλό δεν χρειάζεται να σκέφτεται. Αυτή είναι επίσης μια σημαντικότατη πρακτική στο mindbodism, με την οποία μπορείτε να προσεγγίσετε το

ασυνείδητο μυαλό σας, να συνδεθείτε με το σύμπαν και να ανοίξετε την εγκεφαλική σας χοάνη, για να μπορούν οι ιδέες να ρέουν ελεύθερα στον νου σας. Οφείλω να πω ότι πολλές ιδέες μου ήρθαν χρησιμοποιώντας αυτή την πρακτική. Από το ξεκίνημα μιας νέας επιχείρησης μέχρι να προσεγγίσω κάποιον που δεν έχω δει εδώ και χρόνια, όλα ήταν κατά κάποιο τρόπο συνδεδεμένα για να με βοηθήσουν να κατορθώσω τον στόχο μου. Μπορείτε να μάθετε περισσότερα στο www.mindbodism.com

2. **Αλλάξτε το περιβάλλον σας.** Αλλάξτε αντικείμενα στο γραφείο σας ή αναδείξτε το περιβάλλον σας με μπλε χρώμα. Σύμφωνα με τον Robert Epstein, ψυχολόγο στο Αμερικανικό Ινστιτούτο Έρευνας Συμπεριφοράς, ακόμη και ελάχιστες αλλαγές μπορούν να επηρεάσουν τη δημιουργικότητά σας.

3. **Γράψτε ή ζωγραφίστε.** Όταν έχετε μια ιδέα ή θέλετε να σχεδιάσετε κάτι, απλώς κάντε το – η αποτύπωσή της μπορεί να τονώσει τη δημιουργικότητά σας. Ο Girija Kaimal, ερευνητής στη θεραπεία τέχνης, δηλώνει πως οτιδήποτε απασχολεί το δημιουργικό μυαλό σας και κάνει συνδέσεις μεταξύ άσχετων πραγμάτων βοηθάει.

4. **Στοχαστείτε ένα πρόβλημα και αγγίξτε τα όρια της τρέλας.** Δείτε πώς μπορείτε να λύσετε το πρόβλημα προτείνοντας λύσεις που μπορεί να φαίνονται τρελές, όπως η επίλυση του προβλήματος του νερού στη Γη με την εξαγωγή νερού από τον πλανήτη Άρη. Επίσης, σύμφωνα με την Caneel Joyce, η χρήση περιορισμών κατά την επίλυση ενός προβλήματος μπορεί να βοηθήσει στην επινόηση ιδεών πέρα από τις δυνατότητές σας, ή ιδεών για τις οποίες χρειάζεστε άλλους ανθρώπους να σας βοηθήσουν.

5. **Ακούστε μουσική.** Ο Άινσταϊν πιστώνει τη δημιουργικότητά του στο άκουσμα του Μότσαρτ.

6. **Να περιβάλλεστε από δημιουργικούς ανθρώπους**. Σύμφωνα με τον Mobley Matrix, πρώην διευθυντή του Εκτελεστικού Σχολείου της IBM, ο πιο γρήγορος τρόπος για να γίνεις δημιουργικός είναι να κάνεις παρέα με δημιουργικούς ανθρώπους. Αυτή είναι μια θεμελιώδης έννοια επειδή έχει πολλές εφαρμογές, όπως φαίνεται σε άλλες έρευνες. Για παράδειγμα, το να είσαι κοντά σε πλούσιους ανθρώπους αυξάνει την πιθανότητα να γίνεις πλούσιος. Μπορείτε να αυξήσετε την πιθανότητα να ξεκινήσετε τη δική σας επιχείρηση εάν είστε γύρω από επιχειρηματίες. Μπορείτε να είστε πιο υγιείς και σε καλύτερη φυσική κατάσταση αν περιβάλλεστε από άτομα που ασκούνται και τρώνε υγιεινά.

7. **Συνεχίστε να δημιουργείτε**. Πολλοί άνθρωποι είναι ευαίσθητοι στην κριτική, επομένως μερικοί άνθρωποι θα σταματήσουν να δημιουργούν αν λάβουν άσχημα σχόλια. Ωστόσο, δεν πρέπει να είστε ένας από αυτούς. Συνεχίστε να δημιουργείτε, συνεχίστε να εξελίσσετε τις ιδέες σας και συνεχίστε να δημιουργείτε νέες διασυνδέσεις και σύντομα θα συνειδητοποιήσετε ότι η δημιουργικότητά σας έχει ενισχυθεί. Ο Dyson δημιούργησε 5.126 πρωτότυπα πριν ολοκληρώσει την πρώτη ηλεκτρική σκούπα Dyson.

13.
Προβλέψτε το μέλλον σας

Κανείς δεν μπορεί να προβλέψει το μέλλον σας με τόση συνέπεια όσο μπορείτε να το προβλέψετε εσείς. Ο λόγος που πρέπει να προβλέψετε το μέλλον σας είναι για να μην χρειαστεί να κάνετε θυσίες. Μόλις μπορέσετε να προβλέψετε το μέλλον, μπορείτε να πάρετε πιο γρήγορες αποφάσεις, να αποφύγετε λάθη και να αναπτυχθείτε ταχύτερα. Αλλά πώς είναι δυνατόν να προβλέψετε το μέλλον σας όταν είναι τόσο αβέβαιο, όταν υπάρχουν τόσες πολλές μεταβλητές και όταν η αλλαγή συμβαίνει τόσο γρήγορα;

Υπάρχει τρόπος να προβλέψετε το μέλλον σας, κατά κάποιον τρόπο, χωρίς να χρησιμοποιήσετε κρυστάλλινη σφαίρα. Ξεκινήστε εφαρμόζοντας τις ακόλουθες τεχνικές:

1. **Οραματιστείτε το μέλλον**. Εάν οραματιστείτε το μέλλον σας με πολλές λεπτομέρειες και πιστέψετε σε αυτό, το μέλλον θα εξελιχθεί όπως το φανταζόσασταν. Έχουμε παρουσιάσει σε όλο το βιβλίο τεχνικές που θα σας βοηθήσουν να το κάνετε αυτό.

2. **1+1=2**. Έχουμε επίσης εξηγήσει την έννοια του 1+1=2, όπου χρειάζεται να βρείτε τις δράσεις που επηρεάζουν τον στόχο σας. Μόλις μάθετε ποιες είναι αυτές οι δράσεις, τότε θα ξέρετε ότι εάν αποτύχετε να αναλάβετε αυτές τις δράσεις, δεν θα πετύχετε τον στόχο σας.

   Για παράδειγμα, αν θέλω να είμαι σε φόρμα και ξέρω ότι πρέπει να τρώω υγιεινά και να ασκούμαι, αν κάνω το αντίθετο, δεν θα μπορέσω να φτάσω τον στόχο. Έτσι, μπορείτε να προβλέψετε πώς θα εξελιχθεί το μέλλον βάση των ενεργειών που θα κάνετε. Ομοίως, αν θέλετε να γίνετε εκατομμυριούχος και δεν αφιερώνετε καθόλου χρόνο για να ολοκληρώσετε τα βήματα που θα σας βοηθήσουν να φτάσετε σε αυτόν τον στόχο, τότε μπορώ να προβλέψω ότι δεν θα γίνετε ποτέ. Ακόμη και η αγορά ενός λαχείου είναι μια ενέργεια για να γίνεις εκατομμυριούχος, αλλά αν δεν κάνεις τίποτα απολύτως, δεν θα φτάσεις ποτέ σε αυτόν τον στόχο. Προσπαθήστε να χρησιμοποιήσετε όσα περισσότερα δεδομένα μπορείτε για να μπορείτε να κάνετε καλύτερες προβλέψεις.

3. **Παίξτε το παιχνίδι νοητικά**. Αυτό σημαίνει ότι προσπαθείτε να οραματιστείτε τον αντίκτυπο κάθε ενέργειας που θα κάνετε για να επιτύχετε τους στόχους σας πριν κάνετε πραγματικά τη δράση. Εφαρμόστε σενάρια «και αν συμβεί;» και φανταστείτε τους άλλους πιθανούς τρόπους με τους οποίους μπορείτε να πετύχετε τον ίδιο στόχο. Επιπλέον, πρέπει να είστε προνοητικοί και να προετοιμαστείτε για πράγματα που μπορεί να συμβούν στο μέλλον πριν συμβούν. Με αυτόν τον τρόπο, θα μπορέσετε να αποτρέψετε τις αποτυχίες, καθώς θα έχετε ήδη δει το σενάριο στο μυαλό σας.

   Είναι παρόμοιο με αυτό που κάνουν ορισμένοι σπουδαίοι σκακιστές: οραματίζονται τη σκακιέρα – τις διαφορετικές κινήσεις και τους συνδυασμούς στο μυαλό τους – ώστε να μπορούν να προβλέψουν τις επόμενες κινήσεις του αντιπάλου και πώς θα ανταποκριθούν σε αυτές τις κινήσεις. Για παράδειγμα, η εγγραφή στην ασφάλιση υγείας μπορεί να με προστατεύσει από το να ξοδέψω ένα τεράστιο χρηματικό ποσό εάν κάτι πάει στραβά με την υγεία μου. Αφού έπαιξα το σενάριο «τι θα γίνει αν αρρωστήσω στο μέλλον;» φάνηκα προνοητικός και αγόρασα ασφάλεια υγείας.

4. **Δημιουργία αξίας**. Αυτό είναι πολύ σημαντικό γιατί όχι μόνο μπορεί να δείξει αν θα πετύχετε ή όχι, αλλά μπορεί να σας κάνει να εστιάσετε στα σημαντικά πράγματα και να έχετε μεγαλύτερη επιρροή στον στόχο σας.

   Η αξία είναι κάτι που εσείς – οι πελάτες, οι επενδυτές και τα ενδιαφερόμενα μέρη – βρίσκετε χρήσιμη διότι μπορεί να προσφέρει οφέλη όπως η εσόδων ή η κερδοφορία στην επιχείρηση, η βελτίωση της υγείας σας, η τόνωση της συναισθηματικής σας κατάστασης κλπ. Είναι κάτι που θέλετε, και συνήθως είστε διατεθειμένοι να πληρώσετε για αυτό.

Για παράδειγμα, εάν αναπτύσσουμε ένα προϊόν αλλά δεν υπάρχει αξία ή όφελος για τους πελάτες, τότε μπορούμε να προβλέψουμε ότι αυτό το προϊόν πιθανότατα θα αποτύχει. Πριν κάνετε κάτι, πρέπει να καταλάβετε ποιος θα λάβει το όφελος και αν είναι διατεθειμένος να πληρώσει για αυτό. Η προθυμία πληρωμής είναι ένας σημαντικός παράγοντας γιατί πολλοί άνθρωποι θέλουν περισσότερα, αλλά αν δεν είναι πρόθυμοι να πληρώσουν, δεν είναι τόσο σημαντικό.

Άρα, εάν ο πελάτης θέλει μία μεγαλύτερη θέση σε ένα αεροπλάνο, αλλά δεν είναι διατεθειμένος να πληρώσει περισσότερα, τότε μπορούμε να καταλάβουμε ότι το κόστος είναι πιο σημαντικό για τον πελάτη από τον χώρο. Ωστόσο, εξαρτάται επίσης από το επιχειρηματικό μοντέλο, επειδή μερικές φορές ο πελάτης δεν είναι διατεθειμένος να πληρώσει, αλλά λαμβάνετε χρήματα από άλλα μέσα, όπως πωλήσεις θυγατρικών, διαφήμιση κλπ.

Συνοψίζοντας:

1. **Αλλάξτε κοσμοθεώρηση**. Δεν θα κάνετε θυσίες αν δεν αγαπάτε αυτό που κάνετε.

2. **Δημιουργήστε ένα σχέδιο**, το οποίο θα σας εξοικονομήσει χρόνο, καθώς σας δείχνει τι πρέπει να κάνετε και με ποια σειρά πρέπει να κάνετε τα πράγματα, για να φτάσετε στο στόχο σας. Ένα καλό σχέδιο μπορεί να ενισχύσει την πεποίθησή σας ότι μπορείτε να πετύχετε και να σας αποτρέψει από την αποτυχία.

3. **Δημιουργήστε χρόνο**· κάθε δευτερόλεπτο μετράει. Αντιμετωπίστε τον χρόνο ως χρυσάφι και μετρήστε τον, αναλύστε τον και βελτιστοποιήστε τον, ώστε να μπορείτε να δημιουργήσετε περισσότερο χρόνο για να κάνετε τα πράγματα που θέλετε. Επίσης, δώστε προτεραιότητα και στοιβάξτε τις δραστηριότητές σας και αποφύγετε τις πολλαπλές εργασίες

ταυτόχρονα για να ολοκληρώσετε εργασίες πιο γρήγορα και αποτελεσματικά.

4. **Μεγιστοποιήστε τους πόρους και φτάστε στον στόχο σας ταχύτερα**. Χρησιμοποιήστε διαφορετικούς πόρους για να αποκτήσετε γνώση και μάθετε από προηγούμενες αποτυχίες, ώστε να εξοικονομήσετε χρόνο αποφεύγοντας τα ίδια λάθη. Επίσης, προσπαθήστε να αναθέσετε, να ενδυναμώσετε και να δημιουργήσετε μία ισχυρή ομάδα για να εξοικονομήσετε χρόνο και να πετύχετε τον στόχο σας πιο γρήγορα.

5. **Εκπαιδεύστε τον εγκέφαλό σας**. Ασκήστε τον εγκέφαλό σας για να ενισχύσετε τον προμετωπιαίο φλοιό σας, ο οποίος είναι υπεύθυνος για τις γνωστικές λειτουργίες του εγκεφάλου, ώστε να μπορείτε να κάνετε τα πράγματα ταχύτερα και να εξοικονομείτε χρόνο.

6. **Χρησιμοποιήστε τις δύο υπερδυνάμεις**. Χρησιμοποιήστε τη φαντασία και τη δημιουργικότητα για να γίνετε πολυμήχανοι και να λύσετε προβλήματα ταχύτερα επινοώντας νέες λύσεις με μοναδικούς τρόπους.

7. **Προβλέψτε το μέλλον**. Εφαρμόστε τον οραματισμό του μέλλοντος, κατανοήστε τις 1+1=2 δράσεις που επηρεάζουν τον στόχο σας, παίξτε το παιχνίδι στο μυαλό σας προβάλλοντας νοερά τα μελλοντικά σενάρια και τις δράσεις που θα αναλάβετε στο μέλλον, κατανοώντας βαθύτερα τη δημιουργία αξίας.

ΜΕΡΟΣ ΤΕΤΑΡΤΟ:

ΠΩΣ ΝΑ ΒΡΕΙΤΕ ΤΟ ΜΟΝΟΠΑΤΙ ΠΟΥ ΠΡΕΠΕΙ ΝΑ ΑΚΟΛΟΥΘΗΣΕΤΕ

14.
Ακολουθήστε τον Σκοπό της Ζωής σας

*«Άλλοτε βρίσκεις εσύ το μονοπάτι
σου· άλλοτε σε βρίσκει αυτό.»*
Max Brooks

Τώρα έχετε το σύνολο των εργαλείων για να κατορθώσετε οτιδήποτε θέλετε στη ζωή, αλλά είναι επίσης απαραίτητο να αναλογιστείτε την πορεία της ζωής σας. Πολλοί άνθρωποι βάζουν στόχους και μπορούν να τους πετύχουν, αλλά εξακολουθούν να αισθάνονται σαν να λείπει κάτι από τη ζωή τους. Νοιώθουν ότι δεν έχουν βρει ακόμα τον σκοπό της ζωής τους – τον λόγο της ύπαρξής τους – και αυτό τους κάνει ημιτελείς, ό,τι κι αν πετύχουν.

Να ξέρετε ότι από τη στιγμή που γεννιέστε μέχρι την ημέρα που θα πεθάνετε, εκπληρώνετε έναν σκοπό σε αυτή τη ζωή. Ο σκοπός είναι παρόν ακόμα κι αν δεν ξέρετε ποιος είναι αυτός. Είμαστε όλοι συνδεδεμένοι με κάποιο τρόπο, και καθώς είμαστε συνδεδεμένοι, επηρεάζουμε ο ένας τη ζωή του άλλου. Επηρεάζουμε τους ανθρώπους· συνειδητοποιήστε πώς το κάνετε στην καθημερινή σας ζωή. Μπορείτε να πείτε κάτι σε κάποιον που μπορεί να τον κάνει να νοιώσει καλά ή άσχημα και αυτό το άτομο μπορεί να κάνει μια ενέργεια που είναι καλή ή κακή. Ασκούμε επιρροή στη ζωή των ζώων – μπορείτε να σκοτώσετε ένα έντομο ή να φροντίσετε έναν σκύλο. Επίσης, ασκούμε επιρροή στη φύση – μπορούμε να ποτίσουμε ένα λουλούδι, και μπορεί να ανθίσει, ή μπορούμε να το λιώσουμε και να το αφήσουμε να πεθάνει.

Επομένως, ακόμα κι αν δεν μπορείτε να διατυπώσετε τον σκοπό της ζωής σας ή δεν τον γνωρίζετε, θα πρέπει να γνωρίζετε ότι η ζωή σας έχει νόημα διότι επηρεάζετε τον κόσμο γύρω σας. Άρα μην αγχώνεστε προσπαθώντας να τον βρείτε· βιώνετε ήδη τον σκοπό της ζωής σας, ακόμα κι αν δεν τον γνωρίζετε ακόμα. Όταν έχετε αμφιβολίες, θυμηθείτε αυτό το απόσπασμα:

> *Υπάρχουν δύο τρόποι για να ζήσεις τη ζωή σου. Ο ένας είναι σαν τίποτα να μην αποτελεί θαύμα. Ο άλλος είναι σαν τα πάντα να αποτελούν θαύμα.*
>
> Άλμπερτ Άινσταϊν

Επίσης, πρέπει να ξέρετε ότι όταν βάζετε στόχους, ακόμα κι αν κανένας από αυτούς δεν είναι ο σκοπός της ζωής σας, αυτοί μπορούν να σας οδηγήσουν στο μονοπάτι που πρέπει να ακολουθήσετε για να τον βρείτε, και μια μέρα, ένας από αυτούς τους στόχους μπορεί να γίνει ο σκοπός της ζωής σας.

Θυμηθείτε, ο σκοπός της ζωής σας μπορεί να αλλάξει, επομένως επικεντρωθείτε στους στόχους σας και θα βρείτε τον σκοπό σας. Θα υπάρξουν επιλογές που θα χρειαστεί να κάνετε. Όμως, αυτό θα αλλάξει σημαντικά τη ζωή σας σε ένα δευτερόλεπτο. Μπορεί να πρόκειται για την έναρξη μιας νέας σχέσης, το να εγκαταλείψετε την παλιά σας δουλειά και να ξεκινήσετε μια καινούργια, να δημιουργήσετε τη δική σας επιχείρηση – τόσο πολλές επιλογές. Πώς ξέρετε ποιες επιλογές να κάνετε και εάν κάνετε αυτές τις επιλογές, πώς ξέρετε ποιες είναι οι κατάλληλες για εσάς; Τα στοιχεία αυτά πρέπει να βασίζονται στη διαίσθηση ή στη λογική;

15.
Ακολουθήστε τη λογική σας, ακολουθήστε τη διαίσθησή σας

Όταν η διαίσθηση και η λογική συμφωνούν, η επιλογή που κάνετε είναι η σωστή. Όταν όμως η διαίσθηση και η λογική δεν συμφωνούν, η επιλογή που κάνετε είναι και πάλι σωστή. Επομένως, το μόνο που χρειάζεται να κάνετε είναι να κάνετε μια επιλογή και να ενεργήσετε σύμφωνα με αυτήν. Μην ανησυχείτε για το αν η επιλογή σας ήταν ή όχι η σωστή, γιατί είναι πάντα σωστή.

Πολλοί άνθρωποι αντιμετωπίζουν το δίλημμα να ακολουθήσουν τη λογική ή τη διαίσθησή τους και συχνά δεν μπορούν να επιλέξουν. Θέλουν να βάλουν έναν στόχο, να ζήσουν με έναν συγκεκριμένο τρόπο, να ακολουθήσουν ένα μονοπάτι ή να αναλάβουν δράση, αλλά δεν μπορούν να αποφασίσουν τι να κάνουν ή ποια επιλογή να εμπιστευτούν. Πρέπει να επιλέξουν με βάση τη λογική τους ή τη διαίσθησή τους;

Λογική είναι όταν χρησιμοποιείτε κάτι που έχετε μάθει για να καταλήξετε σε μια απόφαση, όπως να λύσετε μια μαθηματική εξίσωση. Η διαίσθηση χρησιμοποιεί αφηρημένες πληροφορίες που έχετε λάβει για να πάρετε μια απόφαση, όπως όταν θέλετε να δημιουργήσετε μια εταιρεία.

Πολλοί επιτυχημένοι άνθρωποι έχουν επιλέξει να ακολουθήσουν τη διαίσθησή τους. Ο Στιβ Τζομπς εγκατέλειψε το κολέγιο μετά από ένα εξάμηνο και πήγε να περιηγηθεί στην Ινδία με ένα σακίδιο στην πλάτη. Αφού επέστρεψε, ξεκίνησε την Apple. Δήλωσε: «Να έχεις το θάρρος να ακολουθήσεις την καρδιά και τη διαίσθησή σου. Ξέρουν κατά κάποιο τρόπο τι θέλεις να γίνεις».

Η Όπρα Γουίνφρι ακολούθησε το ένστικτό της και, όταν της είπαν ότι ήταν ακατάλληλη για τηλεοπτικές ειδήσεις, δεν τα παράτησε. Δήλωσε: «Ακολούθησε το ένστικτό σου. Εκεί εκδηλώνεται η αληθινή σοφία».

Ο Μπιλ Γκέιτς εγκατέλειψε το Χάρβαρντ για να δημιουργήσει μια εταιρεία που αργότερα έγινε Microsoft και είπε: «Συχνά πρέπει απλώς να αποφασίσεις με βάση τη διαίσθησή σου».

Πολλοί επιτυχημένοι άνθρωποι ακολουθούν τη διαίσθησή τους γιατί με την πάροδο του χρόνου γίνονται λιγότερο ριψοκίνδυνοι, είναι πιο ανοιχτοί και μπορούν να λαμβάνουν αποφάσεις πιο γρήγορα. Με αυτόν τον τρόπο, δεν φοβούνται να αποτύχουν και να ξεκινήσουν ξανά μέχρι να τα καταφέρουν.

Τι συμβαίνει όμως στον εγκέφαλό μας; Σύμφωνα με ένα άρθρο που δημοσιεύθηκε τον Μάιο του 2018 από το Παγκόσμιο Οικονομικό Φόρουμ, ο εγκέφαλος είναι σαν μια μηχανή, που προσπαθεί να προβλέψει το αποτέλεσμα συγκρίνοντας αισθητηριακές πληροφορίες και εμπειρίες με αποθηκευμένες γνώσεις και μνήμες προηγούμενων εμπειριών. Όταν η πρόβλεψη δεν είναι ακριβής, προσαρμόζει τα γνωστικά μοντέλα. Όμως, αυτό συμβαίνει αυτόματα και υποσυνείδητα, οπότε το αγνοείτε. Έτσι, είναι λογικό να αναλογιστούμε ότι το να ακολουθούμε τη διαίσθηση είναι αυτό που πρέπει να κάνουμε, αλλά αυτό δεν είναι πάντοτε αλήθεια.

Υπάρχουν παραδείγματα όπου άνθρωποι χρησιμοποίησαν τη διαίσθησή τους και έχασαν μια περιουσία, όπως ο Τζορτζ Σόρος όταν κερδοσκόπησε σε ρωσικούς τίτλους και επένδυσε σε μετοχές τεχνολογίας. Επίσης, για όσους έχουν κάνει συνεντεύξεις, μπορεί να είχατε καλή πρόθεση να προσλάβετε κάποιον, αλλά τελικά σας φάνηκε ότι αυτό το άτομο ήταν ακατάλληλο για τη δουλειά. Αυτό συμβαίνει επειδή η διαίσθηση περιλαμβάνει επίσης τις πολιτισμικές και συναισθηματικές προκαταλήψεις σας.

Άρα λοιπόν, ακολουθούμε τη λογική ή τη διαίσθηση; Ας πάρουμε το παρακάτω παράδειγμα. Ποια επιλογή θα διαλέγατε;

Θέλεις να γίνεις εκατομμυριούχος και συγγραφέας. Μπορείτε να χρησιμοποιήσετε τη λογική σας και να πείτε ότι μόνο ένα ελάχιστο ποσοστό εκατομμυριούχων είναι συγγραφείς, οπότε μπορείτε να επιλέξετε να γίνετε ιδιοκτήτης επιχείρησης. Ωστόσο, μπορείτε επίσης να αποφασίσετε να γίνετε συγγραφέας επειδή έχετε μεγάλο πάθος για τη συγγραφή – ίσως έχετε ήδη σκεφτεί ένα βιβλίο που θέλετε να γράψετε.

Η άλλη επιλογή είναι να κάνετε και τα δύο. Μπορείτε πρώτα να γίνετε επιτυχημένος ιδιοκτήτης επιχείρησης και μετά να γίνετε συγγραφέας ή να εργαστείτε και για τους δύο στόχους ταυτόχρονα αφιερώνοντας χρόνο για να κάνετε και τα δύο καθημερινά. Ποια είναι η σωστή επιλογή;

Η απάντηση είναι ότι δεν έχει σημασία· το μόνο που έχει σημασία είναι να έχεις έναν στόχο και να αφιερώνεις τον χρόνο σου για να αναλαμβάνεις τις δράσεις που επηρεάζουν τον στόχο σου καθημερινά.

Εστιαστείτε σε αυτό το δευτερόλεπτο. Κάνετε μια επιλογή. Είστε υπεύθυνοι για τη μοίρα σας. Ακόμα κι αν αποτύχετε, αν είστε επίμονοι, θα δοκιμάσετε διαφορετικά πράγματα και θα τα καταφέρετε. Ίσως μερικές φορές χρησιμοποιείτε τη λογική σας, μερικές φορές χρησιμοποιείτε τη διαίσθησή σας ή μερικές φορές χρησιμοποιείτε και τα δύο. Το σημαντικό είναι να δοκιμάσετε τα πράγματα και να δείτε τι λειτουργεί για εσάς. Η ζωή σας μπορεί να αλλάξει μέσα σε ένα δευτερόλεπτο, άρα ποτέ δεν θα μάθετε ποια επιλογή ήταν καλύτερη και γι' αυτό δεν πρέπει ποτέ να μετανιώσετε. Κάτι είναι πιθανό να συμβεί και να πεθάνετε σε ένα δευτερόλεπτο.

Η αποτυχία είναι η διαδικασία της επιτυχίας, γι' αυτό μην σπαταλάτε τον χρόνο σας προσπαθώντας να αποφασίσετε ποια επιλογή θα διαλέξετε γιατί δεν θα μάθετε ποτέ. Μπορείτε να επιλέξετε κάτι, το οποίο έχει μεγαλύτερη πιθανότητα επιτυχίας και να αποτύχετε. Μπορείτε να επιλέξετε κάτι, το οποίο έχει μικρότερες πιθανότητες επιτυχίας και να γίνει επιτυχημένο. Για παράδειγμα, η πιθανότητα να γίνουν εκατομμυριούχοι άνθρωποι που είναι απένταροι είναι πολύ μικρή – αλλά κάποιοι το κάνουν.

Εάν εξακολουθείτε να φοβάστε να δοκιμάσετε κάτι νέο, επιλέξτε να σκεφτείτε διαφορετικά. Εάν έχετε μια ιδέα και αποφασίσετε να μην κάνετε τίποτα γι' αυτήν, να ξέρετε ότι η εναλλακτική είναι να επιστρέψετε στη ζώνη άνεσής σας και να σπαταλήσετε τον χρόνο σας κάνοντας πράγματα που δεν έχουν αξία και δεν σας ωριμάζουν. Οι νέες εμπειρίες που συλλέγετε κάθε μέρα θα χρησιμοποιηθούν στο μέλλον, ακόμα κι αν τώρα δεν μπορείτε να κάνετε τη διασύνδεση.

Ο Steve Jobs παρακολούθησε ένα μάθημα καλλιγραφίας, το οποίο τον οδήγησε στην έμπνευση για την καλλιγραφία της Apple. Είπε, «Και πάλι, δεν μπορείτε να συνδέσετε τις τελείες κοιτάζοντας μπροστά· μπορείτε να τις συνδέσετε μόνο κοιτάζοντας προς τα πίσω. Επομένως, πρέπει να εμπιστευτείτε ότι οι τελείες θα συνδεθούν με κάποιο τρόπο στο μέλλον σας. Πρέπει να εμπιστευτείτε κάτι: το ένστικτό σας, το πεπρωμένο, τη ζωή, το κάρμα, οτιδήποτε. Αυτή η προσέγγιση δεν με απογοήτευσε ποτέ και έκανε τη διαφορά στη ζωή μου».

Εάν συνήθως λειτουργείτε με τη λογική και θέλετε να χρησιμοποιήσετε περισσότερο τη διαίσθησή σας, αυτά είναι μερικά πράγματα που πρέπει να λάβετε υπόψη.

1. **Ελέγξτε πώς αισθάνεστε**. Πρέπει να θυμάστε ότι αν σας έχει συμβεί κάτι κακό ή νοιώθετε αναστατωμένοι, είναι πιο δύσκολο να αξιοποιήσετε τη διαίσθησή σας. Και ακόμα κι αν νομίζετε ότι είναι η διαίσθησή σας, μπορεί να είναι η συναισθηματική σας σκέψη. Σύμφωνα με μια μελέτη που διεξήχθη το 2017 στο Πανεπιστήμιο της Βασιλείας, οι ανήσυχοι συμμετέχοντες παρουσίασαν μειωμένη διαισθητική απόδοση έναντι εκείνων με θετική ή ουδέτερη διάθεση. Αυτός είναι ο λόγος που μερικές φορές λέμε ότι θα πούμε «κοιμήσου πρώτα και αποφάσισε αύριο» όταν πρέπει να πάρουμε μια σημαντική απόφαση ή πριν απαντήσουμε σε ένα e-mail από κάποιον που μας έχει προσβάλει. Είναι καλύτερα να αφιερώσετε μερικές ώρες για να ηρεμήσετε για να αποφύγετε την αποστολή ακατάλληλης απάντησης. Γι' αυτό, φροντίστε να είστε ήρεμοι πριν πάρετε μια ενστικτώδη απόφαση. Όπως κάποιος είπε κάποτε: «Αν κάνεις υπομονή σε μια στιγμή θυμού, θα γλιτώσεις από εκατό μέρες θλίψης».

2. **Αυξήστε την επίγνωση των σωματικών λειτουργιών σας**. Η επίγνωση των σωματικών λειτουργιών λαμβάνει χώρα όταν αντιλαμβάνεστε τα σήματα που εκπέμπει το σώμα σας. Για παράδειγμα, ο εγκέφαλος δεν πιστεύει ότι πεινάτε, αλλά

αντίθετα, λαμβάνει ένα σήμα από το στομάχι που λέει ότι χρειάζεται φαγητό - το στομάχι σας μπορεί ακόμη και να γουργουρίζει. Σύμφωνα με τον Joel Pearson, καθηγητή γνωστικής νευροεπιστήμης, όταν έχετε επίγνωση των σωματικών λειτουργιών, είναι πιο πιθανό να νοιώσετε ότι έχετε ενστικτώδη συναισθήματα. Όσο περισσότερο καλλιεργείτε τη σωματική επίγνωση, τόσο πιο ευαίσθητοι γίνεστε. Προσπαθήστε να δώσετε προσοχή στο οποιοδήποτε σωματικό συναίσθημα νοιώθετε όταν προσπαθείτε να πάρετε μια απόφαση. Μπορείτε να ενισχύσετε την επίγνωση των σωματικών λειτουργιών σας με επίγνωση εστιασμένης προσοχής, στην οποία προσπαθείτε να εστιάσετε σε μια συγκεκριμένη πτυχή του σώματός σας, όπως την αναπνοή, παρατηρώντας παροδικά τις αισθήσεις σας, χωρίς να τις κρίνετε ή να ασχολείστε μαζί τους.

3. **Ελέγξτε εάν η κατάσταση ή η εμπειρία είναι νέα**. Εάν η κατάσταση ή η εμπειρία είναι νέα, είναι καλύτερα να βασιστείτε στη λογική. Σε ένα άρθρο που δημοσιεύτηκε τον Απρίλιο του 2015 από το Harvard Business Review, οι ερευνητές λένε ότι χρειάζονται περίπου δέκα χρόνια πείρας σε έναν συγκεκριμένο τομέα για την ανάπτυξη συνεπών διαισθητικών κρίσεων και αυτό μόνο εάν υπάρχει συχνή επανάληψη και λαμβάνετε συνεχή αξιολόγηση. Αυτός είναι ο λόγος που όταν εξασκείτε την κατάσταση ροής και βλέπετε τη διαίσθησή σας να λειτουργεί και να λαμβάνετε θετικά σχόλια, τότε η διαίσθησή σας ενισχύεται. Ωστόσο, εάν είστε εμπειρογνώμονας και χρησιμοποιείτε τη λογική σας, τότε η διαίσθησή σας μπορεί να είναι πρόβλημα. Σε ένα άρθρο που δημοσιεύτηκε στην εφημερίδα Observer τον Δεκέμβριο του 2016, όταν έμπειροι ακτινολόγοι εξέτασαν τις ακτίνες Χ για περισσότερα από 30 δευτερόλεπτα, οι αποφάσεις τους επιδεινώθηκαν.

4. **Κάντε λάθη· γίνετε εξερευνητές**. Δεδομένου ότι η διαίσθηση δομείται με την απόκτηση εμπειρίας και την αναγνώριση προτύπων με βάση τις πληροφορίες που λαμβάνετε, πρέπει να φροντίσετε να αναζητάτε νέες εμπειρίες, να μαθαίνετε νέα πράγματα, να τα εξασκείτε και να προσπαθείτε να κατανοήσετε

την αιτία και το αποτέλεσμα και τις σχέσεις μεταξύ του τρόπων λειτουργίας των πραγμάτων. Γι' αυτό είναι απολύτως αναγκαίο να κατανοήσουμε την έννοια 1+1=2 που συζητήσαμε προηγουμένως.

Επίσης, σύμφωνα με τους Janice Deakin και Stephen Cobley, ερευνητές σχετικά με τις υψηλές επιδόσεις στον αθλητισμό, οι αθλητές καλλιτεχνικού πατινάζ υψηλών επιδόσεων σημειώνουν πιο συχνές πτώσεις επειδή επιχειρούν περισσότερα άλματα που δεν έχουν καταφέρει. Ωστόσο, αυτός είναι και ο λόγος που έχουν υψηλές επιδόσεις.

5. **Ελέγξτε τον τύπο του προβλήματος**. Η διαίσθηση χρησιμοποιείται καλύτερα όταν το πρόβλημα δεν έχει σαφείς κανόνες απόφασης ή αντικειμενικά κριτήρια. Εάν όμως το πρόβλημα έχει αυτά τα στοιχεία, τότε είναι καλύτερο να χρησιμοποιήσετε τα δεδομένα για να βρείτε την πιθανή καλύτερη λύση. Ωστόσο, τις περισσότερες φορές, η απάντηση βρίσκεται κάπου στο ενδιάμεσο, όπου χρησιμοποιείτε τόσο τη διαίσθηση όσο και την ανάλυση.

6. **Αφιερώστε χρόνο στον εαυτό σας**. Για να ενισχύσετε τη διαίσθησή σας, πρέπει να επαναφορτίζεστε και να αποφορτίζεστε. Σύμφωνα με ένα άρθρο του Οκτωβρίου 2021 στο Forbes, οι εξαιρετικά διαισθητικοί άνθρωποι αναζητούν τη μοναξιά, σταματούν να ακούνε τους άλλους και αρχίζουν να ακούνε τον εαυτό τους. Επίσης κάνουν συχνά διαλείμματα, περπατούν στη φύση και αναζητούν την ηρεμία και τη σιωπή.

7. **Νοιώστε περισσότερο**. Όταν προσπαθείτε να εστιαστείτε στα συναισθήματά σας και όχι στις σκέψεις σας, θα αρχίσετε να ενισχύετε τη διαίσθησή σας. Επικεντρωθείτε στην αρετή να παραδίδεστε, με την οποία παραδίδεστε στα συναισθήματά σας και στον εσωτερικό σας εαυτό και αντιστέκεστε σε κάθε πειρασμό να επιστρέψετε στη σκέψη. Υπάρχει επίσης μια πρακτική mindbodism για να αφυπνίσετε την ενέργεια της ζωτικής δύναμης της Κουνταλίνι όταν παραδίδεστε.

8. **Εστιάστε στην αναπνοή.** Όταν ελέγχετε την αναπνοή σας, ηρεμείτε τον εγκέφαλό σας και είναι πιο εύκολο να αξιοποιήσετε τη διαίσθησή σας. Σύμφωνα με ένα άρθρο του Νοεμβρίου 2017 στο Forbes, ένα νευρικό κύκλωμα στο εγκεφαλικό στέλεχος μπορεί να ρυθμιστεί αλλάζοντας τον ρυθμό αναπνοής. Εάν αναπνέετε αργά, μειώνεται η δραστηριότητα στο κύκλωμα, αλλά όταν αναπνέετε γρήγορα, η δραστηριότητα ενισχύεται.

16.
Αναλογιστείτε το μονοπάτι σας

«Μερικές φορές τα άσχημα πράγματα που συμβαίνουν στη ζωή μας μας βάζουν κατευθείαν στο μονοπάτι προς τα καλύτερα πράγματα που θα μας συμβούν σε ολόκληρη τη ζωή μας».
Nicole Reed

Μιλήσαμε για την επιλογή να ακολουθήσετε ένα μονοπάτι χρησιμοποιώντας τη λογική ή τη διαίσθηση, αλλά πώς θα καταλάβετε εάν το μονοπάτι που έχετε ακολουθήσει είναι το σωστό για εσάς; Για να απαντήσετε σε αυτή την ερώτηση, μπορείτε να χρησιμοποιήσετε τη συνειδητότητά σας και τον συνεχή διάλογο που συζητήσαμε νωρίτερα. Τα παρακάτω θέματα θα σας βοηθήσουν να προσδιορίσετε εάν είστε εκτός πορείας:

1. **Εμμονή**. Έχετε εμμονή με κάτι και εστιάζεστε επίμονα σε αυτό, βάζοντας όλη την ενέργειά σας σε αυτό χωρίς να δίνετε σημασία σε τίποτα άλλο; Η εμμονή μπορεί να είναι θετική, καθώς μπορεί να δημιουργήσει ένα ισχυρό κίνητρο και την ώθηση να κάνετε κάτι. Μπορεί ακόμη και να δημιουργήσει μια εκστατική εμπειρία, όπου χάνετε την αίσθηση του χρόνου και είστε ιδιαίτερα παραγωγικοί. Ωστόσο, η καθημερινή εμμονή χωρίς διαλείμματα μπορεί να οδηγήσει σε κατάρρευση, προβλήματα υγείας και διαλυμένες σχέσεις. Επομένως, όπως θυμάστε στο κεφάλαιο «Διατήρηση της δυναμικής», πρέπει να αποκαταστήσετε την ενέργειά σας, ώστε να μην «καείτε» και επίσης να χρησιμοποιήσετε λίγη από την υπάρχουσα ενέργεια στους άλλους στόχους σας για να διασφαλίσετε ότι είστε ισορροπημένοι.

2. **Το σύμπαν είναι εναντίον σας**. Διαπιστώνεις ότι όλα είναι απλά λάθος; Ίσως έχετε απολυθεί, έχετε προβλήματα υγείας, μόλις διακόψατε μια σχέση, έχετε κατάθλιψη ή δεν αισθάνεστε

καλά – όλα αυτά είναι σημάδια ότι κάτι έχει χαλάσει και πρέπει να το διορθώσετε.

Αυτή είναι η τέλεια στιγμή για να αλλάξετε γιατί ξέρετε ότι κάτι δεν πάει καλά και πρέπει να χρησιμοποιήσετε τα εργαλεία που έχετε μάθει για να αλλάξετε τη ζωή σας και να πετύχετε τους στόχους σας. Να θυμάστε, ωστόσο, ότι δεν πρέπει να κατηγορείτε τον εαυτό σας γιατί, στην πραγματική ζωή, όλοι αντιμετωπίζουμε δυσκολίες, κάνουμε λάθη και βιώνουμε αποτυχίες. Όπως συζητήσαμε:

Η αποτυχία είναι μια διαδικασία που οδηγεί στην επιτυχία.

Θυμηθείτε, μην επιθυμείτε η ζωή να είναι εύκολη. Αντίθετα, να εύχεστε μία ζωή στην οποία θα είστε εξοπλισμένοι με ό,τι χρειάζεστε για να αντιμετωπίσετε οποιαδήποτε κατάσταση της ζωής.

Η ζωή μερικές φορές μας στέλνει αυτό που χρειαζόμαστε και όχι αυτό που θέλουμε.

Μην ζητήσετε να σταματήσει να βρέχει· ζητήστε τις δεξιότητες που χρειάζεστε για να μπορείτε να χορεύετε στη βροχή.

Εστιάστε το μυαλό σας στα πράγματα που μπορείτε να ελέγξετε και όχι σε αυτά που δεν μπορείτε – αυτό είναι επίσης ένα από τα μυστικά της ευτυχίας.

3. **Δεν έχετε στόχους**. Ίσως να έχετε πετύχει τους στόχους σας ή να ζείτε τη ζωή σας παρασυρμένοι από το κύμα χωρίς συγκεκριμένους στόχους. Αυτό καταδεικνύει ότι δεν ζείτε τη ζωή σας στο μέγιστο των δυνατοτήτων της. Μερικοί άνθρωποι μπορεί να πουν, «Λατρεύω τη ζώνη άνεσής μου. Δεν επιθυμώ να έχω στόχους. Έχω τα πάντα, άρα γιατί πρέπει να θέτω στόχους;»

Η επιλογή είναι δική σας, αλλά πρέπει να βεβαιωθείτε ότι αισθάνεστε άνετα με τις απαντήσεις που δίνετε στις ακόλουθες δύο ερωτήσεις:

- Υπάρχει κάτι που θέλω να κάνω και δεν έχω κάνει σε αυτή τη ζωή, και πώς με κάνει να νοιώθω αυτό;
- Μπορεί η κατάστασή μου να αλλάξει στο μέλλον και υπάρχει κάτι άλλο που χρειάζεται να κάνω σήμερα για να είμαι προετοιμασμένος για το μέλλον;

4. **Κακή αντιμετώπιση.** Αν διαπιστώσετε ότι δεν αντιμετωπίζετε τους ανθρώπους με σεβασμό, δεν βοηθάτε τους άλλους, είστε επιθετικοί ή δεν είστε καλός άνθρωπος – όλα αυτά είναι σημάδια ότι κάτι δεν πάει καλά στον δρόμο σας και πρέπει να κάνετε δουλειά σε αυτό το σημείο. Ωστόσο, να θυμάστε ότι δεν είστε κακός άνθρωπος ούτε είστε καλός άνθρωπος· είστε και καλοί και κακοί. Μπορεί να είστε καλοί σε κάποιες καταστάσεις και κακοί σε άλλες, επομένως πρέπει να δώσετε προσοχή στην εσωτερική σας φωνή και να την αγνοήσετε όταν προσπαθεί να σας πείσει να κάνετε κάτι κακό. Αντίθετα, δώστε προσοχή στην άλλη φωνή, η οποία είναι εκεί για να σας βοηθήσει να πετύχετε τον στόχο σας με τον σωστό τρόπο.

Είστε όπως ένα λουλούδι. Εάν θρέψετε το λουλούδι με νερό, θα μεγαλώσει. Αν το θρέψετε με δηλητήριο, θα πεθάνει. Έχετε την επιλογή της ουσίας με την οποία θα θρέψετε το λουλούδι, καθώς μπορείτε να επιλέξετε με τι θα θρέψετε το μυαλό σας, έτσι οι ενέργειες που επιλέγετε μπορεί να έχουν θετικό ή αρνητικό αντίκτυπο σε εσάς και την κοινότητά σας.

17.
Συνδέστε το μονοπάτι σας με την ευτυχία

«Δεν υπάρχει οδός προς την ευτυχία.
Η ίδια η ευτυχία είναι το μονοπάτι.»
Βούδας

Έχετε επιλέξει ένα μονοπάτι που βασίζεται στη λογική, στη διαίσθηση ή και στα δύο, και το έχετε στοχαστεί για να δείτε αν αυτός είναι ο σωστός δρόμος για εσάς. Αλλά έχετε ακόμα μια ερώτηση: θα είμαι χαρούμενος αν κάνω όλα αυτά τα πράγματα;

Τι είναι η ευτυχία; Η ευτυχία έχει πολλούς διαφορετικούς ορισμούς, αλλά αναφέρεται πάντα σε μια συναισθηματική κατάσταση όπου νοιώθουμε χαρά και ικανοποίηση και σχετίζεται πάντα με θετικά συναισθήματα.

Δεδομένου ότι είναι μια συναισθηματική κατάσταση, μπορούμε να καταλάβουμε ότι δεν είναι ένα μόνιμο συναίσθημα. Αν κάποιοι λένε ότι βρήκαν την ευτυχία, αυτό δεν σημαίνει ότι θα διαρκέσει για πάντα. Θέλουμε να καταλάβουμε τι είναι σημαντικό για να είμαστε ευτυχισμένοι και στη συνέχεια να διασφαλίσουμε ότι έχουμε κάποιους στόχους που θα μας φτάσουν πιο κοντά σε αυτή την ευτυχία. Επίσης, θέλουμε να εξερευνήσουμε ποιες ενέργειες μπορούμε να κάνουμε για να γίνουμε ευτυχισμένοι, ώστε να καταλάβουμε ότι μπορούμε να αναλάβουμε τον έλεγχο της ευτυχίας μας σήμερα – εξαρτάται μόνο από εμάς.

Ωστόσο, ίσως χρειαστεί να θυμηθείτε την ιστορία του Abd-al-Rahman III. Πίσω στον δέκατο αιώνα, παρότι είχαν ικανοποιηθεί όλες οι υλικές και βιολογικές του ανάγκες, όταν, προς το τέλος της ζωής του, μέτρησε τον αριθμό των ημερών γνήσιας ευτυχίας, ο αριθμός ήταν 14. Μην νομίζετε λοιπόν ότι θα είστε ευτυχισμένοι αν πετύχετε τους υλικούς και βιολογικούς σας στόχους. Επίσης, σύμφωνα με ένα άρθρο του Ιουλίου 2019 από το Neuroscience News, η ευτυχία δεν έχει νευρολογική βάση και δεν μπορεί να εντοπισθεί στον εγκεφαλικό ιστό.

Αλλά υπάρχει ένας νευροδιαβιβαστής που ονομάζεται ντοπαμίνη, η οποία είναι μια χημική ουσία που απελευθερώνεται από τους νευρώνες και σχετίζεται με θετικά αισθήματα και συναισθήματα, που θέτει σε κίνηση τα νευρικά κυκλώματα που εμπλέκονται με τα κίνητρα. Οι περισσότεροι τύποι ανταμοιβών αυξάνουν το επίπεδο ντοπαμίνης στον εγκέφαλο. Η ντοπαμίνη ονομάζεται επίσης χημική ουσία «καλής διάθεσης». Σύμφωνα με ένα άρθρο που δημοσιεύτηκε τον Μάιο του 2018 από την Healthline, όταν απελευθερώνονται μεγάλες ποσότητες ντοπαμίνης, αυτό σας παρακινεί να επαναλάβετε μια συγκεκριμένη συμπεριφορά. Επομένως, μπορούμε να συνδέσουμε την ντοπαμίνη με το αίσθημα της ευτυχίας.

Στη συνέχεια, έχουμε τις ενδορφίνες, οι οποίες είναι χημικές ουσίες που παράγονται από το κεντρικό νευρικό σύστημα και την υπόφυση για να ανακουφίσουν το άγχος και τον πόνο. Μπορούν επίσης να παραχθούν κατά τη διάρκεια δραστηριοτήτων όπως το φαγητό, η άσκηση ή το σεξ και δίνουν την αίσθηση ότι είναι «ψηλά». Σύμφωνα με ένα άρθρο του Ιουλίου 2021 από την Harvard Health Publishing, η ενδορφίνη είναι το φυσικό παυσίπονο του σώματος και αναφέρεται συνήθως ως η χημική ουσία "ανακούφισης από τον πόνο". Και πάλι, καθώς οι ενδορφίνες μπορούν να απελευθερώσουν από τον πόνο και να σας δώσουν θετικά συναισθήματα, μπορούν επίσης να συνδεθούν με το αίσθημα της ευτυχίας.

Επίσης, σύμφωνα με άρθρο του 2015 της Science Direct, η ενδορφίνη συνδέεται επίσης στενά με την απελευθέρωση ωκυτοκίνης. Η ωκυτοκίνη είναι μια ορμόνη, που συχνά αναφέρεται ως «ορμόνη της αγάπης», επειδή αυξάνεται κατά τη διάρκεια της αγκαλιάς και του οργασμού. Σύμφωνα με ένα άρθρο από το Healthline, που δημοσιεύθηκε τον Αύγουστο του 2018, η ωκυτοκίνη, η ντοπαμίνη και η σεροτονίνη αναφέρονται συχνά ως «ορμόνες της ευτυχίας». Όταν έλκεστε από κάποιον, ο εγκέφαλός σας θα απελευθερώσει ντοπαμίνη, ωκυτοκίνη και τα επίπεδα σεροτονίνης σας θα αυξηθούν.

Η σεροτονίνη είναι η βασική ορμόνη που είναι υπεύθυνη για τη διάθεσή σας και τα συναισθήματα ευεξίας και ευτυχίας. Σύμφωνα με ένα άρθρο του Αυγούστου 2020 από το Healthline, αναφέρεται επίσης ως «σταθεροποιητής διάθεσης». Η ανεπάρκεια σεροτονίνης μπορεί να οδηγήσει σε άγχος ή κατάθλιψη.

Δεδομένου ότι αυτές οι τέσσερις χημικές ουσίες – ντοπαμίνη, σεροτονίνη, ενδορφίνη και ωκυτοκίνη – μπορούν να σας βοηθήσουν να αισθανθείτε θετικοί και να σας δώσουν την αίσθηση της ευτυχίας, θα πρέπει να εξετάσουμε μερικές δραστηριότητες που μπορείτε να κάνετε για να αυξήσετε, να ενισχύσετε και να παραγάγετε αυτές τις χημικές ουσίες.

1. **Άσκηση**: Δεν πρέπει να προκαλεί έκπληξη το γεγονός ότι εάν ασκείστε τακτικά, θα αισθανθείτε αυτόματα καλύτερα. Όταν ασκείστε, το σώμα απελευθερώνει ενδορφίνες, έτσι ώστε να έχετε την «ευφορία του δρομέα». Συνδυάστε το με ένα κρύο ντους και μπορείτε επίσης να αυξήσετε την ντοπαμίνη, τη χημική ουσία ευχαρίστησης που μας κάνει να νοιώθουμε χαρούμενοι. Σύμφωνα με ένα άρθρο του Μαρτίου 2020 από την Αμερικανική Ψυχολογική Εταιρεία, η σωματική δραστηριότητα μπορεί να απελευθερώσει ντοπαμίνη και σεροτονίνη.

2. **Υγιεινή διατροφή**: Η κατανάλωση υγιεινών τροφών θα ενισχύσει επίσης την ντοπαμίνη σας. Τα τρόφιμα με υψηλή περιεκτικότητα σε πρωτεΐνες μπορούν να βοηθήσουν, όπως η τυροσίνη και η φαινυλαλανίνη, οι οποίες βρίσκονται σε τρόφιμα με υψηλή περιεκτικότητα σε πρωτεΐνες, να παραχθεί ντοπαμίνη. Σύμφωνα με ένα άρθρο από το Nutritionist Resource που δημοσιεύτηκε τον Απρίλιο του 2021, οι τροφές που ενισχύουν την ντοπαμίνη περιλαμβάνουν μια άπαχη πρωτεΐνη όπως το βοδινό, το αρνί, το ψάρι και το χοιρινό, το αβοκάντο, οι μπανάνες, το τυρί, οι ξηροί καρποί, τα φασόλια, τα δημητριακά ολικής αλέσεως και τρόφιμα πλούσια σε προβιοτικά όπως το κεφίρ και το kimchi.

Επίσης, η αποφυγή της ζάχαρης και η κατανάλωση λιγότερων κορεσμένων λιπαρών μπορεί να βοηθήσει στη ροή της ντοπαμίνης, καθώς η υπερβολική κατανάλωση μπορεί να σταματήσει τη σηματοδότηση της ντοπαμίνης στον εγκέφαλο. Η υγιεινή διατροφή αυξάνει επίσης τη σεροτονίνη, η οποία συνδέεται με τα συναισθήματα και τη διάθεσή μας. Όταν κυκλοφορεί, νοιώθουμε ικανοποίηση και αισιοδοξία. Σύμφωνα με ένα άρθρο που δημοσιεύθηκε τον Αύγουστο του 2020 από την Healthline, τα τρόφιμα που μπορούν να αυξήσουν τα επίπεδα σεροτονίνης περιλαμβάνουν τα αυγά, το τυρί, τον ανανά, το τόφου, τον σολομό, τους ξηρούς καρπούς και σπόρους και τη γαλοπούλα.

3. **Υγιείς σχέσεις**: Όταν έχετε υγιείς σχέσεις και μια ομάδα υποστήριξης γύρω σας, όπως η οικογένεια και οι φίλοι, καθώς και την «αίσθηση του ανήκειν», αυτό μπορεί να σας κάνει να νοιώσετε ευτυχισμένοι. Όταν έχετε κάποιον να μιλήσετε και να συνδεθείτε, δεν νοιώθετε μόνος. Επίσης, όταν έχετε μια επαφή όπως μια αγκαλιά, ένα φιλί ή σεξ, απελευθερώνετε ωκυτοκίνη, η οποία σας βοηθά να νοιώθετε ότι σας αγαπούν και σας συμμερίζονται. Σε ένα άρθρο του Νοεμβρίου 2013 στο Psychology Today, όταν αγγίζετε κάποιον, όπως κάνετε με μία αγκαλιά, αυτό όχι μόνο αυξάνει την ωκυτοκίνη, αλλά μπορεί επίσης να βελτιώσει το ανοσοποιητικό σύστημα και να μειώσει το καρδιαγγειακό στρες. Συνδυάστε τη με το γέλιο με τους στενούς σας φίλους και μπορείτε επίσης να απελευθερώσετε ενδορφίνη. Επίσης, σύμφωνα με ένα άρθρο του Ιουνίου 2017 στο Science Daily, οι ερευνητές διαπίστωσαν ότι το γέλιο απελευθερώνει ενδορφίνες στον εγκέφαλο, οι οποίες μπορούν να ενισχύσουν την αίσθηση της ευχαρίστησης.

4. **Μασάζ**: Μπορείτε να αυξήσετε τα επίπεδα ντοπαμίνης, ωκυτοκίνης και σεροτονίνης – τρεις βασικές χημικές ουσίες που μπορούν να σας βοηθήσουν να νοιώσετε ευτυχισμένοι – κάνοντας ένα μασάζ. Επίσης, το μασάζ μειώνει την κορτιζόλη, η οποία είναι η ορμόνη που παράγεται κατά τη διάρκεια του στρες. Σύμφωνα με ένα άρθρο του Οκτωβρίου 2005 στο International Journal of Neuroscience, η θεραπεία με μασάζ έχει αποτελέσματα ανακούφισης από το άγχος, καθώς και ενεργοποιητικά αποτελέσματα σε διάφορες ιατρικές καταστάσεις και στρεσογόνες εμπειρίες.

5. **Χαρούμενος οραματισμός**: Μπορείτε να οραματιστείτε μια χαρούμενη στιγμή από το παρελθόν ή να δημιουργήσετε μια χαρούμενη ανάμνηση στο μέλλον και να ζήσετε ξανά αυτή τη στιγμή. Οι σκέψεις σας θα επικεντρωθούν σε κάτι θετικό, το οποίο μπορεί επίσης να σας κάνει να νοιώσετε ευτυχισμένοι, καθώς αν το κάνετε αυτό αυξάνει τη σεροτονίνη. Σύμφωνα με ένα άρθρο του Νοεμβρίου 2011 που δημοσιεύτηκε στο Psychology Today, η ανάμνηση θετικών γεγονότων αυξάνει τη σεροτονίνη. Επίσης, αποτρέπει τη μείωση της σεροτονίνης, επειδή δεν μπορείτε να θυμηθείτε τα κακά γεγονότα ταυτόχρονα με τα καλά.

   Τα άτομα που έχουν κατάθλιψη συνήθως δεν μπορούν να θυμηθούν ένα θετικό γεγονός και απλώς θυμούνται ότι έχουν κατάθλιψη όλη την ώρα. Αυτό μπορεί να αλλάξει μετατοπίζοντας την εστίασή σας σε ένα θετικό γεγονός και αφήνοντας τη σεροτονίνη να κάνει τα μαγικά της κόλπα.

6. **Ηλιοθεραπεία**: Περνώντας πέντε έως δέκα λεπτά καθισμένοι στον ήλιο για να απορροφήσετε τη ζωτική ενέργειά του μπορεί επίσης να σας κάνει να αισθανθείτε χαρούμενοι, αυξάνοντας τα επίπεδα σεροτονίνης σας. Σύμφωνα με ένα άρθρο του Νοεμβρίου 2011 στο Psychology Today, το φως του ήλιου έχει παρόμοια αποτελέσματα με τα αντικαταθλιπτικά.

7. **Η ακρόαση μουσικής**. Η χαλαρωτική μουσική μπορεί να τονώσει τη διάθεσή σας, να σας χαλαρώσει και να ενισχύσει το αίσθημα ευτυχίας καθώς αυξάνονται τα επίπεδα ντοπαμίνης και ωκυτοκίνης. Σύμφωνα με ένα άρθρο που δημοσιεύτηκε τον Φεβρουάριο του 2013 από το PsyPost, η ακρόαση της μουσικής που αγαπάς βοηθά στην απελευθέρωση περισσότερης ντοπαμίνης. Τα επίπεδα ωκυτοκίνης μπορούν επίσης να αυξηθούν, όπως εξηγείται σε άρθρο που δημοσιεύτηκε τον Σεπτέμβριο του 2013 από το Frontiers in Human Neuroscience, η οποία προσδίδει μια αίσθηση χαλάρωσης. Επίσης, σε μια μελέτη που έγινε τον Αύγουστο του 2013 και δημοσιεύτηκε στο Plus One, η ακρόαση μουσικής μπορεί να βοηθήσει στη μείωση

της κορτιζόλης, η οποία επιφέρει την απόκριση «μάχη-ή-φυγή» και είναι η κύρια ορμόνη του στρες του σώματος.

8. **Διαλογισμός**. Ο διαλογισμός αυξάνει επίσης τα επίπεδα ντοπαμίνης, ενδορφίνης και ωκυτοκίνης, τα οποία βελτιώνουν την εστίαση, τη συγκέντρωση και το αίσθημα ευτυχίας. Σύμφωνα με ένα άρθρο που δημοσιεύτηκε τον Μάιο του 2018 από την Healthline, ο διαλογισμός για μία ώρα μπορεί να οδηγήσει σε αύξηση της απελευθέρωσης ντοπαμίνης κατά 64%. Επίσης, σύμφωνα με άρθρο του Insider που δημοσιεύτηκε τον Νοέμβριο του 2020, κάνοντας διαλογισμό μπορείτε να απελευθερώσετε ενδορφίνες. Η ωκυτοκίνη φαίνεται επίσης να σχετίζεται με την πνευματικότητα, καθώς μια μελέτη που δημοσιεύθηκε τον Σεπτέμβριο του 2016 από το Duke Today αποκάλυψε ότι οι συμμετέχοντες ανέφεραν μεγαλύτερη αίσθηση πνευματικότητας όταν έλαβαν ωκυτοκίνη.

9. **Ύπνος**. Ο ύπνος βοηθά στην επισκευή και την ανανέωση όλων των κυττάρων του σώματος και απομακρύνει τις τοξίνες που δημιουργούνται κατά τη διάρκεια της ημέρας. Η έλλειψη ύπνου μπορεί να μειώσει τα επίπεδα ντοπαμίνης. Οι συνιστώμενες ώρες ύπνου για τους ενήλικες είναι μεταξύ επτά έως εννέα. Σε ένα άρθρο που δημοσιεύτηκε τον Μάρτιο του 2018 στο Harvard Gazette, η στέρηση ύπνου ανέστειλε ορισμένα μέρη της μετάδοσης ντοπαμίνης στους συμμετέχοντες.

10. **Ευγνωμοσύνη**: Η ευγνωμοσύνη συνδέεται επίσης με την ευτυχία, καθώς αυξάνει την απελευθέρωση ντοπαμίνης και σεροτονίνης, όπως εξηγείται σε άρθρο που δημοσιεύτηκε τον Σεπτέμβριο του 2021 από το Positive Psychology. Απλώς γράψτε πέντε πράγματα για τα οποία είστε ευγνώμονες κάθε μέρα και θα αρχίσετε να βλέπετε τη διαφορά μετά από μια εβδομάδα.

11. **Νέες εμπειρίες**: Οι νέες εμπειρίες απελευθερώνουν επίσης ντοπαμίνη. Δεν έχει σημασία τι εμπειρία βιώνετε· μπορείτε να δοκιμάσετε ένα νέο φαγητό ή να ακολουθήσετε μια διαφορετική διαδρομή προς το σπίτι σας. Όσο λιγότερο γνωστή είναι η

εμπειρία, τόσο πιο πιθανό είναι να απελευθερώσετε ντοπαμίνη. Σύμφωνα με ένα άρθρο που δημοσιεύτηκε τον Αύγουστο του 2016 από το Neuron, οι συμμετέχοντες ενεργοποίησαν τα «κέντρα ευχαρίστησης» του εγκεφάλου όταν τους εμφανίστηκε μια νέα εικόνα. Επομένως, προσπαθήστε να αναζητήσετε νέες εμπειρίες και να παρακολουθείτε τα επίπεδα ευτυχίας σας.

12. **Φυσικά έλαια.** Έλαια από φυτά που ενισχύουν την αίσθηση της όσφρησης, όπως η λεβάντα, το περγαμόντο και το λεμόνι, προτρέπουν επίσης τον εγκέφαλό σας να απελευθερώσει σεροτονίνη και ντοπαμίνη. Σύμφωνα με ένα άρθρο που δημοσιεύθηκε τον Ιούλιο του 2013 από την Εθνική Βιβλιοθήκη Ιατρικής, διάφορα αιθέρια έλαια μπορούν να βοηθήσουν στην απαλλαγή από το στρες, το άγχος και την κατάθλιψη.

ΜΕΡΟΣ ΠΕΜΠΤΟ:

ΠΩΣ ΝΑ ΑΚΟΛΟΥΘΗΣΕΤΕ ΤΟΝ ΔΡΟΜΟ ΣΑΣ ΜΕ ΤΟΝ ΣΩΣΤΟ ΤΡΟΠΟ

18.
Ακολουθήστε τον στόχο σας

«Μόνο όταν μετατρέπεις τη διαδικασία σε δικό σου στόχο μπορεί να ακολουθήσει το μεγάλο όνειρο».

Όπρα Γουίνφρι

Ό,τι κι αν επιλέξετε να κάνετε στη ζωή σας, πρέπει να βεβαιωθείτε ότι αυτό γίνεται επειδή θέλετε να το κάνετε. Αν έχετε ένα όνειρο και θέλετε να το ακολουθήσετε, φροντίστε να είναι το όνειρό σας. Εάν έχετε έναν στόχο, βεβαιωθείτε ότι είναι ο στόχος σας – μην εργαστείτε για να ικανοποιήσετε το όνειρο ενός άλλου ατόμου. Είναι η ζωή σας· έχετε μόνο μία και ο χρόνος κυλάει. Κάθε δευτερόλεπτο μετράει, οπότε γιατί να θέλετε κάτι που θέλουν οι άλλοι αντί για αυτό που θέλετε εσείς;

Να έχετε σκοπό στη ζωή σας. Μπορεί αυτός ο σκοπός να είναι να υπηρετήσετε άλλους, αλλά πρέπει να είναι ο δικός σας σκοπός και όχι κάποιου άλλου. Ξέρω ότι είναι δύσκολο και μπορεί να είναι τρομακτικό, αλλά δεν χρειάζεται να τα ρισκάρετε όλα. Πρέπει να περπατήσετε πριν το τρέξιμο.

Επομένως, εάν θέλετε να κάνετε κάτι – να αλλάξετε τη ζωή σας, να αποκτήσετε νέες εμπειρίες και ούτω καθεξής – αναλογιστείτε τη δύναμη ενός δευτερολέπτου και ξεκινήστε τώρα, ερευνώντας τι θέλετε να κάνετε και μετά ακολουθήστε τη διαδικασία θεμελίωσης που συζητήσαμε νωρίτερα. Ξεκινήστε από κάτι μικρό, τελέστε το καθημερινό σας τελετουργικό και θα καταφέρετε το σπουδαίο. Χρειάζεστε μικρές νίκες για να ξεκινήσετε – ένα δευτερόλεπτο κάθε φορά – και πιστέψτε με, θα πετύχετε τον στόχο σας. Όπως έχουμε συζητήσει, πρέπει να αξιοποιήσετε τη δύναμη της θέλησής σας για να μπορέσετε να κάνετε μεγάλα άλματα, αλλά αν δεν είστε ακόμα εκεί, μην πιέζετε τον εαυτό σας πολύ και ξεκινήστε από μικρά πράγματα.

Αν θέλετε να ξεκινήσετε μια νέα επιχείρηση, δεν χρειάζεται να εγκαταλείψετε τη δουλειά σας. Κάντε το στον ελεύθερο χρόνο σας, αλλά φροντίστε να το προσθέσετε στο καθημερινό σας τελετουργικό. Μόλις μεγαλώσει, μπορείτε να αφήσετε την τρέχουσα εργασία σας και να εστιαστείτε στην επιχείρησή σας. Αν θέλετε να ξεκινήσετε να τρώτε υγιεινά, μην κάνετε δίαιτα για ένα μήνα· κάντε το για πέντε ημέρες, τρώτε ό,τι θέλετε για δύο ημέρες και μετά συνεχίστε την επόμενη εβδομάδα με άλλες πέντε ημέρες, μέχρι να «δράσετε χωρίς σκέψη» και κάντε το για μεγάλα χρονικά διαστήματα. Αν θέλετε να βγείτε με κάποιον, μην νοιώθετε ότι θέλετε να παντρευτείτε αυτό το άτομο, σκεφθείτε να πάτε για έναν καφέ και να δείτε πώς θα νοιώσετε και οι δύο.

Έχετε ένα όνειρο, ένα πάθος και μπορείτε να το ακολουθήσετε χωρίς να θυσιάσετε τα πάντα. Ακολουθήστε τη διαδικασία που συζητήσαμε και θα ακολουθήσει η εσωτερική σας ανάπτυξη. Επιμένω να αποτελεί τον στόχο σας γιατί αν είναι δικός σας, σημαίνει ότι βρίσκεται πιο κοντά στην καρδιά, άρα θα εκδηλώσετε την αγάπη που του αξίζει. Αν εκδηλώσετε αγάπη, τίποτα δεν μπορεί να σας σταματήσει και τίποτα δεν μπορεί να σας αφαιρέσει αυτή την αγάπη. Είναι ένα βίωμα δικό σας για πάντα, ριζωμένο μέσα σας – είτε επιτυχία είτε αποτυχία – και τελικά δεν έχει σημασία, καθώς εσείς έχετε ήδη αλλάξει, ωριμάσει και βιώσει νέα πράγματα που νοηματοδοτούν τη ζωή σας και τις ζωές των άλλων.

19.
Να έχετε ισορροπία

«Παν μέτρον άριστον» (Όλα με μέτρο)
Αρχαίο Ελληνικό Ρητό

Αυτό το ρητό είναι πολύ σημαντικό, και ακόμα και αν δεν ταιριάζει με τις πεποιθήσεις σας, όταν αρχίσετε να τηρείτε ισορροπία στη ζωή σας, θα μπορέσετε να δείτε μια μεγάλη αλλαγή στον τρόπο που σκέπτεστε, ενεργείτε και ζείτε. Ξέρω ότι κάποιοι δεν συμφωνούν με αυτό το ρητό γιατί είναι παθιασμένοι και θέλουν να ζήσουν τη ζωή τους στα άκρα. Ωστόσο, το να ακολουθείς το δρόμο σου με τον σωστό τρόπο σημαίνει να ζεις μια βιώσιμη ζωή.

Βιώσιμο δεν σημαίνει βαρετό. σημαίνει απλώς ότι δεν καταναλώνετε συνέχεια όλη την ενέργειά σας – αντίθετα, εξοικονομείτε ενέργεια καθώς προχωράτε, ώστε να μπορείτε να ζήσετε και να απολαύσετε τη ζωή περισσότερο. Για παράδειγμα, εάν κάποιος θέλει να ζήσει τη ζωή στο μέγιστο των δυνατοτήτων της και θυσιάσει τον ύπνο του, τότε θα στερηθεί τον ύπνο, κάτι που μπορεί να προκαλέσει κατάθλιψη, ατυχήματα, αύξηση βάρους, ακόμη και θάνατο. Επομένως, για να πορευθείτε στο μονοπάτι με τον σωστό τρόπο, πρέπει να βρείτε ισορροπία στις πράξεις σας.

Επίσης, τήρηση ισορροπίας σημαίνει ότι μπορείτε να βιώνετε μία ολόκληρη μέρα καθημερινά. Ισορροπία σημαίνει ότι, στο καθημερινό σας τελετουργικό, θα πρέπει να έχετε δραστηριότητες που σχετίζονται με τους στόχους σας σε όλους τους τομείς: οικονομικά/επιχειρηματικά, σχέσεις, προσωπική ανάπτυξη και υγεία/γυμναστική. Με αυτόν τον τρόπο, κάθε μέρα είναι σημαντική και νοιώθετε ότι έχετε κάνει κάτι που θα σας φέρει πιο κοντά στον στόχο σας: έχετε ασκηθεί. Έτσι το σώμα σας είναι δυνατό και υγιές. Έχετε περάσει χρόνο με την οικογένεια και τους φίλους σας, γεγονός που σας έκανε να νοιώσετε συνδεδεμένοι και αγαπημένοι. Έχετε δουλέψει για την επιχείρησή σας και τη δουλειά σας, ήσασταν παραγωγικοί, έχετε μελετήσει και έχετε μάθει νέα πράγματα για τη ζωή.

Δεν χρειάζεται να θυσιάσετε κανένα από αυτά τα πράγματα, επομένως εντάξτε τα στο καθημερινό σας πρόγραμμα και θα έχετε χρόνο να κάνετε τα πάντα. Επιστρέψτε στο Τρίτο Μέρος αυτού του βιβλίου αν δυσκολεύεστε με τον χρόνο. Δυσκολευόμουν με τον χρόνο, αλλά τώρα ξυπνάω στις 5:00 π.μ. Έχω τέσσερις ώρες για να κάνω ό,τι θέλω να κάνω πριν πάω στη δουλειά, και είμαι πιο παραγωγικός – είναι σαν να έχω εννέα ώρες επιπλέον χρόνο για μένα, και όμως ακόμα κοιμάμαι επτά ώρες την ημέρα. Όσο νωρίτερα ξυπνάτε, τόσο περισσότερο χρόνο θα έχετε για να κάνετε τα πράγματα που θέλετε.

Δεν είναι απαραίτητο να ακολουθείτε αυτό που κάνω, αλλά όπως συζητήσαμε, πρέπει να σκεφτείτε τι κάνετε και να προσαρμόσετε τις δράσεις σας ανάλογα. Δοκιμάστε νέα πράγματα για μία ημέρα ή μία εβδομάδα και δείτε πώς αυτές οι δράσεις επηρεάζουν τους στόχους που θέλετε να κατορθώσετε.

20.
Εστιαστείτε στην Αγάπη

«Όποια κι αν είναι η ερώτηση, η αγάπη είναι η απάντηση».
Wayne Dyer

Ό,τι κι αν κάνετε, όποιο δρόμο και αν ακολουθήσετε, πρέπει να μάθετε να αγαπάτε τον εαυτό σας.

Κανείς δεν είναι τέλειος – είστε το πιο όμορφο, ευφυές, στοργικό άτομο και δεν χρειάζεται να είστε τέλειοι. Ούτε χρειάζεται να έχετε δίκιο. Δεν είστε ρομπότ· είστε άνθρωπος με συναισθήματα. Αναλογιστείτε τι μπορεί να έχετε κάνει λάθος, αλλά ποτέ μην επικρίνετε, κρίνετε ή πληγώνετε τον εαυτό σας. Να σέβεστε, να είστε ευγενικοί και να συγχωρείτε τον εαυτό σας. Εάν έχετε κάνει λάθος σε κάτι, διορθώστε το και μάθετε από αυτό. Εάν είστε εκτός πορείας σε σχέση με τους στόχους σας, να το αντιλαμβάνεστε και να συνεχίζετε εκ νέου.

Υπάρχει πολύ όμορφη ενέργεια εντός σας που περιμένει να εκδηλωθεί και να σας δείξει το δρόμο. Πολλές έρευνες έχουν δείξει ότι η αγάπη προς τον εαυτό μας είναι το κλειδί για την ψυχική υγεία και την ευεξία, καθώς καταπολεμά την κατάθλιψη και το άγχος. Δεν μπορείτε να πετύχετε σπουδαία πράγματα μέχρι να αρχίσετε να αγαπάτε τον εαυτό σας.

Πρέπει επίσης να αγαπάτε τους άλλους. Μπορεί να δυσκολεύεστε να αγαπάτε τους άλλους επειδή μπορεί να έχουν πει κάτι ή να σας έχουν κάνει κάτι, αλλά πρέπει να προσηλωθείτε στον ανώτερο εαυτό σας και να συγχωρέσετε. Όταν σκέφτεστε άσχημα πράγματα για τους άλλους, δηλητηριάζεται η καρδιά. Όσο περισσότερο εστιάζετε στα λάθη, τόσο περισσότερο δηλητήριο χύνεται στο αίμα σας. Η καλύτερη λύση είναι να συγχωρείτε και να ξεχνάτε – και αν αυτοί οι άνθρωποι είναι τοξικοί, μπορείτε να τους αγαπάτε αλλά να τους απομακρύνετε από τη ζωή σας.

Ο καθένας δίνει τις δικές του μάχες και κάποιες μάχες είναι πιο εύκολες από άλλες. Ποτέ δεν ξέρουμε γιατί κάποιος συμπεριφέρθηκε με έναν συγκεκριμένο τρόπο, γι' αυτό πρέπει να συγχωρούμε και να αγαπάμε τους πάντες.

Όλοι πρέπει να συγχωρεθούν γιατί όλοι μπορούν να αλλάξουν και να γίνουν καλύτεροι. Δώστε τους ένα καλό όνομα, ώστε να θέλουν να το κρατήσουν.

Επίσης, θα είστε πιο συνδεδεμένοι και θα νοιάζεστε αν αγαπάτε τον εαυτό σας και τους άλλους. Όσο περισσότερους ανθρώπους αγαπάτε και σας αγαπούν, τόσο ισχυρότερα θεμέλια και υποστήριξη θα έχετε στη ζωή σας. Εάν σας συμβεί κάτι κακό ή εάν χρειάζεστε κάποια βοήθεια ή συμβουλή, θα έχετε τη δυνατότητα να την πάρετε. Αυτό δημιουργεί ένα αίσθημα ασφάλειας το οποίο μπορεί να αφαιρέσει κάποιο άγχος από τη ζωή σας, ώστε να μπορείτε να βλέπετε τα πράγματα με καθαρά μάτια.

21.
Επιτεύξτε Ηθική Αριστεία

«Συνειδητοποιώ πλήρως ότι κανένας πλούτος ή καμία θέση δεν διαρκεί μακροπρόθεσμα, εκτός αν τα αγαθά αυτά δομηθούν με βάση την αλήθεια και τη δικαιοσύνη».
Napoleon Hill

Η ηθική αριστεία είναι ζωτικής σημασίας για το μακροπρόθεσμο επίτευγμά σας. Μπορεί να έχετε φτάσει στον στόχο σας, αλλά αν τον έχετε επιτύχει με λάθος τρόπο, δεν θα είναι βιώσιμος. Πρέπει να ενστερνίζεστε την ηθική αριστεία στην καθημερινή σας ζωή. Αυτά είναι τα πράγματα που επιδιώκετε συνεχώς όταν κανείς δεν σας παρακολουθεί. Έχω επιλέξει τρεις αρετές που μπορούν να σας καθοδηγήσουν στην επίτευξη του στόχου σας:

Ακεραιότητα: Γνωρίστε και κάντε ό,τι είναι σωστό. Μη φοβάστε να μιλήσετε για αυτό που πιστεύετε, τηρήστε τις δεσμεύσεις σας και να είστε ειλικρινείς με τον εαυτό σας και τους άλλους. Αυτό θα σας αφαιρέσει πολύ κόπο, καθώς δεν θα χρειάζεται πλέον να κρύβεστε. Οι άνθρωποι θα μπορούν να σας εμπιστευτούν, καθώς είστε αξιόπιστοι σε αυτά που πιστεύετε και σε αυτά που υποστηρίζετε.

Σεβασμός: Εκτιμήστε τους πάντες, ανεξάρτητα από το υπόβαθρο και τις πεποιθήσεις τους. Να ακούτε τους άλλους, να έχετε ενσυναίσθηση και να λέτε ευχαριστώ. Αντιμετωπίστε τους με καλοσύνη, αξία, συμπόνια και εκτίμηση. Ξεκινήστε με τον αυτοσεβασμό και οι άλλοι θα ακολουθήσουν. Το να σέβεσαι τους άλλους σημαίνει ότι τα άτομα με τα οποία συνεργάζεσαι μπορεί να αποκτήσουν ισχυρότερο κίνητρο καθώς νοιώθουν ότι τους εκτιμούν περισσότερο. Επίσης, καθώς δομούν σχέσεις σεβασμού με τους άλλους, θα αρχίσουν να υποστηρίζουν ο ένας τον άλλον και να είναι πιο συνεργάσιμοι, κάτι που μπορεί να αυξήσει την παραγωγικότητα και να τονώσει το ηθικό. Απλά σκεφθείτε ότι το άτομο με το οποίο μιλάτε είναι το πιο σημαντικό άτομο στον κόσμο και το άτομο που θαυμάζετε και μιλήστε του με τον σωστό τρόπο.

Φιλότιμο: Πρόκειται για μια ελληνική λέξη που είναι αδύνατο να μεταφραστεί γιατί περιγράφει μια σύνθεση αρετών. Η ετυμολογία προέρχεται από τα ουσιαστικά «φίλος» και «τιμή». Επομένως, φιλότιμο σημαίνει ότι έχετε τιμή. Ωστόσο, αυτή η απόδοση νοήματος δεν φθάνει κοντά σε αυτό που σημαίνει το φιλότιμο. Νομίζω ότι ο καλύτερος τρόπος για να περιγραφεί το φιλότιμο είναι να περιγραφούν τα κύρια συστατικά του, που είναι η ακεραιότητα, ο σεβασμός, η τιμή και η υπερηφάνεια. Ακεραιότητα, γιατί πρέπει να κάνετε αυτό που είναι σωστό και να τηρήσετε τις δεσμεύσεις σας. Σεβασμός γιατί πρέπει να εκτιμάτε τους άλλους ανθρώπους και να μην τους εκμεταλλεύεστε. Τιμή, γιατί πρέπει να υπερασπιστείτε αυτό που πιστεύετε· και υπερηφάνεια, γιατί οι πράξεις σας βασίζονται στο να βοηθάτε τους άλλους χωρίς να θέλετε κάτι σε αντάλλαγμα.

Ένα σπουδαίο παράδειγμα φιλότιμου έλαβε χώρα κατά τη διάρκεια του Β' Παγκοσμίου Πολέμου όταν ένας ναζί διοικητής ζήτησε από τον επίσκοπο Χρυσόστομο και τον Δήμαρχο Λουκά Καρρέρ να του παραδώσουν τη λίστα με όλα τα ονόματα των Εβραίων στο νησί της Ζακύνθου για να εκτελεστούν. Αντί να δώσουν τα ονόματα, βοήθησαν τους Εβραίους να κρυφτούν στα βουνά και επέστρεψαν τη λίστα στον διοικητή με δύο μόνο ονόματα – τα δικά τους – σώζοντας εκατοντάδες Εβραίους.

Αξίζει να ειπωθεί και πάλι, να θυμάστε ότι δεν είστε ρομπότ και ότι είστε άνθρωπος. Ίσως είναι δύσκολο να έχετε συνεχώς ηθική αριστεία, ίσως δεν είχατε ηθική αριστεία στο παρελθόν, αλλά έχοντας διαβάσει αυτό το βιβλίο, θέλετε να αλλάξετε. Είμαστε όλοι άνθρωποι και όλοι κάνουμε λάθη. Το σημαντικό είναι να μάθετε από αυτά τα λάθη και να χρησιμοποιήσετε αυτή τη γνώση για να βοηθήσετε τον εαυτό σας και τους γύρω σας.

Δεν χρειάζεται περισσότερο από ένα δευτερόλεπτο να αλλάξετε τη ζωή σας ή τη ζωή των άλλων.

Συμπέρασμα

Τώρα ξέρετε να χρησιμοποιείτε τη Δύναμη Ενός Δευτερολέπτου και το πρότυπο του επιτεύγματος για να αλλάξετε και να μεταμορφώσετε τη ζωή σας. Η μεταμόρφωσή σας είναι ένα ταξίδι, που ξεκινά σε ένα δευτερόλεπτο και θα συνεχιστεί όσο εκτελείτε το έργο με πρόθεση. Σας δείξαμε ότι όλα είναι δυνατά και αν βρείτε τις δράσεις που θα σας βοηθήσουν να πετύχετε τον στόχο σας και να ακολουθήσετε τον δρόμο σας με τον σωστό τρόπο, όχι μόνο θα σας βοηθήσει, αλλά θα βοηθήσει και τους ανθρώπους γύρω σας και μαζί θα κάνουμε αυτόν τον κόσμο ένα καλύτερο μέρος.

Προσπάθησα να σας δείξω πώς να το κάνετε αυτό χρησιμοποιώντας την προσωπική μου εμπειρία, τις εμπειρίες άλλων, τη νευροεπιστήμη και τις αρχαίες Κινεζικές και Ινδικές τεχνικές. Χρησιμοποίησα αυτές τις πηγές για να σας πείσω και να σας παράσχω στοιχεία ότι είναι δυνατό.

Πιστεύω ότι ο καθένας έχει κάποιες γνώσεις για το τι πρέπει να κάνει για να πετύχει αυτό που θέλει αν εξελίξει τη συνειδητότητά του και την επίγνωσή του.

Σας παρουσίασα τεχνικές που μπορείτε να εξασκήσετε για να σας βοηθήσουν να πετύχετε τους στόχους σας, αλλά αυτό που είναι πιο σημαντικό είναι να τις δοκιμάσετε και να δείτε τι λειτουργεί για εσάς. Εάν κάτι δεν λειτουργεί για εσάς, βρείτε τον δικό σας τρόπο, δημιουργήστε τις δικές σας πρακτικές ή βελτιώστε και τροποποιήστε τις υπάρχουσες και δείτε τι αντίκτυπο έχουν αυτές οι δράσεις στη ζωή σας και αν σας φέρνουν πιο κοντά στον στόχο σας. Μοιραστείτε τις εμπειρίες σας με αυτή την κοινότητα μέσω του mindbodism.com και ελάτε μαζί να κάνουμε αυτόν τον κόσμο ένα καλύτερο μέρος.

Πολυάριθμες θεματικές ενότητες που καλύπτονται σε αυτό το βιβλίο και ορισμένες έννοιες μπορούν να γίνουν κατανοητές και να εξασκηθούν μόνο διαβάζοντας τα κεφάλαια του βιβλίου ξανά και ξανά. Προσπαθήστε να έχετε αυτό το βιβλίο σε κάποιο σημείο όπου μπορείτε να το βλέπετε καθημερινά, όπως μπροστά από το γραφείο σας, ώστε να σας υπενθυμίζει ότι μπορείτε να χρησιμοποιήσετε τη δύναμη ενός δευτερολέπτου και ότι έχετε τη δύναμη να επιτύχετε σε οτιδήποτε θέλετε στη ζωή σας. Αν δεν μπορείτε να ξεκινήσετε, αν έχετε ξεκινήσει αλλά σταματήσατε, αν θέλετε να συνεχίσετε, αν προσπαθείτε ακόμα να βρείτε το μονοπάτι σας, ή αν δεν ξέρετε πώς να ακολουθήσετε τον δρόμο σας με τον σωστό τρόπο, απλά διαβάστε αυτό το βιβλίο πάλι.

Επίσης, εμπνευσμένος από αυτό το βιβλίο, δημιούργησα το mindbodism.com, ώστε να μπορείτε να βρείτε τεχνικές, πρακτικές και προγράμματα μαθημάτων για τον νου, το σώμα και το πνεύμα σας που θα επιφέρουν ισορροπία και θα προσδώσουν νόημα στη ζωή σας. Επίσης, λόγω της εμπειρίας μου στο σαμάντι (samadhi) και της αφύπνισής μου, θα δημοσιεύσω το δεύτερο βιβλίο μου, με τίτλο «My Spiritual Reality», τον Νοέμβριο του 2023, στο οποίο θα μοιραστώ μαζί σας την προσωπική μου πνευματική εμπειρία και θα παράσχω αποδεικτικά στοιχεία ότι ο Άλμπερτ Αϊνστάιν είχε δίκιο όταν είπε: «Υπάρχουν δύο τρόποι για να ζήσεις τη ζωή σου: ο ένας είναι σαν τίποτα να μην αποτελεί θαύμα. Ο άλλος είναι σαν τα πάντα να αποτελούν θαύμα».

www.ingramcontent.com/pod-product-compliance
Lightning Source LLC
LaVergne TN
LVHW021713060526
838200LV00050B/2645